新编经纪人理论与实务

主　编　朱学新
副主编　蒋珠燕
　　　　苏坤林

苏州大学出版社

图书在版编目(CIP)数据

新编经纪人理论与实务/朱学新主编．—苏州：苏州大学出版社，2005.12(2013.7 重印)
ISBN 978-7-81090-575-6

Ⅰ．新…　Ⅱ．朱…　Ⅲ．经纪人—基本知识
Ⅳ．F713.6

中国版本图书馆 CIP 数据核字(2005)第 137510 号

新编经纪人理论与实务
朱学新　主编
责任编辑　金振华

苏州大学出版社出版发行
(地址：苏州市十梓街 1 号　邮编：215006)
丹阳市兴华印刷厂印装
(地址：丹阳市胡桥镇　邮编：212313)

开本 850mm×1 168mm　1/32　印张 11.125　字数 287 千
2005 年12月第 1 版　2013 年 7 月第 4 次印刷
ISBN 978-7-81090-575-6　定价：20.00 元

苏州大学版图书若有印装错误，本社负责调换
苏州大学出版社营销部　电话：0512-65225020
苏州大学出版社网址　http://www.sudapress.com

《新编经纪人理论与实务》编委会

序

“经纪人”一词在中国被广泛使用，严格地说是从上世纪90年代开始的，正值我国向社会主义市场经济体制迈进的时期。10多年来，随着我国市场经济的快速发展，经纪人出现了前所未有的发展机遇，他们广泛活跃在社会经济活动的方方面面，已经成为推动市场经济发展不可缺少的一支生力军。

客观地讲，经纪人的快速发展，对增加人员就业、促进社会分工、加速信息传播、加快商品流通、提高交易效率、降低交易费用、优化资源配置、增加社会效益等确实起到了非常积极的作用。然而，伴随经纪人队伍的壮大和经纪业务的发展，实践中也暴露出了一些问题，其突出的表现是执业人员素质参差不齐，业务运作不够规范，诚信程度相对不高，等等。因此，加强纪经人的规范化、制度化建设，就成为经纪人管理工作中的一项迫切任务。

为了维护市场秩序，规范经纪活动，促进经纪业的发展，保障经纪活动当事人的合法权益，国家工商行政管理总局在1995年颁布实施了《经纪人管理办法》。2004年8月，根据经纪人发展中出现的新变化、新情况和新问题，国家工商行政管理总局又对《经纪人管理办法》进行了全面修改，目的就是为了推动经纪人的健康发展。

本书的作者是长期从事经纪人教学培训和研究工作的专家、学者，他们以科学、严谨的治学态度，全面、准确地介绍了经纪人的基本概念、基本原理和基本知识；以可操作性、实用性为编写原则，体例安排上充分考虑到经纪人的实际需要，既有理论知识，又有运用方法和技巧，还有相关的法律知识，真正把理论、实务、政策法规融为一体。

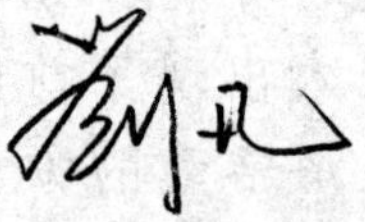

目　　录

第一章　经纪人概述 …………………………………… (1)
第一节　我国经纪人的历史沿革 ……………………… (1)
第二节　经纪人的基本特征 …………………………… (9)
第三节　经纪人的作用和法律地位 ………………… (17)
第四节　经纪收入——佣金 ………………………… (25)
第二章　经纪人的活动方式和组织形式 ……………………………………………………… (30)
第一节　经纪人的活动方式 ………………………… (30)
第二节　经纪人的组织形式 ………………………… (37)
第三节　经纪组织的机构设置 ……………………… (43)
第三章　经纪人应具备的素质 ……………………… (48)
第一节　经纪人的知识结构和能力结构 ………… (48)
第二节　经纪人的心理素质和身体素质 ………… (55)
第三节　经纪人的信息意识和道德修养 ………… (59)
第四章　一般经纪人 ………………………………… (65)
第一节　一般经纪人的特征和作用 ……………… (65)
第二节　生产资料市场经纪人 ……………………… (68)
第三节　消费品市场经纪人 ………………………… (73)

第五章　特殊行业经纪人(上)　……………………（78）
第一节　保险经纪人　……………………………（78）
第二节　证券经纪人　……………………………（86）
第三节　期货经纪人 ……………………………（101）
第六章　特殊行业经纪人(下) ……………………（111）
第一节　技术经纪人 ……………………………（111）
第二节　房地产经纪人 …………………………（116）
第三节　劳动力经纪人 …………………………（121）
第四节　文化经纪人 ……………………………（129）
第五节　体育经纪人 ……………………………（138）
第七章　经纪人的依法管理　……………………（151）
第一节　经纪人的登记管理　……………………（151）
第二节　经纪人的行为管理　……………………（156）
第三节　经纪人的信用管理　……………………（160）
第四节　经纪人协会 ……………………………（163）
第八章　经纪业务营销 …………………………（167）
第一节　市场营销基本理论　……………………（167）
第二节　经纪业务营销与市场环境分析 …………（181）
第三节　经纪业务营销实务　……………………（193）
第九章　经纪业务运作过程和技巧　……………（197）
第一节　经纪业务的运作过程　…………………（197）
第二节　经纪业务的运作技巧　…………………（208）
第十章　经纪人与合同法 ………………………（217）
第一节　合同概述 ………………………………（217）
第二节　合同的效力及履行　……………………（228）

第三节 违约责任 …………………………………… (235)
第四节 经纪合同的种类…………………………… (238)
第十一章 经纪人应遵守的相关法律 ……… (245)
第一节 反不正当竞争法…………………………… (245)
第二节 消费者权益保护法 ……………………… (255)
附录一 经纪人管理办法 ……………………… (265)
附录二 中华人民共和国合同法 ……………… (270)
附录三 中华人民共和国反不正当竞争法
………………………………………………… (327)
附录四 中华人民共和国消费者权益保护法
………………………………………………… (334)
主要参考书目 ……………………………………… (344)
后记 ………………………………………………… (345)

第一章 经纪人概述

经纪人是商品生产和商品交换发展到一定阶段的产物，也是随着商品生产和商品交换的发展而不断得到发展的。经纪人自产生以来，便一直以其独特的功能和灵活的方式给社会经济注入生机和活力，特别是在市场经济条件下，其在提高市场效率、降低交易费用、加速信息的传播和交流、优化社会资源配置等方面发挥着愈益重要的作用。随着社会主义市场经济体制的确立和完善，经纪人队伍必将在我国得到迅速的发展，成为大力发展社会主义市场经济的一支活跃的力量。

第一节 我国经纪人的历史沿革

在我国，经纪人的发展可以追溯到两汉时期，至今已有2 000多年的历史。这个过程大致可以划分为这样三个阶段：从汉代至鸦片战争，是我国古代经纪人的发展阶段；从鸦片战争至新中国成立，是我国近代经纪人的发展阶段；新中国成立至今，是我国现代经纪人的发展阶段。

一、我国古代经纪人

（一）两汉时期的“驵侩”、“牙人”、“牙郎”

我国古代经纪人最早见于文字记载的，是西汉时期的“驵侩”，也称“马侩”。《史记·货殖列传》说：“子贷金钱千贯，节驵会。”“节”即“节制”，“会”即“侩”，亦即管理“驵侩”。《汉书》颜师古注：“侩者，合会二家交易者也；驵者，其首率也。”司马光的

《资治通鉴》明确指出:“牙郎,驵侩也。南北物价定于其口,而后相马贸易。”“驵”的书面语义为骏马、壮马,引申为贩卖马匹的经纪人的意思。由此可见,我国最早的经纪人是出现于马市上的驵侩(即马侩)。最早的经纪人之所以出现于马市,是因为在当时的北方地区,马既是主要的劳动工具,也是主要的交通工具,还是重要的私人家产,人们对马的交易特别重视,因此,需要由中间人为买卖双方确定一个最终为双方都能接受的价格。

为什么古代经纪人又称“牙人”和“牙郎”?对此有好多种说法。有人认为,唐朝以前,经纪人叫“互郎”,唐朝人把“互”写作“乐”,而“乐”字很像“牙”字,因此,人们误把经纪人称作“牙郎”或“牙人”。又有人认为,经纪人是不用掏本钱的,其买卖手段是凭借其伶牙俐齿说合成交,所以以“牙”称之。我们认为,由于“驵侩”看马是以马的牙齿论价,从马牙的数量及缺损情况可以判断马的年龄和健康状况,从而给马定价,故将那时的经纪人称之为“牙人”、“牙郎”。早期的牙人在市场上完全是以一个独立的中间人身份出现的,为买卖双方撮合成交,不受官府支配,交易公平,收费低廉,故而颇受人尊重。

(二)唐宋时期的“牙店”、“牙行”

到了唐代,牙人、牙郎也称“牙商”。随着商品生产和商品交换的发展,商业日渐繁荣,牙商的业务范围越来越广,人数越来越多,势力也越来越大,进而出现了牙商的同业组织“牙店”、“牙行”。其开始时称坻店、车坊、柜坊等,是安寓客商、代客商寄存货物、为客商提供交易的场所,其店主往往就是牙人。我们可以把它看做是中国最早的经纪机构。

唐朝统治者为了控制和加强市场管理,开始重视牙人对市场的作用,牙人被赋予监督商人的权力,充当了监督市场经营活动、行使政府管理商人经营行为、登记每笔交易、收取税银的政府管理人员的角色。在盛唐时期的对内对外贸易中,牙商发挥了极大的作用，他们在同中亚、西亚和西北、西南少数民族的交易中充当了积极的角色。

至宋代，随着商业活动的日渐广泛，牙人得到了新的发展，官府进一步明确了牙人监督商人交易和收税的作用。牙人由官府发放身牌，作为其行使职责的依据。官府还制定了《牙人付身牌约束》，作为对牙人统一管理的依据。

宋王朝覆灭之后，进入元朝。元代统治者极其残暴地进行了大规模的烧杀掳掠，农业生产遭到破坏，商业也失去了发展的物质基础，整个国民经济一落千丈。同时，元朝统治者垄断了国内外商业，禁止汉人自由经商，牙人自然也无从发展。

（三）明清时期的“牙人”和“牙行”

明朝初期，牙行原是被禁止的，后在商贸活动繁荣的情况下，永乐年间取消了禁令，牙行开始恢复，并在后来得到了迅速发展。明朝后期，牙人开始分为“官牙”和“私牙”。官府设官牙，其主要职能是征收商税、契税，管理市场，主持对外贸易。私牙也要得到官府的允许。不管是官牙还是私牙，都要领取“牙帖”（即现在所说的营业执照），且必须按期缴纳“牙税”。

清代仍然沿用明代的牙人、牙行制度。清政府规定，外国人来华贸易，必须通过牙行、牙商，不得直接与中国商人接触。同时，清初严厉的海禁使经济发展和商品交易受到极大制约。乾隆以后，海禁开放，但只允许广州一口岸对外贸易，外商的一切买卖活动必须通过清政府设立的行商来进行。于是，广东十三行名噪一时，成为对外贸易的桥梁。当时的商行、洋行、十三行都属官设牙行，只是称呼不同。其实，行商数字不一定是13家，有时多于13家，有时少于13家。行商是经过清政府批准的垄断对外贸易的少数特权商人。在内陆贸易中，牙人仍起着很大的作用，各大城市都有牙行，并以私牙为主。牙帖是牙人必备的营业执照，每帖二三两银子，实际上就是牙人的牙税；由牙人促成的交易契约，还要缴纳契税。

二、我国近代经纪人

(一) 买办——特殊的经纪人

鸦片战争以后,我国经纪人无论在表现形式上,还是在业务对象上,都发生了巨大变化。一种特殊的经纪人——买办产生了。他们与行商(行纪人)形成了对外贸易的垄断势力。这种势力随着外国资本主义侵略势力的强大而强大,以致他们在各大通商口岸左右了商品交易的中介活动。内陆城市的行纪人不得不与他们建立联系,内陆商人也不得不向他们支付佣金以求货物外销。

“买办”是我国经纪人和经纪业发展史上的一个特殊的阶层。“买办”一词是葡萄牙语 Compardor 康白度的义译,原意是采买人员,中文翻译为“买办”。清初,买办专指为居住在广东十三行的外商服务的中国公行的采购人或管事,后来逐步发展为特指在中国的外商企业所雇佣的居间人或代理人。买办是一个特殊的经纪人阶层,具有洋行的雇员和独立商人的双重身份:作为洋行雇员身份的买办,得到外国势力的庇护,可以不受中国法律的约束;作为独立商人的买办,又可以代洋行在内地买卖货物或出面租赁房屋、购置地产等。

鸦片战争以后,“买办制度”随着洋行业务的开展而发生了变化。买办阶层同外商利益上的共同点使其成为中国历史上一个极具独特色彩的集团,他们成了西方国家在政治上和经济上侵略与控制中国的工具。这些买办阶层既经营钱财的进出和保管,也参与业务经营和商品交易事务,并常常代表洋行深入内地,开展购销业务;同中国商人商定价格,订立交易合同,并凭借自身的地位,在货物的收付上取得双方的信任。他们逐渐成为外商对华贸易的代言人。随着公行的取消,买办阶层就成为垄断中外贸易的中间商,一些人逐渐失去公平的立场,趋附外国侵略势力,欺压中国商人,有时还可以在列强根据不平等条约向中国勒索的赔款中分享“赔偿金”。他们中的不少人富了起来，成为中国近代史上的大买办。

历史上对买办的认识褒贬不一，但从经纪史角度看，买办是中国近代史上的一种特殊经纪人。买办的活动一直延伸到新中国成立。

（二）民国时期的“华经理”、“掮客”、“黄牛”

在民国时期，伴随着商贸活动的发展，经纪人取得了进一步的发展，尤其是出现了许多股票交易经纪人、期货交易经纪人，政府专门颁布了有关经纪人的各种法律，承认了经纪人的合法地位。

民国时期的买办已被外商改称为“华经理”，以消除中国人的仇外情绪，而买办的工作性质并没有改变，除自身经营商业以外，仍是外商的高级雇员。当时的一些交易所也延揽中国的商人作为经纪人，称为“华籍会员”，亦按交易金额抽取佣金。

民国时期地位较低的经纪人，他们从事一般现货商品的中介，通常称之为“掮客”，上海人称其为“黄牛”。在各地的流动掮客成分复杂，活动隐蔽。他们或是单枪匹马，或是几人搭档，或是亲属合作，不挂牌，不亮真实身份，其经纪活动带有很大的隐蔽性。

由于国民党统治时期的社会经济秩序混乱，有些“掮客”、“黄牛”的经纪活动往往越出法律规定的范围，严重扰乱了市场秩序，其形象受到了严重损害，几乎成了不法商人的同义词。

三、建国后的经纪人

新中国成立以后，我国的经纪人发展进入了一个新的时期。然而，其发展也不是一帆风顺的，期间出现过较大的反复。这个时期，我们以党的十一届三中全会为界，又可以把它分为两个阶段。在此前和此后，经纪人的命运也大相径庭。

（一）十一届三中全会之前的经纪人

新中国成立之初，为稳定市场，稳定物价，政府对经纪人采取了严格限制的政策，规定经纪人不得从事投机倒把、买空卖空，并只能在指定的场所内活动。在农村，允许个人在集市贸易市场上为促成家禽、家畜、干鲜果品等的交易而进行居间业务。

随着国家对农业、手工业、资本主义工商业的社会主义改造的进行和计划经济体制的逐步确立，经纪人和经纪业被认为是资本主义社会特有的经济现象而被国家予以取缔。1950 年 11 月 14 日，中央人民政府贸易部正式颁布了《关于取缔商业投机活动的几项指示》。由于当时对官僚资本采取了没收政策，对民族资本采取限制改造的政策，证券所和各类物资交易所被关闭，故而股票和期货经纪人被取缔。此后，在大城市，经纪业陷入停顿或转入“地下”；在农村，随着“土改”和“三大改造”的展开，经纪人也几乎销声匿迹。

经纪人和经纪业的一度消失，给我国的商品生产和商品交换造成了极大的损失，使市场日趋衰落，严重妨碍了社会经济的发展。

（二）改革开放以来的经纪人

党的十一届三中全会以后，中国实行了改革开放的政策，商品生产和商品交换有了较大的发展，于是，经纪人又开始活跃在商品经济的历史舞台上，在发展社会主义市场经济的过程中发挥着越来越重要的作用。这个时期，我国经纪人的发展又可以分为以下三个小的阶段：

1. 1979～1987 年，打击限制阶段

在这个阶段中，伴随着商品交换的发展，经纪人和经纪活动又活跃起来，但当时由于受“左”的思想影响，国家对其还是以打击限制为主，各种经纪活动一般都在“地下”进行，时称“黑市经纪”。1981 年 6 月 8 月，国务院颁布的《关于加强市场管理，打击投机倒把和走私活动的指示》和《批转关于工业品生产资料市场管理规定的通知》都将“黑市经纪”认定为投机倒把行为。1985 年 3 月，

国务院在《关于坚决制止就地转手倒卖活动的通知》中明确规定：不准经纪人牵线挂钩，从中渔利。这样，便出现了一方面国家三令五申打击限制经纪活动，另一方面适应商品交换需要的经纪人又迅速发展起来的局面。

2. 1987 ~1992 年，探索发展阶段

1987 年召开的党的十三大提出，我国经济是有计划的商品经济。这极大地解放了人们的思想，提高了人们对与商品经济有着必然联系的经纪人的认识，我国经纪人进入了探索发展阶段。在这个阶段中，各地工商管理部门开始积极探索，对经纪人进行规范和管理，扶持经纪人的发展，特别是 1990 年以后，上海、深圳两地证券交易所的成立及我国期货市场的开始试点，又一次提高了人们对经纪活动和投机的认识，经纪人得到了迅速的发展。

3. 1992 年以后，保护规范阶段

1992 年，邓小平南方谈话和党的十四大提出建立社会主义市场经济体制以后，进一步解放了人们的思想，我国经纪人进入了崭新的历史时期。各地陆续制定出台了各种条例、规章及规范性文件，明确经纪人的法律地位，保护经纪人的合法权益，对经纪人进行监督管理，引导经纪人健康发展。为了进一步推动全国经纪人管理工作的开展，1995 年 11 月 13 日，国家工商行政管理总局颁布了我国第一部规范经纪人活动的全国性行政法规——《经纪人管理办法》，为我国经纪人的健康发展奠定了基础。2004 年 8 月 28 日，国家工商行政管理总局根据我国经济人发展的实际需要，对《经纪人管理办法》进行了修改，使之成为我国目前对经纪人进行规范管理最具权威性的国家行政管理法规。

目前，经纪人在全国各地得到普遍发展，在一些经济发达且活跃的地区，经纪人已广泛活跃在消费品、生产资料、金融、证券、期货、房地产、科技、信息、劳动力、运输、产权、文化、艺术、体育、广告等各类市场上，正以其熟练的专业知识和社会化服务，在沟通供

需、活跃流通、传递信息、提高市场效率、合理配置资源等方面，对经济发展发挥着日益重要的促进作用。

同时，我们也应当看到，现阶段我国经纪人在实际运作中，也还存在着这样或那样的问题。其一是发展布局不平衡。沿海发达地区经纪人发展比较快，而中西部地区的发展则比较慢，特别是广大农村，经纪人的发育程度比较低，不利于加速农村商品经济的发展。即使在城市中，经纪人的行业分布也极不平衡，有些行业发展过快，出现了一哄而上的局面；而有些行业至今仍是空白，一些高科技领域介入的程度还不深。其二是从业人员素质相对较低。大部分经纪人是由原来企业的业务人员或技术人员转过来的，没有经过专业培训，缺少专业知识，加之不少从业人员自身的文化程度不高，因而经纪意识不强，经纪行为不规范，成功率低，经营成本高。其三是对经纪行为的管理缺乏统一、明确的法律依据。目前，调整经纪人行为规范的法律——《经纪人法》正在审定中，还没有正式出台，实践中主要是依据国家工商行政管理总局颁布的《经纪人管理办法》。从全国来看，对经纪人的管理还需要进一步规范，各地对经纪人的从业资格和条件要求不一，有的还没有将其纳入正常的管理轨道，以致出现无照经纪、偷税漏税、乱收费用等现象，严重扰乱了经纪市场，影响了经纪人的声誉。其四是经纪市场的开放度不高。与市场经济体制相适应的经纪市场应该是一个统一、开放、竞争的市场，而我国现阶段有些部门和行业仍然存在着行政性的垄断，经纪人在正常情况下无法涉足经营，不利于其参与公开、公平、公正的市场竞争，严重制约了经纪人的正常发展。

综上所述，我们从我国经纪人的历史沿革中不难看出，经纪人是商品经济的伴生物，只要存在商品生产和商品交换，就必然有经纪人，这是不以人的意志为转移的。社会主义市场经济体制的确立，给我国经纪人的发展带来了前所未有的契机。同样，经纪人重新登上历史舞台并获得快速发展，也必将促进我国商品经济的发展，加速社会主义市场经济体制的建立。

第二节　经纪人的基本特征

一、经纪人的概念和性质

（一）经纪人的涵义

什么是经纪人？目前在理论上还没有一个统一的定义，不同的人有不同的看法，但其基本内涵总体上是一致的。

美国市场学家菲利浦·R. 特奥拉在《国际市场经营》一书中认为："经纪人系指提供廉价、代理服务的各种中间人的总称，他们与客商之间无连续性关系。"

我国的《经济大辞海》给经纪人下的定义是："为买卖双方充当中介而获取佣金的中间商人。旧中国时称为'掮客'，有一般经纪人和交易所经纪人之分。"

《中国经济大辞典》对经纪人的定义是："经纪人，旧时称掮客，处于独立地位，作为买卖双方的媒介，促成交易以赚取佣金的中间商人。"

国家工商行政管理总局根据我国经纪业发展的实践颁布的《经纪人管理办法》明确规定：经纪人"是指在经济活动中，以收取佣金为目的，为促成他人交易而从事居间、行纪或者代理等经纪业务的自然人、法人和其他经济组织"。这个定义对经纪人的活动的目的、活动特点、活动方式和经纪活动主体等四个方面进行了明确的界定。

综上所述，对经纪人概念的理解，我们必须着重把握以下几个基本点：

（1）经纪人活动的目的是为了收取佣金。经纪人的活动是有偿的，不是义务的，它具有经营的性质。当经纪活动取得成功时，即当买卖双方在经纪人提供服务后成交时，经纪人便可以从买卖双方或从买卖双方的任何一方获得佣金。佣金是经纪人从事经纪活动所得的合法收入，收取佣金是经纪人从事经纪活动的内在动力，如果没有佣金的激励，经纪人很难有积极性去为买卖双方的成交而奔波。因此，经纪人在开展经纪活动过程中必须确立佣金的理念。经纪人仅有佣金的理念还不够，还要懂得佣金收取的标准和办法，要学会算账，努力实现佣金的最大化。

（2）经纪活动服务的对象是买卖双方。从经纪人活动的特点和归属的产业分类来看，它是属于第三产业中特殊的服务业。其特殊性就在于，它既不是通过提供有形的商品或服务来满足他人的需要，也不是通过提供无形商品或服务来满足他人的需要，而是通过为交易双方提供交易服务从而促成他人交易。为促成他人交易而提供服务是经纪人经营活动的一个显著特点。因此，经纪人在开展经纪活动时，必须确立这样两个理念：一是必须为交易提供优质、高效的服务，必须在实践中不断去探索新的服务，努力创造服务，这是经纪人在激烈的市场竞争中生存和发展的关键。二是必须为交易双方提供平等的服务。任何经纪业务都与买卖双方当事人打交道。经纪人不能只根据与当事人关系的密或疏而提供或多或少的服务，必须确立一视同仁的理念，这样才能真正做到公平经纪，以有利于产生好的社会口碑，提高自己在经纪业务活动中的竞争力。

（3）经纪人活动的中心是促成他人交易。为促成他人交易而提供服务是经纪人经营活动的一个显著特点。因此，经纪人在经纪活动中应紧紧抓住促成交易这个中心环节。获取佣金的前提条件是成交，如果不能促成交易，经纪人无论投入多少人力、物力和财力，都无法获得佣金回报。为此，经纪人在开展活动时必须脚踏实地，努力提高工作效率。

（二）经纪人的性质

经纪人的经纪活动是以获取佣金为目的的。收取佣金是经纪人从事经纪活动的内在动力，是经纪人进行艰辛工作的驱动因素。由此可见，经纪人的活动具有经营的性质。

经纪人属于中间商，但又不同于通常所说的经销商。二者的不同点在于，经纪人一般不拥有受托商品的所有权，无经营风险，不从当事人的任何一方领取固定薪金，而是一笔买卖一次偿付，其收入称为佣金。更确切地说，经销商所起的中介作用，是通过实实在在的商品媒介来联结生产与消费两头的，而经纪人是通过提供服务、信息等软体媒介来联结买卖双方的。这种软体媒介具有无形性，它与实实在在的有形商品不同，是看不见、摸不着的。经纪人是买卖双方成交的服务者，其一切活动都是为买卖双方服务的，当买卖双方一次交易活动结束后，经纪人为该笔买卖提供的中介服务就算结束。为促成他人交易而提供服务是经纪人经营活动的一个显著特点。因此，从根本上说，经纪人属于第三产业范畴，是第三产业中特殊的服务业。提供优质、高效的服务是经纪人在激烈的市场竞争中生存和发展的关键。

在实际生活中，有人将经纪人看成就是前几年出现的“皮包公司”，其实，这是对经纪人的一种误解。“皮包公司”是对前几年在公司热的特定条件下出现的一无资金、二无人员、三无场地，执照、公章、发票全部装在皮包里的经营公司的一种贬称。经纪人与“皮包公司”的区别主要表现在：第一，经营目的不同。经纪人经营的目的是为了收取佣金；而“皮包公司”经营的目的是为了获取差价利润。第二，经营方式不同。经纪人的经营方式是为了收取佣金而为买卖双方牵线搭桥，提供服务；而“皮包公司”的经营方式是将卖方的商品充作自己的商品卖向买方，用买方支付的货款充作自己的货款再转付给卖方，从而获得差价利润。第三，经营结果不同。经纪人进行中介服务的结果是促成买卖双方成交，经纪人既不是买方，也不是卖方，而是中间方；而“皮包公司”经营活动的结果是促成自己交易的成功，如果它面对的是买方，自己就成了卖方，如果它面对的是卖方，自己就成了买方——其实，它既不是买方，也不是卖方，是名副其实的“皮包公司”。

二、经纪人的类型

经纪人在社会主义市场经济的舞台上正在发挥着越来越重要的作用，他们活跃在各行各业，渗透到社会经济生活的各个方面，并且形式多样。经纪人按照不同的标准可以分为不同的类型。

（一）按经纪人活动方式划分

按经纪人活动方式不同，可分为居间经纪人、行纪经纪人和代理经纪人等。

居间经纪人，是指经纪人为委托人充当介绍或者提供订立合同的条件，撮合、促成委托人与第三人交易而进行经纪活动的一种业务活动方式。

行纪经纪人，是指经纪人为委托人提供代购代销和寄售商品等服务的一种经纪活动业务方式。

代理经纪人，是指代理人在代理权限内，以被代理人的名义实施的法律行为，由此而产生的权利和义务直接对被代理人发生效力。

（二）按经纪人组织形式划分

按经纪人组织形式不同，可分为个体经纪人、个人独资经纪人、合伙经纪人、公司经纪人和其他兼营经纪业务的经济组织。

凡是符合《城乡个体工商户管理暂行条例》规定条件的人员，向工商行政管理机关申请领取个体工商户营业执照，就可以成为个体经纪人。

凡是符合《中华人民共和国个人独资企业法》规定条件的人员，向工商行政管理机关申请，就可以设立个人独资经纪企业。

凡是符合《中华人民共和国合伙企业法》规定条件的,向工商行政管理机关申请,就可以设立合伙经纪企业。

凡是符合《中华人民共和国公司法》规定条件的,向工商行政管理机关申请,就可以设立经纪公司。

兼营经纪业务的经济组织,主要是指那些依法登记注册的个体工商户、合伙企业和公司,除了从事特定的主营业务外,同时兼营经纪业务活动。

(三) 按经纪人活动场所和涉及领域划分

按经纪人活动场所和涉及领域不同,可分为一般经纪人和特殊行业经纪人。

一般经纪人,是指专门为现货商品流通提供居间、行纪和代理服务的经纪人,如农产品经纪人、生产资料经纪人等。一般而言,一般经纪人只要具备合法的主体资格就可以从事经纪业务活动了,不需要具有特定的业务资格。

特殊行业经纪人,是指专门为非商品流通领域或特殊商品流通提供居间、行纪和代理服务的经纪人,如保险经纪人、证券经纪人、期货经纪人、文化经纪人、体育经纪人、旅游经纪人、广告经纪人、劳动力经纪人、技术经纪人、信息经纪人、房地产经纪人等。一般而言,特殊行业经纪人必须既要具备合法的主体资格,又要具有特定的业务资格。

(四) 按经纪人分布地域划分

按经纪人分布地域不同,可分为城市经纪人、农村经纪人和边贸经纪人。

城市经纪人,是指以大中城市为依托,从事经纪活动的经纪人。这类经纪人构成人员广泛,基本素质较高,组织形式多样,经营业务熟悉,是我国经纪人队伍的主力军。

农村经纪人,是指以广大农村为依托,从事经纪活动的经纪人。这类经纪人往往以自然人身份从事独立经纪活动,不一定有固定的服务时间和地点，主要为农户提供商品、技术、信息等中介服务，在农户和市场之间牵线搭桥，对于促进我国农民市场经济意识的提高、活跃农村经济起着积极的推动作用。

边贸经纪人，是指以边界线为依托，进行经纪活动的经纪人。这类经纪人大部分是当地农民，与周边国家居民有着长期的交往和接触，了解对方的习俗、语言和需要，经纪活动的形式多样，方法灵活，涉及领域较广，为发展我国和周边国家之间的经贸交往起着非常重要的作用。

（五）按经纪人素质水平划分

按经纪人素质水平不同，可分为普通型经纪人和专家型经纪人。

普通型经纪人，是指熟悉经纪活动的一般技能，不需要掌握特定专业知识的经纪人。这类经纪人由于受本身素质和业务的限制，只能从事一般性的经纪业务，其涉及的面较宽，人数最多，而且大部分为兼职。一般经纪人大多数属于普通型经纪人。

专家型经纪人，是指除了掌握经纪活动的技能外，还在某类产品或服务上具有专门知识的经纪人。这类经纪人具有较高的文化修养和技术水平，其本身就是某一方面的专家，如证券经纪人、期货经纪人、科技经纪人、外贸经纪人等。专家型经纪人是我国发展市场经济最急需的，也是需要国家大力培养的经纪人队伍。

（六）按经纪人职业特点划分

按经纪人职业特点不同，可分为专业经纪人和兼职经纪人。

专业经纪人，是指以从事经纪活动为其惟一职业的经纪人。这类经纪人就个人而言，是指专门从事经纪业务活动的个人；就企业或组织而言，是指专门从事经纪业务活动的各种机构。这类经纪人不从事任何其他生产经营活动，如经纪公司、经纪行、经纪人事务所等。

兼职经纪人，是指除从事经纪业务活动外，还有其他职业的经纪人。这类经纪人就个人而言，是指利用业余时间不定期地开展经纪业务活动的经纪人；就企业或组织而言，主要是指除了开展正常经营活动外，还为社会提供各种信息服务和代理活动的各类工商企业，这实际上就是以企业的名义从事经纪活动。

（七）按经纪人合法与否划分

按经纪人合法与否划分，可分为合法经纪人和非法经纪人。

合法经纪人，是指那些经工商行政管理部门登记注册，有营业执照，并能奉公守纪、依法经营的经纪人。

非法经纪人，是指那些既没有经工商行政管理部门登记注册，没有领取营业执照，又不能奉公守纪、依法经营的经纪人。

这里，经纪人是否合法的标准主要有两个方面：其一是主体是否合法。凡是经工商行政管理部门登记注册，领取营业执照的，就是合法经纪人；否则，就是非法经纪人。其二是行为是否合法。凡是奉公守纪，依法经营的，就是合法经纪人；否则，就是非法经纪人。对于前者，我们要大力保护其合法权益，鼓励其迅速发展；对于后者，我们要坚决取缔，对严重违法乱纪者还要予以行政和司法制裁。因此，广大经纪人都应当争做合法经纪人。

三、经纪人的活动特点

经纪人经营活动与一般经营活动相比较，具有以下一些特点：

一是广泛性。经纪活动的广泛性表现为：其一是活动的空间范围的广泛性。经纪活动是商品经济和市场经济的伴生物。在市场经济条件下，市场活动纷繁复杂，各类商品名目繁多，市场供需千变万化，这就为经纪活动提供了广阔的活动空间。可以说，市场上有多少种供需关系，就有多少种经纪活动，经纪活动可以渗透到社会的各行各业、方方面面，遍及全国城乡。其二是经纪活动主体即经纪人的广泛性。经纪人可以是自然人，可以是合伙人，也可以是法人，只要能为市场上买卖双方提供中介服务，都可以依法成为经纪人。

二是服务性。在经纪活动中,经纪人只提供服务,本身不从事直接的经营活动。经纪人不得从卖方那里买入所中介的商品、技术而变成买方,也不得向买方出售自己的商品、技术而成为卖方。如果经纪人在经纪活动过程中发现了有利的市场机会而自己直接买入或卖出的话,就变经纪服务为直接的商品买卖行为,变经纪性质为经销性质,其目的是为了获取最大利润而不是收取佣金,这在许多国家都是被禁止的。这就是说,经纪人要忠实于他的委托人,经纪行为要围绕委托人的利益进行,如果允许经纪人可以直接经营所经纪的商品,这样就会损害委托人的利益。规范意义上的经纪人与俗称的"倒爷"完全是两回事,经纪活动也不等于倒买倒卖。

三是报酬性。经纪人所提供的中介服务和其他服务项目一样,也是一种商业性质的服务。当买卖双方在经纪人的服务下成交时,经纪人就有权向享受此种服务的买卖双方收取一定的报酬。这就是说,经纪人的经纪活动是有偿的,不是义务的,某一经纪活动一旦取得成功,买卖双方至少有一方必须支付给经纪人报酬。应当注意的是,经纪活动的报酬与经纪活动的费用是不同的。经纪活动的报酬在实践中通常被称做佣金。

四是合法性。经纪活动是一项法律活动,在经纪活动中,经纪人的权利与义务是对等的,经纪行为必须符合国家法律、法规的规定,同时也受到法律的保护。经纪人开展经纪业务活动的合法性,包括主体合法和行为合法两个方面,主体合法就是要通过工商行政管理部门登记注册,领取营业执照;行为合法就是要遵纪守法,依法经营。只有合法经纪才能得到法律的保护。

五是非商品性。经纪人既不是商品生产者,也不是商品的供应者或购买者。他对买方或卖方的货币和商品没有留用权、抵押权,也不拥有所有权、使用权。他只知道何处可供某类商品而何处又需要这些商品，拥有信息支配权，并能为买卖双方提供服务。因此，经纪人只需拥有少量的固定资本和流动资本，无需拥有任何商品。

六是非连续性。经纪人服务的对象一般仅限于某些特定的客户。经纪活动通常是就某一特定事项提供服务，经纪人和委托人无长期、固定的合作关系，特定事项一旦完成，委托关系即告终止，这就决定了经纪活动具有非连续性的特点。作为优秀或出色的经纪人，必须熟悉这一特点，在每一笔经纪业务中，努力给买卖双方留下良好的印象，力争把非连续的业务转化成连续的业务。

七是灵活性。由于经纪人在经纪活动中没有实际的商品所有权，只是为买卖双方提供信息服务，一旦交易成功，就可以收取佣金；如果交易不成功，也没有很大的损失。同时，其投入的经营资本相对不大，经营成本不高，承担的经营风险相对较小，因而如果有经营条件，就可以从事此项业务；没有经营条件，就可以等待机会，进退灵活。

第三节 经纪人的作用和法律地位

一、市场经济与经纪人

从前面介绍的经纪人产生和发展的全过程中，我们可以得到这样一个客观的认识，即经纪人是伴随着市场经济的产生而产生，并随着市场经济的发展而发展的，市场经济是经纪人活动赖以存在的条件，并为经纪人活动提供了广阔的场所，没有市场经济，就没有经纪人。在社会经济生活和再生产过程中，经纪人所从事的中介信息服务活动正是顺应了市场经济发展的客观要求，因而在提高市场效率，加速信息传播和交流，加快商品价值的实现，优化经济资源配置等方面，起到了非常积极的作用。随着市场经济的不断发展与完善，经纪人必将会发挥更大的作用。

市场经济与经纪人是相辅相成的。一方面，经纪人的发展离不开市场经济，另一方面，市场经济的发展也离不开成熟的经纪人，市场经济呼唤着经纪人的发展，如果没有经纪人，市场经济就会失去活力。因为在市场经济条件下，必然会形成市场主体多元化、市场体系完备化、经济结构复杂化、经营方式多种化、流通渠道多样化的市场格局。在复杂多变的市场格局下，市场活动只有通过经纪人的活动，才能顺畅进行。

（一）市场经济的运行需要经纪人

经过20多年的改革开放，我国的市场经济体制已经初步确立，完备统一的市场体系也已初步形成，市场在整个国民经济的运行中正发挥着越来越重要的作用。而市场的建立和运转有赖于经纪人和经纪活动，一些生产要素市场和专业市场的许多交易活动要依靠经纪人来完成，经纪人已成为活跃市场的一个不可缺少的要素。没有经纪人，商品交易就不畅，商品市场就不活跃；没有经纪人，生产要素市场就不能快速发展，经济资源就无法得到合理配置；没有经纪人，证券市场、期货市场等专业市场就无法运转。可见，经纪人已成为市场经济正常运行必不可少的条件，市场经济呼唤着经纪人。

（二）企业行为市场化需要经纪人

建立市场经济体制，充分发挥市场机制的作用，其关键在于每个生产企业都必须成为自主经营、自负盈亏的经济实体。企业走向市场，必须从根本上扭转以企业为中心的生产经营模式，改变生产什么、推销什么的陈旧观念，确立完全以市场为中心来组织生产经营的观念，即市场需要什么、企业就生产什么的市场营销的观念。企业是难以完全把握瞬息万变的市场的，这就需要有一批专门从事商品交换中介活动的市场耳目提供各种信息和服务，帮助企业研究营销策略，确定销售渠道与促销方式，牵线搭桥，沟通供需。而经纪人正是适应这种客观需要而出现在市场上的,他们为企业走入市场提供信息,穿针引线,铺平道路。同时,企业有时因对一些市场规则缺乏了解而难以进入市场,这就需要专业经纪人提供帮助。另外,企业的精力主要放在生产经营活动上,往往对一些繁琐的事务无暇顾及。比如,企业搞基本建设,需要办理许多手续,这些手续对于企业来说是一种负担,有专业经纪人的存在,就可以帮助企业限期完成这些工作,从而提高企业的效率。由此可见,市场经济越发展,社会分工越细,就越需要有经纪人为企业提供各种服务,以使企业专心从事生产经营活动。

(三) 第三产业的发展需要经纪人

第三产业是我国经济市场化过程中鼓励发展的重点产业。从第三产业内部的分类来看,经纪业是其中一个重要行业。调整产业结构,大力发展第三产业,不仅为生产企业提供了良好的服务环境,为人民生活提供了方便,而且又必然会促进经纪业的大发展。同时,在证券、期货、劳动力、金融、产权、文化、艺术、体育、广告、科技、信息、房地产等第三产业的行业中,大量的经营活动只有通过经纪人才能完成,特别是证券市场、期货市场都必须通过经纪人进行交易。由此可见,第三产业的发展需要经纪人和经纪业的发展,而经纪人和经纪业的发展又必然促进第三产业的发展。

(四) 知识经济时代的到来也需要经纪人

当今世界,科学技术突飞猛进,知识经济已经到来,国力竞争日趋激烈。知识经济是以知识和信息为基础的经济形式,是指建立在知识和信息的生产、分配和使用上的经济。其中,信息技术在知识经济的发展过程中处于中心地位。正是由于信息技术的迅速发展,信息成果的广泛应用,信息产业的迅速崛起,推动了整个世界由工业经济时代向知识经济时代迈进。当今的世界已成为信息的世界,在企业的生产经营活动中,信息正在起着越来越重要的作用。企业要在激烈的市场竞争中生存与发展,就必须善于捕捉各种经济信息，分析市场行情，并及时作出决策。而要做到这些，只靠企业自身的力量往往难以胜任。这就要求有经纪人专门从事信息的收集、整理和传递工作，为生产企业服务，努力实现每一条信息的价值。

二、经纪人的地位和作用

如前所述，经纪人属于第三产业范畴，是第三产业中特殊的服务行业，其基本的职能是为商品交换提供中介服务，因此，它在市场经济中的地位是由社会再生产的交换所决定的。

马克思主义认为，任何社会的再生产过程，都是由生产、分配、交换和消费这四个既相互联系又相互制约的环节组成的有机统一体。在生产、交换、分配和消费四个环节中，生产是起点，是根本，在再生产过程中起决定性的作用；消费是终点，是生产的最后完成阶段；分配和交换是中间环节，联结着生产和消费。可见，交换是社会再生产中不可缺少的中间环节，处于生产与消费的中间地位。它一头联系生产，一头联系消费，与生产紧密相连，与消费息息相关，成为联系城乡、工农、地区之间的桥梁和纽带。如果没有这个桥梁和纽带，国民经济就形成不了一个整体，社会再生产就无法顺利进行下去。可以说，在社会化大生产条件下，交换是保证社会化大生产顺利进行的前提条件和实现条件。如果各种生产要素买不回来，生产过程就无法开始；如果生产的商品卖不出去，商品的使用价值和价值就无法实现，再生产就不能正常进行。

经纪人的职能和交换的职能是基本一致的，因而，其在社会再生产过程中联结生产与消费的这种特殊的中间地位；随着市场经济的发展越来越明显地表现出来，并且正在发挥着越来越重要的作用，经纪人在建立和发展市场经济中的积极作用主要表现在以下五个方面：

(一) 促进了社会分工,加快了市场流通

经纪人作为一个专门的职业,是在商品经济和市场经济发展到一定阶段时出现的,也是社会分工日益细化的产物。同样,经纪人的产生和经纪业务的发展,反过来也促使社会分工的发展和市场经济的活跃。特别是在我国目前的条件下,市场经济还不够发达,经纪人的出现及其职能的专门化有利于工商企业和第三产业的各行业专心致力于本职工作,如工业企业可以和经纪公司签订长期的合同,由经纪公司负责原材料的采购或产品的经销,支付一定的佣金。这对于工业企业来说,可以在一定程度上节省费用,腾出精力来抓产品的开发与生产,提高专业化水平和产品的竞争力。把其他职能交给专门化的经纪公司去完成,这本身是一种合理社会分工,必然会产生分工合作的正效应。

经纪人的存在还大大加快了市场流通的过程。在复杂多变的现代市场经济条件下,对商品流通时间以至商品的再生产周期有很高的要求,而每一类专业市场又都因市场主体和市场客体不同而具有不同的交易特点和交易规则,特别像国际贸易,涉及不同的国家和地区,各自的法律、惯例、民俗禁忌各异,需要认真对待。如果企业仅靠自身能力单枪匹马地去完成交易工作,不仅增加交易成本,而且也可能因市场供求关系发生变化而丧失时机。而经纪人既具有丰富的交易经验和交易技巧,对买卖双方的行情比较熟悉,又拥有集中的市场信息,因而可以比较顺利地开展中介业务,以理想的价格、最短的时间沟通交易,从而大大加快市场流通的过程。因此,有人将经纪人形象地称为市场经济的"润滑剂"或"催化剂"。

(二) 强化了信息功能,提高了市场效率

当今社会是信息社会,信息的功能正被越来越多的人所认识。但是,在现代社会中,各种信息普遍存在不对称的现象,有些人对大量的信息视而不见,充耳不闻,有些人又苦于了解不到信息,因此，很难取得生产经营的主动权，这在很大程度上制约着社会经济的发展。而经纪人从事经纪活动主要是依靠信息财富，所以，他们一般都有较强的信息意识，凭借其自身所拥有的专业知识和网络优势，通过广泛收集信息，为市场活动的买卖双方解决信息不足的局限，为买卖双方的经营决策提供参考。另外，随着买卖双方信息向经纪人的集中，经纪人可以按照买方的委托寻找卖方，或者按照卖方的委托为其选择买方，进行信息沟通和信息反馈，提高信息利用率，从而有效地解决了信息不对称所带来的负面影响，强化了信息功能，推动企业作出正确的经营决策。

同时，经纪人的出现，也大大简化了交易联系，提高了交易效率，伴随着市场经济的发展，商品生产者、经营者之间的联系日趋密切和错综复杂。如果买卖双方的交易都进行直接联系，往往事倍功半。而如果通过经纪人提供中介服务，交易活动只需分解为两个环节便可以完成，即买方或卖方先把自己的买卖委托给经纪人，再由经纪人代为寻找买卖对方。专门从事中介的经纪人，联系面广，了解市场信息，也最了解买卖双方的需求，他们能够有效地将买卖双方的信息传递给对方，并凭借其丰富的经验和良好的技能，促成交易的迅速实现。

（三）打破了封闭垄断，扩大了市场范围

市场经济是一种开放型的经济。在市场经济条件下，商品交换、信息交流等经济活动是不受国界和行政界限限制的，而完全以市场为导向，自觉接受市场机制的调节。经纪人的活动当然也不例外，因而，通过经纪人牵线搭桥，传递信息，可以有效地打破地区封锁、行业分割和行政垄断，促使商品流、资金流、信息流等在地区之间、企业之间得到合理的流动，资源得到有效配置，从而促进地区之间、企业之间经济的平衡发展。

有了经纪人，才能有效地调解供需的数量间隔、结构间隔、地区间隔、时间间隔等方面的矛盾，从而扩大市场的空间和交易的范围。比如,证券交易或期货交易都是在交易所内进行的,为了保证交易质量,维护交易的规范化、正规化特点,交易所都实行了会员制,能够在交易所内进行交易的会员数量是极为有限的,但交易者的数量是无限的,这就形成了一对矛盾。交易所经纪人的出现,为许许多多的交易者提供买进或卖出的"集合点",使其能找到适当的交易机会,从而达成交易,打破了交易者之间的空间限制和时间限制。在信息技术高度社会化、现代化的今天,经纪人的这一作用将会得到更充分的体现。

（四）优化了资源配置,增加了社会效益

社会经济的健康发展有赖于经济资源的合理配置,即把有限的资源配置到需求的地区、部门和企业,使资源得到充分、合理、有效的利用,产生最佳的效益,最大限度地满足社会的需要。要做到经济资源的合理配置,市场信息的及时沟通是一个重要条件。如果市场上供需双方难以沟通或沟通带有很大的盲目性,资源配置的目标就无法实现。而经纪人能够积极为市场交易双方沟通信息,促使市场功能的更好发挥,最终有利于资源的合理配置。

经济资源得到合理的配置,从一定程度上可缓解人类社会面临的经济资源的有限性和人类对经济资源需求的无限性的矛盾,这意味着同等数量的经济资源可以生产出更多的产品,可以满足更多的社会需求,也就直接提高了社会效益。

（五）规范了市场行为,促进了市场发展

在现实经济生活中,我们不难发现,如果买卖双方直接交易,往往费工误时,需要反复协商,不仅导致交易成本增加,而且难以监督交易行为,难以预测交易价格。而通过经纪人的参与,可以保证交易行为的规范化,促使市场行为更为公开和透明。一般来说,经纪人都拥有一定的专业知识优势,有的人本身就是某一方面的专家,其专业化水平比较高,故交易的规范化程度也就比较高。特别是在交易所交易,其本身就是规范化、正规化的交易,交易者的交易活动只能委托经纪人来完成,从根本上规避了交易混乱、无序的状态。

经纪人业务的发展促进了社会分工,加快了商品流通,提高了市场效率,扩大了交易范围和交易数量;交换的扩大又刺激市场规模的扩大和市场网络的形成,并不断向更大的范围延伸。互为作用的结果是市场在经纪人的推动下不断扩大和发展,其结构也不断得到完善。

三、经纪人的权利与义务

经纪活动作为一项法律活动,必须符合权利与义务对等的原则。经纪人要拥有一定的权利,同时也要履行相应的义务。权利是相对于义务而言的,义务也是相对于权利来讲的,决没有不需要尽义务的权利或没有权利的义务。全面完整地规定经纪人的权利和义务,是对经纪人进行依法管理的核心内容。

(一)经纪人的权利

在一般意义上,权利是指公民或组织成员依法享有的权力和利益。经纪人的权利,是指经纪人在开展经纪业务活动时,依法应享有的权力和应得到的利益。这些权力和利益具体包括以下几个方面:

(1)经纪人有权要求委托人提供资信状况、履约能力、商品质量等方面真实可靠的资料。

(2)经纪执业人员有向委托人了解委托事物真实情况的权利。委托人隐瞒与经纪业务有关的重要事项、提供虚假情况或者要求提供违法服务的,经纪执业人员有中止经纪业务、建议经济组织解除经纪合同的权利。

(3)经纪执业人员依法享有保守自己经纪业务秘密的权利。

(4)经纪执业人员有权在其执业的经纪合同上签名。经济组织签订经纪合同时,应当附有执行该项经纪业务的经纪执业人员的签名。

（5）经纪执业人员依法享有其承揽经纪业务的执行权，未经委托人和本人同意，经纪组织不得随意变更经纪业务执行人。

（6）因经纪行为促成交易的，委托人应当按照约定向个体经纪人、经纪组织支付佣金；没有约定佣金或者约定不明确的，依照《中华人民共和国合同法》和国家有关规定执行。

（7）经纪执业人员的合法权益受到侵害的，可以向工商行政管理机关或者有关行业行政管理部门申诉，也可以向经纪人协会投诉。

（二）经纪人的义务

义务与权利是相对的，义务是指公民或法人按法律规定应尽的及在道德上应尽的责任。经纪人的义务，是指经纪人在开展经纪活动时，按有关法律和委托合同规定应尽的及在道德上应尽的责任。经纪人在经纪业务活动中应当履行的义务主要包括：

（1）提供客观、公正、准确、高效的服务。

（2）将签订合同的机会和签订合同的情况如实、及时报告当事人各方。

（3）妥善保管当事人交付的药样品、保证金、预付款等财物。

（4）为当事人保守商业秘密。

（5）记录经纪业务成交情况。

（6）法律、法规规定的其他义务。

第四节 经纪收入——佣金

经纪人完成经纪活动后，不论采取何种经纪活动方式，都有权按照合同约定获得相应的经纪收入，这在法律上叫佣金。经纪人依法从事经纪活动所得佣金是其合法收入，国家保护经纪人获得佣金的权利。但经纪人收取佣金不得违反国家的法律、法规和政策。

一、佣金的性质

佣金是指委托人依照法律规定或者双方约定,因经纪业务而支付给经纪人的报酬,是经纪人从事经纪活动的合法收入。经纪人的佣金收入就其性质来说,是由劳动收入、资本收入、经营收入和风险收入等构成的综合性收入。经纪人在开展经纪业务时,除了要付出艰辛的劳动,获得相应的劳动收入外,还需要投入一定量的资本,获得相应的投资收益。从事经纪业务活动是一种较为复杂的经营劳动,因而应获得相应的经营性收入;有些经纪组织还使用一定数量的雇工,会获得一定量的非劳动所得。可见,佣金中包含着劳动收入、资本收入、经营收入和风险收入等多种收入成分。

目前,社会上对经纪活动收入的称呼有很多种,如好处费、手续费、信息费、提成费、回扣、差价、酬金、报酬等。这些名称不仅很不规范,而且与正当的经纪活动是极不相称的。经纪人收取的佣金与其他名称具有完全不同的法律性质。经纪人是合法的,他们的劳务报酬——佣金自然也是合法的,得到国家的法律保护。而好处费、提成费、回扣、酬金与红包、馈赠等,不仅不规范,而且得不到法律的保护。经纪人在与当事人签订经纪合同时,必须注意使用规范的表述明确佣金条款,并使用佣金这一法定名称。

二、佣金的标准和办法

一般来说,佣金由经纪成本和经纪利润两部分构成。其表示公式为:

佣金 = 经纪成本 + 经纪利润

由于经纪成本由经纪费用和税收构成,因此,佣金的公式也可以表示为:

佣金 = 经纪费用 + 税收 + 经纪利润

可见,佣金标准的确定,要求上面三部分的构成必须是合理的。首先,经纪费用应在佣金中得到补偿。经纪费用包括经纪机构的开办费用、人员工资费用、交通费用、广告费用、场地租赁费用、样品保管费用、样品商检费用、固定资产折旧费用、管理费用、经营费用等。同时,经纪税收也应在佣金中得到补偿。经纪税收包括经纪机构的营业税、所得税等。经纪利润是在一定利润率下计算出的盈利,目前,对经纪机构的盈利水平还没有一个统一的规定。

佣金标准通常分为法定佣金和自由佣金两种。法定佣金是指经纪人从事特定经纪业务时,按照国家对特定经纪业务规定的佣金标准获得的佣金。法定佣金具有强制效力,当事人各方都必须接受,不得高于或低于法定佣金。在经济生活中,法定佣金只适用于市场发育程度较高、分工明确、专业化程度高、经纪活动量大的经纪业务种类。自由佣金是指经纪人按照经纪人与委托人协商确定的佣金标准获得的佣金。自由佣金由当事人协商确定,并写入相应的经纪合同中,一经确定,即对当事人双方都具有法律约束力,违约者要承担违约责任。经纪活动中大量的佣金是自由佣金。自由佣金的确定同市场价格一样,由供求双方协商确定,佣金的高低主要取决于经纪人和当事人在经纪活动中所处的地位。此外,还有一种佣金标准,它是介于法定佣金和自由佣金之间的一种过渡形式,即行业规矩,这是约定俗成的一种佣金标准,对同业经纪人具有一定的约束力,但不具有法律效力。

佣金确定的办法也有多种,通常有固定佣金、比例佣金和差额佣金三种。固定佣金就是不论成交标的额的大小,按照经纪业务件数收取固定金额的佣金。这类佣金适合于交易额比较小或经纪业务独立性不是非常强的经纪业务。比例佣金就是按照成交额的一定比例提取的佣金。一般来说,交易额越大,提取的比例就越低。比例可以分段确定,逐段递减。如果交易额非常大,也可以采用封顶的办法，明确规定最多只能收取多少佣金。这类佣金比较适合于交易额比较大的经纪业务。差额佣金有的地方也称包价佣金，就是经纪人代理委托人进行交易时必须满足委托人规定的卖出最低价，超出最低价部分的收入，可以作为佣金归经纪人所有。这种计算佣金的方法也是国际上通用的一种方法，叫做净值协定。净值协定可以用在公开协定、独家代理和独家销售权合同中。这类佣金适合于买卖差价比较大的经纪业务中。

收取佣金是经纪人的权利，但由于目前对佣金缺乏统一的规范，佣金收取的标准、办法和数量比较混乱。经纪活动作为一项经营活动，其目的就是要实现佣金最大化，进而实现利润最大化。因此，经纪人在开展经纪活动中，必须在合法的前提下，根据不同经纪业务的特点，选择合适的佣金标准和收取办法。

三、佣金的支付

佣金的支付由经纪业务的委托方负担。它可以由经纪人为其提供服务的双方当事人共同承担，也可由其中一方独自支付。由谁支付佣金必须在经纪合同中加以明确的规定，但经纪人不得利用执业便利，收取佣金以外的报酬。

佣金可以用现金支付，也可以采用转账结算或用其他方式支付。经纪人应该按照规定的结算和支付方式进行佣金的收付工作，经纪人收取佣金应开具发票，并严格按照税法规定缴纳有关税金。一般情况下，佣金应该在经纪成功、交易双方签订经纪合同后收取。在有些情况下，委托人可以提前支付给经纪人部分佣金，待经纪业务成功后再支付剩余部分的佣金。如经纪活动的费用高、前期投入大或委托人认为经纪业务的难度较大时，为了激励经纪人，可以提前支付部分佣金。待经纪业务结束后再支付剩余部分的佣金。

为避免在支付佣金上与委托人发生纠纷，经纪人在签订经纪合同时，应将佣金的数量、支付方式、支付期限及经纪不成功时业务费用的负担等方面明确写入经纪合同中。为了依法保护自己的合法权益，可以采取预付费用、预收佣金、公证或到工商行政管理机关进行合同鉴证等方式，以确保经纪人获取佣金的正当权利。

按照《经纪人管理办法》的规定，如果在经纪活动中，经纪人与当事人对佣金没有约定或者约定不明确的，可以依照《中华人民共和国合同法》和国家有关规定执行。但同时规定经纪执业人员不得利用执业便利，收取当事人佣金以外的报酬。

第二章　经纪人的活动方式和组织形式

在市场经济条件下，经纪人要正常开展业务活动，除了要依法注册登记，取得合法的经纪资格以外，还必须选择正确的经纪活动方式、合适的企业组织形式和合理的经纪机构设置。这些，对于经纪人以什么样的形式走向市场，又如何提高经纪活动的效率等，都是极为重要的。

第一节　经纪人的活动方式

按照国家工商行政管理局颁布的《经纪人管理办法》的界定，经纪人按其活动方式不同，分为居间、行纪和代理三种。这个界定与我们原有对经纪人的分类相比，更规范，更符合现代经纪人实际，也更符合国际惯例。在此之前，我国习惯于把经纪业务统称为中介业务，在中介下面再分经纪、信托和代理三种活动方式，把中介作为大概念，把经纪作为中介的一种具体形式。这样，就把经纪单纯地理解为从事牵线搭桥的居间活动。显然，这种理解已无法概括现代纪经人活动方式的新特点。《经纪人管理办法》对经纪活动方式的界定，不仅沿袭了传统经纪人的活动方式，并在此基础上，根据现代经纪人活动方式的特点，给予了新的、相对宽泛的概括。《经纪人管理办法》出台以后，我们应该统一认识，不要再把经纪人称为中介。在现代市场经济条件下，中介和中介组织已被赋予新的特定的内涵。经纪人取代中介并成为一个大概念，而居间、行纪、代理是隶属于经纪人的三种活动方式。下面就这三种活动方式作简要的介绍。

一、居间

居间是指经纪人为委托人充当介绍或者提供订立合同的条件，撮合、促成委托人与第三人交易而进行经纪活动的一种业务活动方式。居间是我国经纪人最早的一种活动方式，也是经纪业务中最普遍、最常见的活动方式。居间同传统意义上讲的经纪是同等概念，也可以看做是狭义的中介。在交易活动中，居间经纪人既不是买者，也不是卖者，而是沟通买卖双方，从中牵线搭桥、促成交易的中间商人。居间经纪人的活动也是一种商业经营活动。如在农产品市场上，有的人专门为销售农产品的农民寻找买主，有的人帮助采购农产品的人寻找货源，也有的人帮助买卖双方洽谈价格、签订合同、称量、结算、包装、装卸或联系运输工具，还有的人专门为交易双方提供各种市场信息服务。这些活动就属于农产品交易中的居间业务。

居间业务的法律特征是：第一，居间业务的行为是民事法律行为。依法取得经纪资格的经纪人按照委托人的委托，在委托人与第三人进行经济往来、订立合同过程中，必须依法进行中介服务活动。第二，居间业务行为是以签订居间合同来实施的。经纪人在进行居间业务活动时，必须依据法规规定同委托人签订合同，从而确立其权利义务关系。

居间业务主要是通过提供信息服务或为买卖双方牵线搭桥来完成的，因而其介入交易双方交易活动的程度不深。居间者只需为买卖双方提供交易信息，或了解交易中可能会涉及的一些基本情况及最一般的技术问题，如果涉及比较深的内容或比较专业的技术问题，可以由买卖双方直接见面洽谈，因而对从业人员的基本素质要求相对较低，毋须掌握专业技术知识；所需资本比较少，进入的门槛很低，其经营风险也比较小；经营的灵活性比较大，有经营条件就从事某项业务，没有经营条件就等待机会，进退两便；居间活动的市场机会比较多,广泛存在于社会再生产的全过程和第一、第二、第三产业的各个行业中,工人、农民、知识分子、商人等社会各个阶层都需要居间业务。可见,居间业务是经纪业务中最为普遍和基础的一种经纪业务,但往往容易出现从业人员过于集中、市场竞争较为激烈、成功率和佣金收入相对较低的情况,如果不加以组织引导,很容易产生一哄而上的现象,从而带有一定的盲目性。

我们要注意的是,在居间活动业务运作中,居间人一般都是以自己的名义开展活动的,即在买者面前,代表着卖者的利益;在卖者面前,则代表着买者的利益,始终在买卖双方之间进行撮合。在交易成功之前,居间人一般不会轻易将接受服务的双方直接介绍见面,只有当居间人与双方当事人签订了居间合同或交易成功后才会介绍交易双方见面。这完全是由居间业务的性质和特点决定的。因为居间人既不是买者,也不是卖者,而是在买卖双方之间提供服务,一旦交易成功,便可以从中获取佣金。这种佣金可以看做是买卖双方在直接交易基础上的一种"额外"支出。如果买卖双方可以直接交易,他们就不必支付这笔"额外"费用。因此,在交易达成之前,如果居间人草率地将交易双方直接介绍见面,就很可能出现被"甩"的情况。过河拆桥是经纪活动中常见的现象,居间人为了保护自己的利益,就必须以自己的名义开展活动。这是适者生存本能的具体体现。

二、行纪

行纪又称信托,是指经纪人为委托人提供代购代销和寄售商品等服务的一种经纪活动业务方式。历史上的"牙行"就是行纪组织。在《经纪人管理办法》出台之前,行纪一般都以信托称之,其中,委托他人为自己办理购、销、寄售等事务的人叫信托人;接受委托,并以自己名义为委托人办理购、销、寄售等事务的人叫行纪人。

行纪业务的法律特征是:第一,行纪业务的实施是能独立承担民事责任的企业法人。第二,行纪业务是从事信托业务的企业法人以自己的名义进行的行纪业务活动。第三,行纪业务行为是一种为委托人而经营或服务的业务,是以签订行纪合同来实施的。第四,行纪人为委托人购销的商品所有权属于委托人,如信托业务代购商品、货款交委托人,只收取一定的佣金。

行纪业务在历史上主要有两大类,即贸易信托和金融信托。贸易信托指经营商业性质的委托代理业务,如代购代销商品、寄售商品等。金融信托指拥有资金或财产的部门或个人将自己的资产委托银行信托部门或信托公司代其运用、管理或处理。我国现阶段金融信托受国家金融政策的控制较严,非金融机构一般不能介入。行纪业务主要限于商业经营活动,典型的行纪组织主要有拍卖行、典当行、调剂行等。行纪业务最普遍的形式是各类代购代销活动。

行纪业务主要涉及有形商品的代购代销、寄售和商标、专利、专有技术等知识产权的有偿转让,一般的无形商品及服务项目是不适宜于行纪业务的。相对于居间而言,行纪范围受到一定的限制。

在行纪业务中,行纪人也是以自己的名义开展活动的。行纪人接受委托人的委托之后,就要以自己的名义行使权利和履行义务,第三方只知道行纪人并与之发生权利和义务关系,而不知道委托人,自然也不会与委托人发生权利和义务关系。以自己的名义开展活动,有利于行纪人依法保护自身的权益。这是行纪与居间的一个共同点。但行纪与居间有两个明显的区别:第一个区别是行纪人在接受委托人的委托后可以直接与第三方进行交易。在行纪业务中,当行纪人接受委托人的委托进行代购代销时,可以直接决定买卖,即自己可以成为市场上直接的卖主和买主。当然,这种买卖是为了实现委托人的利益而进行的买卖活动。而居间就不能直接与第三方成交。第二个区别是行纪人须承担相应的法律责任。比如,在未经委托人同意的情况下,行纪人一般不得擅自变更委托人的委托要求,行纪人如果以低于委托人指定的价格售出或高于委托人指定的价格购进货物时,应由自己承担其差额;如果行纪人为委托人代办购销业务,委托人不履行其债务,那么,行纪人应承担向第三方支付债务的责任,如果第三方不履行其债务,那么,行纪人应承担向委托人支付债务的责任;在行纪活动的全过程中,行纪人对委托人委托其代购代销的商品有保证其安全的责任,一旦商品遭受灭失或者损坏,行纪人应承担相应的赔偿责任。而居间活动只要在合法的前提下,居间人对其行为的结果是不承担法律责任的。

相对于居间活动而言,行纪活动由于参与交易的程度比较深,因而对从业人员的要求就比较高。行纪人应具备相应的专业知识或技术专长,必须有一定量的人力、物力和资金的投入,要具备相应的营销能力和知识,经营活动的风险相对较大,行纪业务范围也有一定的局限性。这就决定了行纪业务的从业人员受到一定的限制,竞争压力要小于居间,而成功率和收益率又会高于居间。

三、代理

代理是指代理人在代理权限内,以被代理人的名义实施的法律行为,由此而产生的权利和义务直接对被代理人发生效力。其中,代替他人实施商业行为的人称为代理人;由他人代替自己实施商业行为的人称为被代理人;与代理人实施商业行为的人称为第三人。我国《民法通则》规定,委托代理的形式有两种,一是书面形式,二是口头形式。经纪人进行委托代理时,应当以书面形式签订委托代理合同。

代理行为的法律特征是:第一,代理行为是具有法律意义的行为,是民事法律行为的一种。第二,代理行为是在代理权限内通过意思表示而实施的行为。第三,代理行为是以被代理人的意志和名义进行代理活动。第四,代理行为的法律效果直接归属被代理人。

经纪活动中的代理,就其特点来讲,属于商务代理;就其形式来讲,属于委托代理;就其性质来讲,属于直接代理。商务代理活动广泛存在于社会经济生活的各个领域和方面。但是,目前市场经济活动中有些所谓的“代理”,从本质上讲不是代理,如有些人将总经销称为总代理,也有人把代购代销业务称为代理业务。这些业务不符合上述代理行为的法律特征。

在商品流通领域中,代理商是最为常见的代理人。他们通常受制造商或销售商的委托,代理购买或销售某些商品,并根据实际销售或购买额的大小,按比例收取佣金。代理商一般不掌握商品的所有权,不承担任何市场风险,对商品的价格等一般也无决定权。代理根据委托人的授权不同,可分为三种:一是一般代理,即不享有专营权的代理,委托人可以在同一市场上同时建立多家代理关系,也可超越代理人直接进行销售。二是总代理,即委托人在指定地区的全权代表,不仅有专营权,而且可以代表委托人参与相关的商务活动和非商贸活动。三是独家代理,即在约定的地区和一定时期内,享有某种或某些指定商品的专营权的代理。在协议有效期内,这些商品在该地区只能通过“独家代理”经营。

经纪活动中的代理业务是一种委托代理,只有在受委托人授权的情况下,才会有代理业务;如果没有委托,就不能进行代理。可见,代理业务具有对象的特定性,一旦接受委托并进行代理,就具有一定的排他性,在一定的时间和空间范围内就排斥了其他竞争者。但是,代理业务专业性比较强,对代理人的业务要求比较高。代理人只有对被代理人的委托业务在技术、服务、特点等方面有了较全面的了解,才能更好地胜任所接受的代理业务。特别是在商品流通领域中的销售代理,随着市场竞争的日趋激烈,厂商之间的竞争已经从传统的产品质量、价格等方面的竞争延伸到售后服务的竞争上,如推出实行“三包”、终身保修等服务,这就要求代理人必须精通此项产品的技术性能,从而出色地完成厂商委托的代理业务。

代理与行纪相比较,既有共同点,又有区别。其共同点有两个:一是开展活动都必须接受委托人的委托,并需要在委托人的授权范围内开展活动;二是在业务活动中都可以直接与第三方直接成交。但两者之间也有明显的区别。它们之间的区别是:第一,两者对外开展活动的名义不同。代理人以被代理人的名义进行活动。代理人的任务就是代替被代理人进行商务活动,以实现被代理人的权利和义务,这种商务活动的主体仍然是被代理人。而行纪是以行纪人自己的名义对外开展活动的。第二,两者承担法律责任的主体不同。由于代理人不是以自己的名义进行活动,而是以被代理人的名义进行活动的,因此,代理行为所产生的法律后果是由被代理人承担,而不是由代理人承担的。

居间、行纪、代理作为经纪人三种不同的活动方式,广泛存在于社会经济活动中。这三者之间具有许多相同或相似之处:它们都属于第三产业中特殊的服务业,除了为交易双方提供特定的服务外,都不从事直接的经营活动;除了拥有少量的经营资本外,一般都不拥有任何商品;都不从当事人的任何一方领取固定的酬金,而是在促成交易以后按照合同的约定获取佣金收入;开展业务活动投入的经营资本一般都不大,经营成本都不高,承担的经营风险相对都较小;都是社会主义市场经济健康发展过程中不可缺少的力量。但三者也存在明显的不同点,主要表现为:一是名义不同。居间和行纪一般都是以自己的名义对外进行活动,而代理则是以委托人的名义进行活动。二是责任不同。居间是居间人为交易双方提供交易信息及条件,在交易中起撮合成交的作用,因而活动中的权利与责任归交易双方当事人;行纪是行纪人在接受委托人的委托后,以自己的名义与第三方进行交易,活动中的权利与责任归行纪人自己;而代理则是代理人以被代理人的名义进行活动,活动中产生的权利和责任归被代理人。三是与委托者的关系不同。居间人与当事人没有固定的关系,业务也大多是一事一议,多为一次性业务往来,而且当事人也可以同时与第三者发生直接关系;行纪人和代理人在一定时间内都与当事人有着较为固定的关系,委托人在与行纪人、代理人签订合同后,就不能再与第三者发生直接关系。四是能否直接与第三方成交不同。居间只是为交易起到撮合作用,居间人不能直接与第三方成交;而行纪与代理在接受委托人的委托后,可以直接与第三方成交。五是获取收入的名称不同。经纪人获取的收入,统一的法定名称叫佣金,但在日常经纪活动中,人们习惯地把居间业务获取的收入称为佣金,把行纪业务、代理业务中获得的收入称为代理费或服务费、手续费等,不称做佣金。

第二节 经纪人的组织形式

按照经纪人组织形式的不同,可以把经纪人分为个体经纪人、个人独资经纪企业、合伙经纪企业、经纪公司等。不同的经纪组织,其各自的特点不同,经纪人应该根据自身的实践情况,选择合适的组织形式进行注册登记。

一、个体经纪人和个人独资经纪企业

(一) 个体经纪人

个体经纪人是指依照《城乡个体工商户管理暂行条例》规定,向工商行政管理机关申请设立,以公民个人名义进行经纪活动的经纪人。科学理解个体经纪人的内涵,应着重把握以下两点:其

一，个体经纪人从性质上讲，仍然属于个体工商户，是个体工商户中专门从事经纪业务的一类人员。根据《经纪人管理办法》的规定，凡是符合《城乡个体工商户管理暂行条例》规定条件的人员，向工商行政管理机关申请领取个体工商户营业执照，都可以成为个体经纪人；凡是个体工商户可以经营的行业和商品，个体经纪人均可以涉足开展经纪业务。其二，个体经纪人是在经纪活动中独立地享受权利、承担义务的自然人。按照《城乡个体工商户管理暂行条例》规定，个体工商户可以个人经营，也可以家庭经营。个人经营的，以个人全部财产承担民事责任；家庭经营的，以家庭全部财产承担民事责任。这就要求个体经纪人在开展经纪业务时，要严格控制风险，切实保护自己的合法权益。

个体工商户必须符合法定条件并依法登记注册，凡是字号名称、经营者姓名和住所、从业人数、资金数额、组成形式、经营范围、经营方式、经营场所等符合《城乡个体工商户管理暂行条例》规定条件的人员，都可以申请注册个体工商户，并成为个体经纪人。凡是法律、行政法规对从事特定项目经纪业务的经纪执业人员实行资格管理的，从事该项经纪业务的经纪执业人员应当取得相应的执业资格。个体经纪人的合法权益受到国家法律的保护。

（二）个人独资经纪企业

个人独资经纪企业是指符合《中华人民共和国个人独资企业法》规定条件的人员，向工商行政管理机关申请设立的经纪企业。个人独资企业是指依照本法在中国境内设立，由一个自然人投资，财产为投资人个人所有，投资人以其个人财产对企业债务承担无限责任的经营实体。国家依法保护个人独资企业的财产和其他合法权益。

根据《经纪人管理办法》的规定，凡是符合《中华人民共和国个人独资企业法》规定条件的人员，向工商行政管理机关申请，都可以设立个人独资经纪企业。设立个人独资企业应当具备的条

件是:

(1) 投资人为一个自然人;

(2) 有合法的企业名称;

(3) 有投资人申报的出资;

(4) 有固定的生产经营场所和必要的生产经营条件;

(5) 有必要的从业人员。

实践中,个人独资企业与个体工商户有很大的相似之处,但它们之间的区别也比较明显,如个人独资企业可以设立企业的分支机构,而个体工商户是不能设立分支机构的;个人独资企业登记设立和解散清算的条件和程序比个体工商户要严格。

个体经纪人和个人独资经纪企业都只有一个产权主体,它们是业主的个人财产,由业主直接经营。其优点是:一般规模较小,内部管理机构简单;所有者和经营者合一,经营方式灵活,决策迅速;产权关系明晰,经营者会精打细算并谨慎投资。它们的弱点在于:本身的财力有限,受偿债能力的限制,融资困难,融资渠道不畅,因而无力从事需要大量投资的大规模工商业活动;业主承担无限责任,当经营失败、出现资不抵债时,法律强制企业主以个人财产来清偿企业债务,经营的风险性非常大;企业经营完全依赖于业主的个人素质,企业的信誉程度相对较低,雇员和债权人承受的风险较大。

个体经纪人和个人独资经纪企业对从业人员的素质没有特别的要求,城镇待业人员、离退休人员、企业下岗人员、辞退停留人员、农民等,都可以在个体经纪人和个人独资经纪企业中从业。这类经纪人主要涉足一些与人们生活联系比较密切的行业和商品,虽然它们的经纪业务量与大公司比较显得微不足道,但是,这类经纪人占据了经纪从业人员的大多数,它们对于扩大就业、活跃市场、方便人民生活起到了非常积极的作用。

二、合伙经纪企业

合伙经纪企业是指符合《中华人民共和国合伙企业法》规定条件的人员,向工商行政管理机关申请设立的经纪企业。合伙经纪企业从本质上来说,是从事经纪业务的合伙企业,是企业的一种组织形式。所谓合伙企业,是指由各合伙人订立合伙协议,共同出资,合伙经营,共享收益,共担风险,并对合伙企业债务承担无限连带责任的盈利性经济组织。合伙企业及其合伙人的财产和合法权益受法律保护。

根据《经纪人管理办法》的规定,凡是符合《中华人民共和国合伙企业法》规定条件的人员,向工商行政管理机关申请,都可以设立合伙经纪企业。设立合伙企业应当具备的条件是:

(1)有两个以上合伙人,并且都是依法承担无限责任者;

(2)有书面合伙协议;

(3)有合伙人实际缴付的出资;

(4)有合伙企业的名称;

(5)有经营场所和从事合伙经营的必要条件。

合伙经纪人必须符合开设合伙企业的上述条件。合伙经纪企业是自然人的自愿联合,实际享受权利、承担责任的是每一个合伙人。合伙企业对其债务,应先以其全部财产进行清偿。合伙企业财产不足清偿到期债务的,各合伙人应当承担无限连带清偿责任。这方面与个体经纪人和个人独资经纪企业十分类似。

一般来说,合伙经纪企业开展的经纪业务具有较强的专业性,合伙人员在资金、技术、经营等方面各自都有一定的优势,总体的资金实力、业务能力、经营手段等都要强于个体经纪人和个人独资经纪企业,但又同经纪公司存在一定的差距。合伙经纪企业的经营机制比较灵活,其效率也比较高,合伙人对企业债务负有无限连带责任,他们必然都很关心企业经营状况,经营者的激励和约束机制合理有效。合伙经纪企业的弱点在于:企业筹资的规模仍受一定限制,一般达不到社会化大生产的要求;合伙人与经营者合一,几乎所有的决策都要经合伙人全体一致同意,协调困难,容易造成决策的延迟;企业存续期间难免有合伙人退出或进入,企业产权关系和合伙协议相应需要调整,企业组织的稳定性较差;企业债务承担无限连带责任,使并不能对企业的经营活动单独行使完全控制权的合伙人面临相当大的风险。由于合伙经纪企业具有上述特点,所以现实生活中绝大多数投资者选择设立个人独资经纪企业或经纪公司,合伙经纪企业所占的比重极小。它们一般规模较小,并且只存在于那些业主个人信誉和个人责任起重要作用的行业,如各类专业事务所。

现阶段我国合伙经纪企业的发展尚处于起步阶段,其数量和规模都远远跟不上实际的需要,因此,大力发展合伙经纪企业,也是今后我国发展经纪人队伍的一个方向。

三、经纪公司

经纪公司是依照《中华人民共和国公司法》,向工商行政管理机关申请设立的经纪企业。所谓公司,是指依照《中华人民共和国公司法》在中国境内设立的有限责任公司和股份有限公司。不论是有限责任公司,还是股份有限公司,都是企业法人。有限责任公司的股东以其出资额为限对公司承担责任,公司以其全部资产对公司的债务承担责任。股份有限公司的全部资本分为等额股份,股东以其所持股份为限对公司承担责任,公司以其全部资产对公司的债务承担责任。

根据《中华人民共和国公司法》的规定,设立有限责任公司应当具备的条件是:

(1) 股东符合法定人数(由 2 个以上 50 个以下股东共同出资设立);

(2) 股东出资达到法定资本最低限额(以生产经营为主的公司人民币50万元,以商品批发为主的公司人民币50万元,以商业零售为主的公司人民币30万元,科技开发、咨询、服务性公司人民币10万元);

(3) 股东共同制定公司章程;

(4) 有公司名称,建立符合有限责任公司要求的组织机构;

(5) 有固定的生产经营场所和必要的生产经营条件。

设立股份有限公司应当具备的条件是:

(1) 发起人符合法定人数(应当有5人以上为发起人,其中须有过半数的发起人在中国境内有住所);

(2) 发起人认缴和社会公开募集的股本达到法定资本最低限额(注册资本的最低限额为人民币1 000万元);

(3) 股份发行、筹办事项符合法律规定;

(4) 发起人制定公司章程,并经创立大会通过;

(5) 有公司名称,建立符合股份有限公司要求的组织机构;

(6) 有固定的生产经营场所和必要的生产经营条件。

根据《经纪人管理办法》的规定,凡是符合《中华人民共和国公司法》规定条件的,向工商行政管理机关申请,都可以设立经纪公司。经纪公司不论是有限责任公司还是股份有限公司,都必须按照《公司法》规定的条件设立,并符合这样几个特点:第一,经纪公司是以公司为组织形式的;第二,公司经纪人实行企业法人制度;第三,经纪公司负有限责任,公司以其全部资产为限对债务承担责任,股东以其出资额为限对公司承担有限责任。经纪公司与个体经纪人、个人独资经纪企业、合伙经纪企业相比较,最大的区别就在于经纪公司是法人经纪人,而其他经纪人则是自然人经纪人。其最大的优点是:公司以其全部资产对公司的债务承担责任,股东以其所持股份为限对公司承担责任,降低了投资者的投资风险,因不存在承担无限责任可能导致倾家荡产之忧,投资者可以放心地进行投资，从而有效解决了财产归私人所有状态下个人资本规模有限和企业生产经营大规模发展之间的矛盾。但经纪公司也存在一定的问题，主要表现为：公司设立的程序比较复杂，机构设置比较复杂，营运成本比较高，特别是当公司发展到一定的规模，出现所有权与控制权的相分离时，容易产生"内部人控制"的现象，这就要求经纪公司也要以建立完善的法人治理结构为目标。

从我国目前经纪业务的实际情况来看，个体经纪人和个人独资经纪企业的从业人数和注册登记的企业数量最多，它们是经纪人市场上最为活跃的力量。而经纪公司则是经纪人市场上的主导力量，由于经纪公司的资金实力较雄厚，规模较大，具有较好的工作条件和较多的人才，因而具有较强的竞争力、很强的知名度和影响力，容易发挥整体优势和取得委托人的信任。特别是以行纪或代理方式开展经纪业务活动的特殊行业，如证券、期货、保险、房地产、旅游、技术、文化、广告、体育等领域，更多的是经纪公司在运作。

第三节　经纪组织的机构设置

不论是个体经纪人、个人独资经纪企业、合伙经纪人，还是经纪公司，一旦通过注册登记取得合法资格后，就可以做经纪业务了。为了保证卓有成效地开展经纪业务活动，最大限度地调动广大经纪执业人员的工作积极性，努力降低经纪成本，提高工作效率，各类经纪组织必须重视自身的机构设置问题。

一、经纪机构概述

《经纪人管理办法》第十六条明确规定："经纪人和委托人签订经纪合同，应当附有执行该项经纪业务的经纪执业人员的签名。"这就明确告诉我们，经纪组织对外从事经纪业务活动，要有获得《经纪资格证书》的经纪执业人员来执行，所以，任何经纪组织都必然要吸纳一定数量的经纪执业人员。因此，这些经纪执业人员与经纪组织到底以什么样的法律关系固定下来，就涉及经纪组织的机构（即经纪机构）设置问题。

所谓经纪机构，就是经纪执业人员的从业机构。不同的经纪机构，经纪执业人员与经纪组织的法律关系是不同的。在实践中，经纪机构设置的具体形式是丰富多彩的，但基本可以概括为两类：一类是按照企业的方式设置，另一类是按照经纪人服务所的方式设置。经纪组织的机构设置不同，与经纪执业人员的法律关系就不同，因而具有不同的特点，但它们的经纪活动内容大致是相同的，主要包括：

第一，为交易活动提供中介服务。不论哪家经纪机构，也不论哪种经纪活动方式，在开展经纪活动时，都必须为买卖双方提供各种信息和服务。只有通过自己的服务，直接满足了客户的需要或促成了交易的成功，才能取得佣金收入。因此，努力提高服务质量，是经纪机构开展经纪活动的一项重要内容。

第二，代表一方就交易条件进行谈判。经纪机构在开展居间业务时，尽管不代表买卖双方中的任何一方，但在买卖双方的交易条件相差很远，特别是价格差异较大的情况下，为了能缩小双方业已存在的差距，经纪人要不断地穿梭于买卖双方之间，在委托人委托的权限范围内，在买者面前代表卖者，在卖者面前代表买者，不断地就交易条件进行谈判，直至撮合成交。

第三，接受委托，进行代理。经纪机构在开展经纪业务活动时，如果是行纪、代理业务，就必须接受委托人的委托，在委托权限内开展活动。经纪机构进行代理活动，必须遵循国家有关代理的法律、法规的规定，忠实履行代理义务。

第四，为交易提供信用保证。商业信用风险是日常经营活动中普遍存在的一种风险，买卖双方由于缺乏了解，如果互不信任，就很难达成交易。在这种情况下,经纪机构介入交易活动便可以起到安全保证作用。通常,可以由经纪机构作担保,买方将货款汇入经纪机构账户,卖方将货物交给经纪机构,然后由经纪机构将货物转交买方,将货款转交给卖方,从而完成交易。

第五,为交易活动草拟文件。在经纪业务活动中,经常要起草各种交易文件。这是经纪机构义不容辞的责任,经纪机构必须提供这方面的服务。

第六,为交易提供各种咨询。在经纪活动中,当遇到交易者不熟悉有关经济、法律、程序问题时,经纪机构应主动、及时地为他们提供这方面的咨询服务,提供交易信息和相应的对策或建议。

第七,为交易双方的争议、纠纷进行调解。在经纪合同履行过程中交易双方发生纠纷、争议时,经纪机构可以根据双方当事人的请求,进行民间调解。

二、经纪企业

经纪企业是个体经纪人或经纪组织机构设置的一种主要形式。目前,这类经纪企业大多数以××经纪公司、××服务公司、××咨询公司、××市场、××中心、××介绍所等名称命名。这类经纪企业有的是在原国有、集体企业的基础上转制而成的;有的开始时直接由国家机关、政府部门注册登记成立,现在,经过全面整顿,这类经纪企业与政府机关脱离了关系,已转化为自负盈亏的独立的法人实体;更多的是在近几年中新注册登记的经纪组织。从发展趋势上讲,我国私人注册登记的经纪企业数量正出现快速增长的势头。

经纪企业的业务活动主要是为市场提供居间、行纪、代理等经纪活动。这类企业既不同于工业企业,也不同于商业企业,不生产什么商品,也没有什么商品可以买卖,主要的经济活动就是根据自身掌握的信息或自身拥有的专业知识和技能,为市场提供各种各样的服务,撮合成交,从而取得佣金收入。

经纪企业与经纪执业人员的关系是隶属关系,这种关系主要通过劳动合同制的形式确定下来,受到国家法律的保护。执业人员是企业的职员,他们可以自己去承揽经纪业务,也可以完成企业安排的经纪业务。企业为执业人员提供相应的业务条件或经纪业务,在正常情况下,企业必须支付执业人员的工资,并为执业人员支付各种社会保障费用。经纪执业人员在开展经纪业务中所获得的佣金收入,必须由经纪企业统一收取,并按照统一的分配原则或有关规定进行分配,奖金可以按照企业的分配制度和规定,在经纪收入中按一定的比例提取。执业人员在开展经纪业务时,以经纪企业的名义对外活动,不得损害经纪企业的利益,不得接受业务单位给予的佣金以外的其他费用。经纪企业无正当的理由开除经纪执业人员,应承担违反劳动合同的法律责任,赔偿执业人员的经济损失;而执业人员不按规定程序辞聘,也应承担相应的法律责任。

三、经纪人事务所

经纪人服务机构就是为经纪人执业提供服务的机构,其法律地位也和企业相同。比较典型的组织形式是经纪人事务所。在我国目前的经纪机构设置中,经纪人服务机构所占的比重是相当小的。

经纪人服务机构同经纪执业人员的关系是服务与被服务的关系,而不是隶属关系。这种关系主要是通过签约的方式固定下来的,这也是经纪人服务机构与经纪企业的一个重要区别。经纪人服务机构依照《中华人民共和国企业法人登记管理条例》的规定,到当地工商行政管理机关申请注册登记、领取营业执照后,便可以开业。它可以自己拥有经纪执业人员,开展业务活动,也可以自己只拥有管理人员,为经纪业务提供管理服务,而经纪业务的执业人员主要靠吸收社会执业人员来承担。当经纪人服务机构能为经纪执业人员开展经纪活动提供较为满意的服务时，执业人员便接受该服务机构的服务，并缴纳一定的服务管理费；当经纪人服务机构不能为经纪执业人员提供满意的服务时，执业人员可以到另外的经纪人服务机构接受服务并缴纳服务管理费。同样，如果经纪人服务机构认为经纪执业人员能胜任工作并为经纪人服务机构带来较好的社会影响时，就可以继续同其签约，继续为其提供服务；否则，就可以不再签约，不再继续为其提供服务，动员其到别的经纪机构去从业。这种用人机制比经纪企业更为灵活有效。

经纪人服务机构为经纪执业人员提供的服务主要包括以下几方面：一是为经纪执业人员依法开展经纪业务提供必要的条件。执业人员要依法经纪，除了必须取得执业证书外，还必须有合法的组织形式。有了经纪人服务机构，执业人员便可以名正言顺地对外开展活动，这也为兼职从事经纪活动的执业人员创造了条件。二是为经纪执业人员代收佣金，代开发票。当执业人员促成买卖双方交易时，经纪人服务机构可以为执业人员代收佣金，并为其代开发票。三是为经纪执业人员代交税收和管理费。经纪人服务机构为执业人员代收佣金后，应按照法律的规定代为其缴纳税收，向工商行政管理机关缴纳管理费。四是为经纪执业人员提供谈判的场所或条件，组织执业人员进行业务交流，定期交换信息情报。可以说，经纪人服务机构是经纪执业人员的家。当然，经纪执业人员在接受经纪人服务机构提供的服务后，应在经纪业务收入中给经纪人服务机构支付一定的服务管理费。

第三章　经纪人应具备的素质

经纪活动作为一种特殊的经营活动，是以收取佣金为目的，为促成他人交易而从事的服务活动，因而它既不同于一般的经营活动，也不同于一般的服务活动，有其自身的特点。对于经纪从业人员来说，要想在激烈的市场竞争中求得生存和发展，就必须不断提高自身的素质。随着市场经济的发展，经纪人素质的高低将愈益成为经纪业务好坏的关键。因此，广大经纪人员应当努力学习，不断调整自身的知识结构和能力结构，注重身心修养，自觉养成良好的职业道德，努力从各方面提高自身的素质。

第一节　经纪人的知识结构和能力结构

一、经纪人应具备的知识结构

知识结构是指个人知识体系的构成与组合方式，即个人学到的各种知识在其头脑中所占的比重、所处的位置以及这些知识的相互联系与影响。人类社会发展至今，生产力得到迅速发展，科学技术突飞猛进，知识财富急剧增长，世界开始进入一个全新的知识经济时代，新的知识和高新技术已越来越成为经济发展和社会进步的主要动力。全新的社会经济生活迫切呼唤高素质的人才，而高素质的人才是以全新的知识和最佳的知识结构为其基础的。面对汹涌而来的知识经济大潮和全新的社会经济生活，人们原有的知识显得陈旧了，知识结构变得不合理了，每一个人如果不及时吸收新知识，不调整自己的知识结构，就将成为时代的落伍者，终将被历史所淘汰。

在激烈竞争的市场经济环境中从事经纪活动的经纪人,也必须努力学习各种新知识,及时调整自己的知识结构。为了适应市场经济的要求和经纪业务的需要,经纪人的知识结构应该是多种学科知识的高度复合,经纪人应是一种"通才",其知识结构也应体现"通才"的特点。很难设想,一位知识贫乏、视野狭窄的经纪人能在现代市场经济的大舞台上取得成功。广博的科学知识和合理的知识结构是现代经纪人走向成功必须具备的素质。文化知识是整个知识结构的基础,从事不同经纪业务的经纪人,其文化知识的要求是各不相同的。一般而言,文化程度越高,对经纪业务的适应能力越强,成为出色经纪人的可能性就越大。任何经纪人都必须具备与自身业务相应的文化知识。除此之外,在经纪人的知识结构中,还应包括以下几方面的学科知识:

(一)经济学知识

经纪人是为市场经济服务的,其经营活动和经营成效必然要受到市场经济发展的制约,因此,适应并反映市场经济发展的经济学知识是从事经纪活动必须具备的基础知识之一。经济学知识主要包括理论经济学知识和部门经济学知识。理论经济学有政治经济学、宏观经济学、微观经济学、发展经济学等,它们比较集中地反映了从宏观经济到微观经济、从发达国家到发展中国家市场经济运行的客观规律。学习和掌握这方面的知识,有利于我们站在比较高的层次去认识市场经济运行的特点,把握市场经济运行的规律。根深才能叶茂,只有打好理论经济学的基础,经纪人才能有"后劲"。

经纪业务的开展总要涉及具体的业务部门,每一个部门的经济运行都有自身的规律,都由相应的部门经济学作指导,因此,经纪人还必须具备相应的部门经济学知识。例如,现货商品市场经纪人应该了解商品学和物资经济学等知识,交易所经纪人必须掌握证券期货知识，税务经纪人必须熟悉税收学，保险经纪人必须具备保险学知识，房地产经纪人必须懂得房地产经济学，广告经纪人必须通晓广告学知识，等等。因为这些理论都从不同的侧面揭示了各个部门经济运行的发展规律和内在关系，只有具备相应的部门经济学知识，才能在经纪业务中进入“角色”。

（二）商贸知识

经纪活动作为特殊的经营活动，经常周旋于买卖双方之间，有时还要和其他经纪人打交道，从事各种各样的经纪业务。经纪人要取得经纪业务的成功，就必须具备丰富的商贸知识。在现实的经纪活动中，有许多人埋怨商机太少，这主要是由于他们缺乏必要的商贸知识，眼界狭窄所致。这些人往往把眼光盯在一些热点商品的买卖上，不能独具慧眼，另辟蹊径，成功的机会当然就微乎其微了。也有的经纪人不了解市场行情，没有成本效益的观念，经纪业务无法成功；即便成功，也得不到应有的收获。还有的经纪人尽管文化素质很高，但商贸知识极其贫乏，连汇票、支票等的使用方法都不懂，这怎么能做好业务呢？可见，丰富的商贸知识是经纪人得以成功的基本条件。商贸知识丰富，视野就开阔，就善于捕捉市场机会，从而会感到“遍地是黄金”。

经纪人要掌握的商贸知识，除国内商业贸易知识外，还应掌握对外经贸知识。在对外经贸活动中，经纪人有着极其广阔的活动空间，如接受国际贸易代理、国际运输代理、投资咨询、招商引资、组织国际旅游等，而要胜任这些经纪业务，经纪人必须具备国际贸易、国际金融、国际会计等对外经贸知识。当今，我国对外开放的程度不断提高，对外经济技术合作和对外交流不断扩大，开发涉外经纪业务将显得越来越重要，不具备对外经贸知识是寸步难行的。

经纪人必须具备的商贸知识主要有市场营销、国际贸易、国际金融、国际会计、国际经济技术合作等。不仅要了解它们的基本原理，更重要的是要掌握它们的实务操作，对这些知识的运用要得心应手。

(三) 法律知识

市场经济是法制经济,经纪活动是一种法律活动,它广泛存在于经济生活的各个领域,涉及各方面的利益关系。经纪人为了正常开展经纪业务,必须有法制意识和法制观念,做到懂法、守法,依法保护自己和其他当事人的合法权益,因而应具备相应的法律知识。

经纪人必须具备的法律知识主要包括民法知识、合同法知识、国际商法知识、税法知识、专利法知识等,这些法律主要是调整平等主体之间,即公民之间、法人之间以及公民与法人之间一定范围内的财产关系、人身关系、相互之间的权利与义务关系等。另外,随着市场经济的发展,为规范经纪人的行为而制定的法律规范也已逐步产生,如证券法、反不正当竞争法、消费者权益保护法、合同法等,经纪人对此都应该掌握与精通。

(四) 计算机知识

作家掌握计算机知识,写作速度可以成倍提高;一个跨国公司的总经理通过信息管理系统,可以及时了解世界市场行情,作出稳操胜券的决策;作为经纪人,要驰骋于市场经济的战场,只有懂得计算机知识,才能卓有成效地开展经纪业务。在未来社会里,不懂计算机,不会操作计算机,将被视为新一代的"文盲",计算机已经发展成为一种重要的劳动工具,没有这种工具,任何经纪活动都难以进行。在经纪业务中,有些经纪人,如证券经纪人、期货经纪人等,他们的经纪业务一刻也离不开计算机,即使是其他经纪机构,如经纪人事务所、经纪公司、咨询公司等,一般也都有自己的信息处理系统,从采集信息到整理、分类信息,以及日后的处理、传递信息,都离不开计算机。利用计算机及其网络,可以把国内外一切商品信息收集起来,建立起广泛的信息联系,大大有利于经纪业务的开展。

当然,作为经纪人,一般不必去钻研计算机的硬件和软件开发,也不必有太深奥的计算机理论知识,主要在于学会计算机的使用,掌握基本的软件操作。

(五)心理学知识

心理学是研究人的心理规律,即认知、情感、意志等心理过程和能力、性格等心理特征的规律的科学。经纪人应掌握一定的心理学知识,丰富对人的本质的全面理解,以便形成准确的心理判断能力,恰如其分地揣摩买卖双方的意图,形成较好的谈判技巧,排除谈判过程中遇到的障碍。一定的心理学知识能够帮助经纪人提高经纪业务的效率。心理学除了基本原理外,还有许多分支,经纪人应着重掌握一些应用心理学知识。

总之,经纪人必须不断地更新自己的知识,合理地调整自身的知识结构。这其中既包括丰富的理论知识,也包括在广阔的市场经济实践中积累起来的实际知识,只有将二者有机地结合起来,才能真正成为高素质的经纪人,才能在激烈的市场竞争中立于不败之地。

二、经纪人应具备的能力结构

对于一个合格的经纪人来说,要优化自身的素质结构,不但要掌握知识,而且要发展能力,在调整知识结构的同时,要形成合理的能力结构。

能力对有些人来说,可能受制于先天的生理条件,而对另一些人来说,能不依赖于知识而直接在实践中获得,但更多的是取决于在后天的实践活动中的锻炼,由知识转化而成的。一般来说,能力需要以知识为基础和支柱,无知即无能。许多能力只有在掌握知识的基础上才能形成和发展。但是,知识与能力也并非绝对成正比,有了知识并不等于自然而然地就有了能力,还需要有目的地加以培养。许多知识只是一种载体,只有转化为能力,才有直接的可用性，对于经纪人来说，应该是知能并重、有知有能的人才。具体来说，经纪人应具备的能力结构主要包括以下几方面：

（一）一般能力

一般能力主要包括创造力、理解力和判断力等。创造力是经纪人应该具备的一种能力。经纪人处理经纪业务，一个很重要的方面，就是要在复杂多变的环境中独立解决和分析问题。解决特殊的问题需要有特殊的方法，当面临着前所未有的难题时，杰出的经纪人应充分展开自己的想象力，对以往的经验教训加以综合，从而构建出全新的解决办法，创造性地开展工作。理解力是对事物的明察，是对事物内在机理的顿悟，是对人类情感、行为的一种深刻认识。经纪人随时会处于人、财、物的交叉、失衡、重新平衡的错综复杂的关系之中，不具备深刻的理解力是不会有所成就的。判断力是指经纪人根据经验掌握的各种情报和信息，对环境和形势作出冷静、客观、全面的分析，进而作出明智的判断，并采取相应的行为方式的能力。

（二）业务能力

经纪人的业务能力包括调查研究能力、协调能力、应变能力、经营能力等。调研能力就是经纪人在着手一项经纪业务之前，首先要对买卖双方的供需情况、涉及的价格、产品质量、服务、信誉等进行认真的调研，并把获得的资料同具有可比性的同类业务进行比较。这样，才能做到有的放矢，在经纪业务中争取主动，并保证双方当事人的合法权益，做到公正经纪。协调能力是经纪人必须具备的另一种能力。要使双方在价格等方面存在的较大差距逐步缩小，直至促成交易，其关键要靠经纪人从中撮合协调。应变能力对经纪人来说也是必备的，一旦市场或各方面的条件发生变化，经纪人必须保持清醒的头脑，及时作出反应，随机应变。同时，经纪人还应具备经营能力，如何做到少投入、多产出，获得最大的收益，全凭自身的经营能力。

（三）公关能力

任何组织或个人都处于某种公共关系状态之中，而公共关系的好坏，直接影响着组织和个人在公众心目中的形象，进而影响其经营目标的实现。因此，任何一个组织机构或个人都希望自己处于良好的公共关系状态，即在社会公众中享有美好的形象和声誉。公共关系是一种为组织创造美好形象的艺术，它强调成功的人际关系、和谐的人事气氛、最佳的社会舆论，以及赢得社会各界的了解、信任、好感和合作。一个好的经纪人，也应该是一名好的公关专家，良好的公关形象是经纪人的立足之本。经纪人赢得客户的资本，只能是良好的声誉和信誉。不能想象，一个声名扫地的人能够赢得他人的信任！

中国古代讲究事业的成功有赖于“天时、地利、人和”，公共关系就是要追求“人和”的境界，为自身的生存和发展创造“人和”的条件。经纪人开展经纪业务的过程，既是一次沟通买卖双方的中介活动，也是一次公关和树立自我形象的过程。从某种程度上讲，经纪业务中的公共关系比一般的企业要求更高、难度更大。作为一名优秀的经纪人，必须具备较强的公关能力。具体来讲，应注意这样几点：一是要有良好的仪表风度，做到品行端正、仪表大方、性格豪爽、气质高雅、言谈适度、礼貌庄重，给人以稳重、干练、真诚、公正的印象。二是要具备良好的语言表达能力，做到语言表达灵活机智，言辞简洁，善于应变，富有吸引力。三是要有一定的组织能力，做到组织经纪业务有条不紊，使买卖双方心情舒畅；经纪活动中应能言善辩，反应迅速，把握交易双方的心理，促成交易。四是要有良好的交际能力，做到熟悉社交礼仪，热情开朗，坦率真诚，创造良好的气氛，能迅速而自然地与他人建立良好的关系，与人交往要努力做到热情而不失立场，谦恭有礼而又自尊自信。

第二节 经纪人的心理素质和身体素质

一、经纪人应具备的心理素质

一个优秀的经纪人除了必须具备合理的知识结构和能力结构外,良好的心理素质也是取得成功的必备要素。所谓经纪人的心理素质,是指表现在经纪人身上的经常的、稳定的、本质的心理特征。经纪人必须根据环境条件的变化而不断调整自身的心理素质,排除心理障碍,预防心理疾病。一般来说,经纪人应具备的良好的心理素质包括以下几个方面:

(一) 对待事业要自信

自信是经纪人职业心理最基本的要求,也是经纪人对自己所从事职业的认同和热爱。作为经纪人,首先应对自己的职业有自豪感。特别是在我国市场经济还不成熟,人们对经纪人的性质、地位和作用还没有完全认同,甚至还存在某些传统偏见的情况下,经纪人更应对自己的职业树立荣誉感和神圣感,这是经纪人自信的心理基础。

自信心强的经纪人,敢于面对挑战,敢于追求卓越。自信能激发出极大的勇气和毅力,自信能给人以信任感,自信能使人最终走向成功。经纪人在业务中要与各种各样的人打交道,需要说服他人,促成交易,如果没有自信和坚韧的心理素质是难以胜任的。请记住这样一句名言:假如你连自己都不相信,又有什么理由要求别人相信你呢? 一个自认卑微、缺乏自信的经纪人,很难在客户面前塑造良好的形象;而一个从容自信、谈吐自如的经纪人,就很容易被客户所接受,会很快得到客户的认可和信任。一个出色的经纪人,在突变和困难面前要能够做到沉着、冷静,凭借自己的智慧、毅力和耐心,去克服困难,取得最大的成功。

当然,自信绝非盲目自大。就个人而言,自信等于实力,自信来源于对自我的认识和把握。人无“完人”,有其长,必有其短,而自信正是建立在自己长处的基础之上的。经纪人在经纪业务活动中,应充分表现其所长,从而创造自己的优势,体现个人的实力。从职业角度看,经纪人的自信取决于对市场信息的全面了解和自己坚厚充实的知识技能功底。总之,自信是经纪人获得成功的保证。

(二) 心境要宽松平静

心境就是平常人们所说的人的心情,它是一种细微的情感状态,容易受到外界环境和条件变化的影响。每当一定的心境状态形成之后,它总需要在某一段时间内产生各种表现,如愉快、痛苦、欣慰、愤怒、兴奋、烦恼、忧愁、恐惧等。所以,人的心境有积极和消极之分。积极的心境能促使人朝气蓬勃,心情愉快,精神旺盛,有益于提高工作效率;消极的心境会使人情绪消沉,思想波动,感情压抑,不利于工作,也不利于身体。经纪人从事各种经纪活动,接触的人和事又多种多样,千变万化,因而其环境、条件经常会发生变化,有时比较顺利,得心应手,有时会困难重重,一筹莫展,这种多变的工作环境和特点,要求经纪人的心境必须是宽松平静的。

所谓经纪人的心境宽松平静,就是要求经纪人精神轻松愉快,心情开朗乐观,思想平稳,对于任何事情或变化了的情况都能够“装得了,放得下”,要有那种“宰相肚里能撑船”的大将风度。在日常经纪活动中,要情绪稳定,精神饱满,心地友善,热衷于经纪工作,不受外界干扰,始终保持旺盛的工作热情。

(三) 情绪控制能力要强

人的情绪是指人对现实能否满足个人需要在情感上所产生的一种反应形式。这种情感反应有积极的和消极的两种,如高兴、激动、热情、振奋或悲观、苦闷、失望、低落等。积极的情绪能激发人的工作干劲,振奋人的精神;消极的情绪会涣散人的斗志。

经纪人在开展业务活动中，经常会遇到各种复杂的场合，出现各种各样的情况，这要求经纪人能够保持稳定的情绪，不能感情用事。面对敌意和不利于自己的场合，要能自我控制。经纪人的心理结构应该是平衡的、和谐的，虽然有情绪反应，但不应被消极情绪所驱使而使行为失调。有了较为平静的心境、清醒的头脑和行为的控制，就能做到冷静而有礼貌，诚恳而不软弱，耐心而不激化矛盾，从而喜不露形，怒不变色，急不显貌。

（四）心胸要开朗豁达

经纪人的心胸必须开朗豁达，这是事业成功的基本保证，是工作中拼搏进取的思想基础。经纪人的心胸开朗豁达主要表现在对待业务有信心、克服困难有胜心、纠正失误有决心、遇到挫折不灰心、面对非议不上心等各个方面。

一个成功的经纪人，在自己的谈判对手面前必须信心十足，这样才能取得对方的尊重，委托人才能对他产生信任感。

对于经纪人来说，要想事业有成，确实很不容易，从最初的了解信息，到反复的谈判，直至最终的成交，这之间会发生很多曲折。在生意场上遇到挫折的时候，必须有坚忍不拔的勇气，有了这样的心理品质，才能达到成功的彼岸。

（五）人际关系的心理适应要好

人际关系是经纪人事业的基础。对人际关系的适应是心理适应的重要组成部分。不少心理的异常和变态，就常常与人际关系的失调有密切关系。健康的人际关系应该是相互关心、相互尊重、相互容纳、相互坦诚以及相互支撑。经纪人只有具有对人际关系的心理适应，才能与多数人建立良好的人际关系，既能自我接纳，也能接纳他人，同时也能以诚恳、公正、谦虚和宽厚的态度待人，尊重委托人的权益和意见，在经纪业务中能积极参加各项活动。

总之，具有良好的心理素质是经纪人做好经纪工作最基础的条件，开朗坦率的性格、良好的情绪状态、稳定的情感修养、坚强的意志品质和心理承受能力是经纪人心理素质培养的基本标准。因此,经纪人决不能认为心理素质的好与坏是无关紧要的,而应当在日常行为中经常地自觉培养和磨炼。

二、经纪人应具备的身体素质

良好的身体素质是经纪人取得事业成功的又一重要条件。任何一个行业都会从行业的特殊要求出发,对从业人员提出一定的身体素质要求。作为经纪人的身体状况,一般来说应符合以下条件:

(一) 要有充沛的精力

经纪行业本身对从业人员的年龄并没有过严的限制,也不强求一定要有强健的体魄,但经纪人的精力一定要充沛。这是因为经纪业务的市场覆盖面比较宽,有的经纪业务要奔波于不同的市场之间,甚至还要长途跋涉;有的经纪业务时间要求紧,可能要整日整夜地工作,这就要求经纪人不论在何种状态下都必须有充沛的精力,从动作、语言、表情等方面,能给对方以气度不凡的感觉。无精打采、呆滞颓丧的神情,决不是经纪人的形象。

(二) 要有清醒的头脑

经纪人不仅需要外在的风度,还应有内在的机智。头脑清醒、反应灵活是身体状况良好的反映。疾病缠身的人不可能保持长时间的良好思维。经纪人必须对各种突变的市场行情作出迅速的反应,这就需要以一定的身体条件作保证。

(三) 要有稳定的心态

按照现代医学的观点,健康的标准之一就是要有稳定的心态。经纪业务有时是非常紧张和混乱的,如果经纪人的情绪容易波动,不能冷静果断地处理问题,就很难把握好机会,也难以有所作为。特别像证券、期货经纪人,证券市场和期货市场上人声鼎沸,置身于这样的环境中,没有良好的身体和稳定的心态是无法胜任的。

第三节　经纪人的信息意识和道德修养

一、经纪人应具备的信息意识

任何经营活动都需要具备一定的人、财、物等物质条件，长期以来，人们将之统称为经营三要素。然而，在现代社会中，对经营活动成败更具有决定性意义的是信息。现代社会被称为信息社会，信息的重要性日益被人们所认识。信息被看成是"无形财富"、"第二资源"，被视为不同于物质资源的另一种维持社会经济活动的重要资源。就像人类的生命离不开阳光、空气、水和食物一样，社会的经济活动已越来越离不开信息。信息的价值是通过经营者在利用它以实现自己经营目标和决策过程中表现出来的，信息量越大、越准确，决策的准确度就越高；相反，如果信息失真或过时，则会给经营者带来损失，有时，因虚假信息误导而作出的错误决策所带来的损失是难以弥补的。

在现代市场经济条件下，我们从经纪活动过程中可以发现，信息是经纪人最重要的资本。成功的经纪人，他们手中既不拥有商品，也不拥有大笔资本，但财源却滚滚而来，有时甚至让人感到赚钱只是举手之劳。他们获利的秘诀是什么？回答只有一个，即靠掌握信息。他们善于眼观六路，耳听八方，凭借充分、准确、及时的信息，为买卖双方牵线搭桥，提供交易机会，促成双方成交，从中收取佣金。可见，掌握了信息，就意味着掌握了赚取利润的资本，也就意味着掌握了致富的又一门路。信息就是效益，信息就是金钱。现代经纪人无不高度重视信息的价值。

经纪人应不断地充实自己的信息资本，并不断增值自己的信息财富。为此，必须做到以下几点：

（一）要强化信息意识

作为一名合格的经纪人，应深深懂得信息的重要性，具有强烈的信息意识，随时随地关注各种市场信息，自觉地从中分析、洞察出潜在的经纪业务，自觉地、主动地把一些客观的信息同自己某一客户的业务迅速联系起来，具有一种强烈的捕捉和获取信息并将它与自己的经纪业务发生联系的愿望。这样，有利于收集到大量有用的信息，也有利于把各类信息转化为自己的经纪业务。如果没有这样的信息意识，经纪人将寸步难行，其市场的中介作用就难以发挥，也就失去了赖以生存的基础。

（二）要学会收集信息的方法

确立了信息意识之后，就要努力去收集信息。如果说，信息是经纪人最主要的财富，那么，收集信息对经纪人来说就是一种资本积累。收集信息需要花费大量的人力、财力和时间，因此，经纪人必须学会收集信息的科学方法，这样才能达到事半功倍的效果。收集信息的方法有很多，其关键是要做到"五勤"，即眼勤、耳勤、嘴勤、腿勤、手勤。通常可以从以下几方面入手：

1. 从生活群体中收集信息

人是最有效的和最大的信息资源。我们每一个人都生活在一定的群体中，每个特定的群体就是一个特定的信息源。家庭成员、亲戚朋友、同事、同学、同乡、战友等都是一个个信息源，经纪人可以在与他们的交往中收集到各种有价值的信息。因此，一个有意识的经纪人应不断拓展自己的生活空间，积极参与各种社会活动，善交朋友，广交朋友，努力扩大自己的信息源。

2. 从新闻媒体上收集信息

现代生活中有大量的新闻媒体，如广播、电视、报刊、杂志、文献、广告等，这些媒体每时每刻都会发布大量的信息。经纪人应该多加浏览和收视，从中收集、获取有价值的信息。

3. 从机关团体收集信息

许多政府管理机关,如工商、财政、税务、审计、统计等部门,在日常的管理活动中汇集了大量的统计资料,这些资料就可以成为经纪人重要的信息源。同时,许多研究所、科研单位、社会团体也掌握了大量的统计资料,经纪人也可以充分利用这些信息源。此外,像展览会、交易会、定货会等场所所提供的信息,往往也是经纪人新的信息宝库。

4. 在市场中收集信息

在当今社会,信息作为一个新的产业,得到了很快的发展,信息专业服务机构层出不穷,信息服务越来越专业化。我们可以按照价值规律法则,向信息专业部门有偿索取信息,这样就可以腾出大量的时间和精力用于经纪业务,大大提高经营效率。此外,还可以采取调查研究的方法,直接到市场和客户中调查访问,掌握第一手资料。

(三) 要培养信息分类处理的能力

收集到的信息往往来自多方面,而且十分庞杂,如果按原样堆积,不加分类,日后要加以利用肯定是很困难的。因此,按一定的规范将收集到的信息加以分类处理,使之成为一个有组织的体系,是经纪人应具备的能力。经纪人进行信息分类处理时,应遵循这样几条原则:一是用户第一的原则,即按照用户的类别分类整理;二是综合原则,即对信息分类时,不是从细小处入手,而是按大分类→中分类→小分类的顺序进行;三是简单原则,即分类的方法越简单越好;四是并列原则,相关的信息必须并入相近的类别之中,各类别之间应相互排斥,不能重复或交叉。

在分类处理的基础上,还要具备一定的信息分析能力,善于去伪存真,明察秋毫。在分析经济信息时,一定要注意"五忌":一忌有假,二忌过时,三忌片面,四忌讹传,五忌迟缓。

(四) 要建立自己的信息库

所有的经纪人,不论组织形式如何,都必须建立自己的信息库,用现代化手段储存各类信息,建立广泛有效的信息联系网络,以便为社会生产、流通、消费服务。

(五)要提供高效的信息服务

经纪人所从事的是一项带服务性的工作,其中,利用信息服务是经纪人获利的根本,但如果经纪人要获得更多的利润,就必须提高信息服务的效率。经纪人必须懂得信息的时效性,不失时机地将自己所掌握的信息传递出去,及时地将它转化为经纪业务。

二、经纪人应具备的道德修养

对于现代经纪人来说,遵纪守法、讲究信誉、遵守职业道德是起码的道德要求。

(一)经纪人要遵纪守法

遵纪守法,要求经纪人在法律规定的范围内从事经纪活动,做到文明经营,服从管理,依法纳税,公平竞争,一切行为都应遵守法律的规定。这就要求每一个经纪人了解和熟悉国家有关经纪人的法律、法规,努力使自己成为合法经纪人。置国家的禁令于不顾,以身试法,是经纪人之大忌。

经纪人不但要懂法守法,在法律规定的范围内从事经纪活动,还要善于运用法律武器依法保护自身的合法权益,提高自身的经纪能力。经纪和法律是不可分离的,经纪人要善于学会保护自己。在现实生活中,有许多经纪人为买卖双方促成交易以后之所以被人甩掉,究其原因,关键在于缺乏自我保护意识。尽管目前有关经纪人方面的法律、法规尚不健全,但经纪人要用足用好现有的法律、法规,依法保护自己的权益。

经纪人为了规范自己的经纪行为,更好地保护自己的利益,有条件的要多与法律工作者交朋友。他们一般比较精通法律,与他们交往,并经常向他们请教,就比较容易把握该做什么,不该做什么,不至于糊里糊涂地犯错误。

(二) 经纪人要讲究信誉

产品市场的竞争主要靠质量和价格,那么,经纪人的竞争主要靠什么呢? 一个很重要的方面就是要讲信誉,在客户中树立良好的形象。可以说,商业信誉是经纪人的"生命线",经纪人必须有高度的责任心。凡是经纪业务,不论交易额的大小,都得尽力而为;凡是对客户有承诺的,不论最终结果如何,都要给对方以一个满意的答复。只有这样,才能在客户中树立起良好的形象,赢得客户的信赖,才能吸引各路客商,经纪业务才能越干越红火。

经纪人要讲究信誉,树立良好的形象,主要应该从以下几方面着手:

1. 视客户为上帝

经纪人员必须明白,自己代表的是客户的利益,就应时时刻刻站在客户的立场上说话,充分考虑客户的利益,客户就是上帝。在经纪活动中,如果客户对自己的工作感到满意,那么就有较好的口碑,就会赢得无数潜在的客户;如果客户对自己的工作不满意,那么就有可能失去客户。因此,成功的经纪人都会尽心尽力为自己的客户服务,用自己先进的信息渠道、丰富的交易经验、准确的判断以及熟练的交易技巧,尽量减少风险,增加盈利,提高成功率。

2. 以诚生金

在交易市场上,机会与风险共存,每一次大的市场冲击,都会免不了几家欢喜几家愁。"智者千虑,必有一失",经纪人也不能保证委托人只赚不赔,但经纪人应该讲究"诚",决不能蒙骗坑害客户。"诚"是赢得客户信任的重要条件,诚则能生金。

3. 靠信添财

信用是任何单位或个人从事经济活动应具备的最起码的素质,是构成人际关系最基本的条件,是促成交易和履行合同最重要的品格的反映。经纪人要给自己带来好运,就是要靠"信用"取胜,舍此别无其他妙方。可以说,"信用"是经纪人的生命,背信弃义为社会所不容。为此,经纪人除了要提高自身修养外,还要在与客户打交道时,注意做到善言谈而不吹嘘,促成交而不乞求,重友谊而不偏袒,讲法规而不徇私情。

(三) 经纪人要遵守职业道德

职业道德就是从事一定职业的人们在职业劳动过程中必须遵循的行为规范的总和,是社会道德在职业活动中的具体表现,它调整着经营者的内部和外部关系,由善与恶、公与私、诚与伪等道德范畴组成。任何一个行业都有自己的职业道德,因此,经纪人应自觉遵守本行业的职业道德,注意自身的道德修炼。

经纪人应遵守的职业道德,具体来说主要是:要热爱经纪事业,满腔热情地为客户服务;正确处理好国家、委托方、个人三方面之间的关系,同时兼顾三者利益;对委托双方一视同仁,在开展业务过程中不分亲疏、厚薄、远近,实事求是地介绍情况,不弄虚作假,不欺骗客户;保证质量,信守合同,严格履约,自觉维护自己的商业信誉;文明经纪,待人接物要主动、热情、耐心、周到,努力提高服务质量;自觉接受社会监督,不索贿受贿、损公肥私,不在佣金之外收受其他好处;合法经纪,自觉纳税,报效国家。

第四章 一般经纪人

一般经纪人，是指专门为现货商品流通提供居间、行纪和代理服务的经纪人，有时亦称为现货商品经纪人，如消费资料经纪人、生产资料经纪人等。一般而言，一般经纪人只要具备合法的主体资格就可以从事经纪业务活动了，不需要具有特定的业务资格。这类经纪人，在国外经纪业发达的地区，亦称为商业经纪人。

第一节 一般经纪人的特征和作用

一、一般经纪人的特征

一般经纪人从事的主要是现货商品交易，现货交易是商品交易的最基本形式，遵循商品交易的基本规则。一般经纪人不拥有商品所有权，无经营风险，不从买卖当事人的任何一方领取固定的薪金。一般经纪人作为现货交易的中间人，有自己独有的特征。

（一）经纪人的从业要求不高

一般经纪人主要从事国家允许公开交易，又不属于特殊行业的商品交易的经纪业务，因此其业务规范和要求相对较低，经纪执业人员只要具备合法的主体资格就可以开展业务活动，而不必具备特定的业务资格，从业人员也比较容易进入经纪业务的“门槛”。但随着现代市场经济的发展，市场信息瞬息万变，交易效率不断提高，对一般经纪人也就提出了更高的要求。作为一般经纪人，必须与时俱进，不断提高自身素养，熟悉有关的商品知识和特点，掌握经纪业务的运作技巧，不断降低交易成本，提高交易效率，在激励的市场竞争中发展壮大。

（二）经纪从业人员的身份比较复杂

由于一般经纪人的业务规范和要求相对较低，因此参与者极其广泛，而且构成成分比较复杂，既有城镇居民，也有农村村民；既有在职人员，也有离退休人员；既有专职从业的人员，也有兼职人员；既有在专业经纪公司从业的人员，也有挂靠经纪人事务所从业的人员，还有个体经纪人或独立开展业务的经纪人。

（三）业务范围比较宽泛，业务量较大

一般经纪人的业务范围是非常宽泛的。根据《经纪人管理办法》的规定，凡国家允许进入市场流通的商品，经纪人均可进行经纪活动；凡国家限制自由买卖的商品，经纪人遵守国家有关规定，可以在核准的范围内进行经纪活动。可以这么说，在第一、第二产业提供的有形商品交易活动中，除了极少数国家禁止流通的商品外，一般经纪人均可以介入，开展经纪活动。而且，由于一般经纪人介入的现货商品交易与企业生产和人民生活的联系非常紧密，有许多业务属于大宗商品交易业务，因此，其业务交易量比较大，一旦促成交易，一般经纪人也能获得较高的佣金收入。

二、一般经纪人的作用

（一）促进生产发展

经纪人对于生产的作用，主要体现在其对生产资料的作用上。由于生产资料不同于消费品，专业性强，成本与价格高，储存、运输都比日用消费品复杂，因此，在市场经济条件下，一般生产企业之间生产资料的供求，不可能主要通过商业渠道来完成，一般经纪人无疑是填补这个空白的最佳伙伴。经纪人通过沟通生产资料供需双方，从而促进生产。其具体作用体现在以下几个方面：

（1）一般经纪人的活动可以减少企业在采购方面的巨大开支，而且在供销环节上省却许多烦恼，降低生产成本，避免运输中的迂回以及重复。相比较而言,不依靠经纪人的企业进行生产资料供销,成本较高,信息不灵,渠道狭窄,经济效益不理想。

(2)一般经纪人的活动扩大了企业与市场联系的渠道,及时地把市场信息反馈到生产过程,引导生产,避免盲目生产并减少企业风险,有利于生产的稳定和效益的提高。

(3)一般经纪人能为企业提供多样化的服务,如接受生产企业的委托从事市场调研、估价测量、背景调查、法律咨询以及前景预测等工作。这些为生产者提供的服务,属于现代服务业的范畴,是社会分工进一步细化的结果。

(4)有助于在全社会范围内优化选择并推动社会分工。在发达国家,企业原材料的采购和产品的销售,都可以外包给专门的公司来进行,而自己则专心致志地做好自己有比较优势的事情,这种分工有利于整个社会成本的降低。

(5)缩短产品生产时间,加速资本周转速度,从而提高企业的经济效益。

(二)疏理流通环节

在社会再生产过程中,流通是居于生产和消费之间的中间环节。流通连接着生产和消费,同时也连接着生产者和消费者。在商品生产以及流通高度分工协作和市场分布非常广阔的情况下,没有经纪人发挥中介作用,社会再生产是难以顺利地循环周转的。一般经纪人的加入,使得多数人的附带工作变为少数人的专门工作。它使得生产者节省了买卖商品的时间,相应缩短了生产时间到消费时间的距离,加速了商品流通的速度。经纪人还为生产者节约了从事商品买卖的资金,同时也为需求者节约了购买时间,保证了商品供应在时空、地域上分布的均衡性,有效地节约了社会必要劳动时间。此外,流通中的某些特定领域必须依靠经纪人,否则流通是不能或很难实现的。如在国际贸易中,由于买卖双方分处不同国家,国际贸易中的许多环节都依赖各类经纪公司的中介服务和代理服务。越来越多的政府采购、企业采购都是委托经纪公司来完成的,如美国的EMC(出口经营公司)、MEA(制造出口代销人)等,都是为制造商的贸易服务的。它们在制造商的商品推销、信用安排、实物掌握、市场研究、财务信息、专利与许可信息以及运输、交换等方面承担部分或全部的责任。

(三)促进和引导消费

一般经纪人对于促进消费起着较为重要的作用。其主要表现为:

1. 增强了消费信息的传播、辐射

经纪人的嗅觉灵敏,社会交际面广,信息渠道来源多而广,他们对于产销信息的反应相当灵敏,行动也比较迅捷。一般经纪人的商品中介活动辐射和传播了大量的消费信息,为生产者、销售者沟通消费者起到了牵线搭桥的作用,大大缩短了商品从生产者到销售者再到消费者的时间,加快了消费周期,从而有效地促成了消费更新。

2. 消费模式以及消费水平的引导作用

人们的消费倾向受到多种主观因素的影响,其中"从众心理"和"攀比心理"对于人们的消费发挥着重要影响。一般说来,经纪人在从事中介活动中,面临着广泛的社会交往和日趋复杂的人际关系,因此,他们的物质消费水平相对较高。另一方面,他们精神生活的投资也较多,而且还把这些消费和业务活动结合起来。所以,经纪人的消费实际上引导了社会消费的潮流,可在一定程度上带动大众消费水平的提高。

第二节　生产资料市场经纪人

生产资料市场是生产资料交换的场所及其活动的总和。进入生产资料市场的商品是供生产消费的商品,用于满足生产消费,包括各种机器设备、建筑材料、辅助设备、运输工具、原材料、燃料、辅助材料、半成品及零部件等。生产资料市场是市场结构中最重要的商品市场,其发展的程度直接反映着一个国家社会生产力和市场经济的发展水平。生产资料市场经纪人就是活跃在生产资料市场,为原材料的采购和产品的销售提供中介服务的各类经纪人。

一、生产资料市场的特点

(一) 生产资料市场的分类

生产资料市场可按不同标准划分为不同类别:

按生产资料的使用方向和用途分,可分为工业生产资料市场、农业生产资料市场、基本建设生产资料市场、维修用生产资料市场。

按商品的具体用途分,可分为原材料市场、机械设备市场、辅助设备市场等。

按商品类别分,可分为建筑工业市场、机械工业市场、电力工业市场、化学工业市场、船舶工业市场、汽车工业市场、电子工业市场、冶金工业市场、石油工业市场和航空工业市场。

(二) 生产资料市场的特点

1. 需求特征

从需求方面来看,生产资料市场具有批量大、需求弹性小、商品配套性和关联性强的特征。生产资料的需求方多是生产企业,它们对生产资料需求的品种、类型相对较为固定并且批量较大。同时,生产资料专用性强,可替代性较之生活资料要差得多。企业在生产产品、工艺不变的情况下,很难改变所需物资的品种规格,这就使得生产资料需求弹性远小于生活资料。为满足生产中一定工艺技术的组合需要,要求生产资料具有相应的关联配套性。另外,对生产资料的需求是一种派生需求,这种需求是由生产生活资料的需求派生得来的。

2. 供给特征

从供给方面来看,生产资料市场具有产品品种变化小、生产周期长和供应渠道相对稳定的特征。生产资料一般要求有较高的生产技术条件和较多的投资,生产周期也相对较长,其品种变化则相应较小。另外,生产资料主要是在生产者之间交换的,生产资料的需求方由于生产技术的缘故,所需产品的品种、规格、类型相对稳定。因此,生产资料的供应渠道一般是相对稳定的。

3. 流通特征

从流通运行方面来看,生产资料的供求主要受宏观经济政策和调控参数的影响。根据一定的经济发展速度,国家确定的各项经济政策,如投资政策、财政政策、货币政策等,将直接影响生产资料市场的供求变化。过快的经济发展速度必然导致生产资料供不应求;反之,则导致供过于求。

二、我国生产资料市场的形成与发展

新中国成立后,我国照搬原苏联经济管理的模式,在经济建设中全面实行计划管理,建立了以计划分配和计划调拨为主的物资管理体制,关系国计民生的重要生产资料均按照国家指令性计划进行分配调拨,并由国家统一定价。到 1979 年,国家统一分配物资的品种达到 791 种。这种体制的理论依据是生产资料不是商品,其特点是重要生产资料都通过集中的计划管理,不进入市场流通。这种管理体制适应了当时我国的经济阶段,保证了国家的重点建设,但随着我国经济的发展,这种体制所固有的缺乏活力的种种弊端就显露出来了。

十一届三中全会后,党的工作重点转移到经济建设上来,在经济体制改革的过程中,先后提出了"以计划经济为主,市场调节为辅"、"有计划的商品经济"、"计划与市场内在统一"、"计划经济与市场经济调节相结合"等理论模式。在流通领域,生产资料不是商品的理论束缚也被突破，使我国的生产资料流通体制发生了根本性变化；在实践中，逐步打破了重要生产资料单纯依靠计划分配的格局，市场调节的比重不断增加。

目前，一个适应社会主义市场经济发展需要，商流和物流相结合，国内国际两个市场、两种资源相融通，开放、统一、竞争、有序的生产资料市场已初步建立，并在改革中不断发展壮大。

生产资料市场形成与发展的主要特征是：

（1）指令性计划分配物资的品种和数量逐步缩小。目前，绝大部分生产资料已进入市场流通，市场经济和市场配置资源已成为生产资料流通的主导形式。

（2）多元化的生产资料市场流通格局已经形成。在全社会生产资料流通规模中，国有物资企业垄断的局面随着改革的不断深化而被打破，出现了多种经济成分、多条流通渠道并存的格局。

（3）生产资料市场体系不断完善。改革开放以来，我国各类生产资料市场逐步建立并得到迅速发展。全国性物资贸易中心、物资配送中心、期货经纪公司、各类专业生产资料市场（钢材、有色金属、煤炭、木材等）均有很大发展。特别是近年来，为适应市场经济发展的需要，生产资料市场建设向更高层次发展，相继建立了一批国家级生产资料批发市场和期货交易所，在引导价格、调节供求等方面正发挥越来越重要的作用。

（4）生产资料销售总额持续增长。改革开放以来，我国生产资料流通规模在波动中不断扩大，保证了生产建设的需要。

（5）生产资料市场价格在波动中走向平稳，工业品短缺的现象已不复存在。

三、生产资料市场经纪人的作用与特点

（一）生产资料市场经纪人的作用

生产资料市场纪经人是为生产资料交易进行居间、行纪或者

代理等中介服务的自然人、法人和其他经济组织。在社会主义市场经济体制条件下，生产资料的流通也要通过市场机制进行优化配置，这为生产资料市场经纪人发挥作用提供了广阔的空间。特别是在社会分工日益细化的情况下，按照比较优势和相对专业化的要求，生产企业会把更多的精力放在产品的生产和技术开发上，而把原材料的采购和产品的销售委托给专业的组织或机构进行。生产资料市场经纪人的出现，客观上正是符合了这种需要，可以使生产资料在供求时间、品种、型号、产地、价格、运输、批量等方面能有效衔接起来，有利于降低交易费用，提高交易效率，促进生产资料市场的繁荣和发展。

（二）生产资料市场经纪人的特点

改革开放以来，在我国经纪人队伍中，生产资料经纪人首先发展起来，目前已蔚为大观。我国生产资料市场经纪人具有以下特点：

(1) 在一般经纪人队伍中，生产资料市场经纪人显得日益活跃。目前，在大宗生产资料交易市场上，特别是工业生产资料交易市场上，都活跃着生产资料经纪人的身影，而且，这支队伍有不断发展的趋势。

(2) 经纪人组成十分广泛。生产资料市场经纪人乃至整个现货商品市场经纪人，人员构成十分复杂，人员素质参差不齐，有城镇待业或下岗人员、农民、退休人员、离职辞职人员、停薪留职人员、业余时间从事经纪活动的企事业机关职工和干部等。他们有的在经纪人事务所登记，有的受聘于某一企业从事经纪活动，有的是独立开展业务的，其中相当一部分经纪人不在工商机关登记注册。这也是现货商品市场经纪人管理难度较大的根本原因。

(3) 经纪人数量迅速发展，但各地发展不平衡。随着市场导向的经济改革的不断推进，生产资料市场经纪人数量迅速扩大，但各地发展很不平衡。在沿海发达地区，人们对经纪人比较容易接受,生产资料经纪人市场发展较快,经纪业务活动的规模也较大,而中、西部地区则明显滞后。同时,农村地区从事农业生产资料经营的经纪人的发展还显得十分薄弱。

第三节 消费品市场经纪人

消费品市场一般指通过交易活动能提供直接满足人们消费需要的消费品的场所。消费品市场是一个负责承担社会成员衣食住行等生活消费品的市场,是消费品在生产者、经营者和消费者之间联系的纽带,是市场经济中最大量、最基础的市场。消费品市场经纪人又可分为农副产品市场经纪人和工业品消费市场经纪人。

一、消费品市场的特点与作用

(一) 消费品市场的特点

消费品市场一般可以划分为农副产品市场和工业品消费市场。其商品品种繁多,更新速度快,与人们的日常生活联系紧密。其具体特点是:

(1) 在消费品市场上,购买的主体是个人和家庭,消费者购买的目的是用于最终生活消费。

(2) 消费品市场以零售市场为主,多数是零星购买,成交额小,购买频繁;而且,购买者的购买行为易受情感支配。

(3) 在消费品市场上,广告宣传、展销、示范表演、降价销售等营销策略应用范围大,对消费者具有很大的吸引力。

(4) 消费品市场的分销渠道、中间环节多,网点分散。

(二) 消费品市场的作用

消费品市场上提供的丰富多彩的商品,与人民群众的生活联系极为密切,涉及千家万户。消费品市场是联结消费品的生产和消费的桥梁和纽带。消费品市场在满足人们的基本需要,合理引导生产资料市场，实现国民收入的再分配，为国家增加税源等方面，发挥着越来越重要的作用。

二、农副产品市场经纪人

（一）农副产品市场经纪人产生的条件

改革开放以来，我国农业生产有了较大发展，但总体上仍处于传统、封闭、分散的状态。这种状态造成了农业生产与现代、开放、规模化的市场相互分割的局面。农民生产的大量农产品迫切需要在市场上销售，但由于农民在相对封闭的状态下分散生产，对多样化的市场需求知之甚少，因而非常需要中间人将他们的产品与市场需求衔接起来。在这种强烈需求下，农民中涌现出了一批“能人”。这些“能人”头脑灵活，有知识、有信誉，掌握信息，了解市场。他们根据市场需要，将农产品有效地组织起来，成为农业生产和市场之间的桥梁。这些“能人”就是农村经纪人。

在市场经济体制下，解决“三农”问题的核心是农产品的流通问题，是农业生产和市场需求之间的有效衔接问题。那么，谁能解决农业生产和市场需求之间的矛盾，谁能在农业生产和市场之间搭建起一座桥梁，帮助农民将农产品销售出去呢？各地的实践表明，农村经纪人一手牵着农民的生产，一手牵着市场的需求，他们是农民和市场的桥梁。因此，培育和发展农村经纪人，是有效解决农业经济矛盾的关键，是解决“三农”问题的一条重要途径。

农村经纪人一般采用“市场＋经纪人＋农户”的模式从事经纪活动。在这种模式下，一个经纪人联系着若干户农民，少的几户，多的上百户、上千户甚至上万户。

目前，农村经纪人主要分为农副产品经纪人、农村工业及手工业产品经纪人、农业科技经纪人等。农村经纪人的活动基本覆盖了所有的农产品，包括粮食、棉花、油料、蔬菜、水果、苗木、牲畜、水产、家禽以及药材、茶叶、香菇、木耳等土特产品。农村经纪人中从事粮食、蔬菜、水果、牲畜、水产品等经纪的农副产品经纪人占了主要部分。

（二）农副产品市场经纪的特点

目前，我国农副产品市场经纪人队伍蓬勃发展，正呈现出以下六大特点：

（1）经纪人员数量迅速扩大，经纪组织形式、经纪业务方式已呈多样化，经纪的业务量越来越大，经纪科技含量日益增多，经纪效率明显提高。

（2）尽管大部分农副产品经纪人从事粮食、蔬菜、水果、水产品等经纪活动，但就其发展趋势而言，他们经纪的业务范围在不断扩大，已开始涉及经纪生产资料、日用工业品等领域。

（3）农副产品经纪人的发展很不平衡。一方面，农副产品经纪人在经济比较活跃的地区，如江浙地区发展得很快；另一方面，在西部经济发展较慢的地区，农副产品经纪人则发展得较慢。

（4）农副产品经纪人活动的季节性、区域性明显。农副产品经纪人的经纪活动一般随农产品的生产季节而变化。

（5）农副产品经纪人以个体经营为主，组织化程度偏低。在几十万农村经纪人实体中，个体经营占了很大比重，合伙型、公司型等经纪人实体较少，尚处于初始发展阶段，经营规模较小，经营信誉、经营资质、抗风险能力都比较低。

（6）农副产品经纪人整体素质亟待提高。由于个体经纪人所占比例较大，他们的信息采集手段比较落后，组织化程度不高；农副产品经纪人相互之间缺乏信息联系和交流，经纪活动大多呈松散型，更缺乏自律管理及权益的自我保护机制。

（三）农村经纪人的现状和发展趋势

国家工商总局对全国 31 个省、区、市进行了统计，截至 2005 年 6 月，我国共有农村经纪人总户数达 38 万余户，经纪执业人员达 61 万余人，经纪的业务量达 1 700 余亿元。除此之外，在农村还有大量从事临时性、季节性经纪活动，未经登记、难以统计的农村经纪人。

据调查，江苏省农村经纪执业人员已近20万人，经纪的业务量近400亿元。四川省农村经纪执业人员近15万人，经纪的业务量为74.3亿元，其中，达州、广元两地区农村经纪人经纪的业务量占当地农业生产总值的比例分别为17%和12.6%。湖北省农村经纪人近2万户，农村经纪人经纪的业务量占农业生产总值的比例达10%以上。山东省、河北省、河南省、安徽省农村经纪人总户数均超过1万户。

我国全面建设小康社会的重点和难点在农村，而农民增收问题是全面建设小康社会的关键。通过培育和发展农村经纪人，可以有效解决农产品流通以及农业生产和市场需求之间的衔接问题，提高农民收入，帮助农民建立起强烈的质量意识、合同意识、诚信意识，从而对推动农村经济、解决“三农”问题具有重要意义。

为此，今后工商管理机关将采取更有力的措施促进农村经纪人发展。在法律法规允许的范围内，各地将适当降低农村经纪人登记条件；允许部分农民季节性地从事经纪活动，并进行季节性经营或临时性经营等相应的注册登记；在法律法规及行政规章的基本规范下，允许农村经纪人既从事农产品的购销，又从事经纪活动；加强农业经纪合同的指导和管理，对农村经纪人进行信用分类监督管理；引导农村经纪人开展品牌经营、特色经纪；打击无照经营的“地下”农村经纪人；对农村经纪人利用虚假信息，诱导农民签订合同，坑害农民利益的违法违规行为要加大查处的力度；引导农村经纪人建立相应的自律组织，通过自律组织保护农村经纪人的合法权益；开展农村经纪人及经纪行业的立法调研，力争尽早以法律、法规的形式，明确界定包括农村经纪人在内的各类经纪人的法律地位、法律条件、经纪方式等有关问题，为农村经纪人及各类经纪人的发展创造良好的制度环境。

今后，随着农村经济的快速发展，农村经纪人将不仅为农民解决生产上的难题，保证农民增收，更重要的是，这种新型的经营模式还将改变农民的思维方式、行为方式和生产方式，用市场经济这只“看不见的手”，通过农村经纪人的传、帮、带，让农民在不知不觉中改变过去的生产思维模式，改变他们的生活。

三、工业品消费市场经纪人

工业品消费市场经纪人是指从事日用消费品中介业务活动的经纪人或经纪组织。改革开放以来，我国日用消费品市场经纪人获得了前所未有的快速发展。目前，我国城镇活跃着大批这类经纪人，为沟通产销双方，促进货畅其流、物尽其用、适销对路，繁荣城乡市场发挥了不可替代的重要作用。

工业品消费市场经纪人一般以大城市或区域经济中心为依托，向周边地区、其他省市乃至国外辐射。这是由日用工业品生产与流通的特点所决定的。

第五章　特殊行业经纪人(上)

特殊行业经纪人,是指专门为非商品流通领域或特殊商品流通提供居间、行纪和代理服务的经纪人,如保险经纪人、证券经纪人、期货经纪人、文化经纪人、体育经纪人、旅游经纪人、广告经纪人、劳动力经纪人、技术经纪人、信息经纪人、房地产经纪人等。一般而言,特殊行业经纪人必须既要具备合法的主体资格,又要具有特定的业务资格。

第一节　保险经纪人

一、保险经纪人的概念和分类

(一) 保险经纪人的概念

《中华人民共和国保险法》第一百二十三条规定:保险经纪人是基于投保人的利益,为投保人与保险人订立保险合同提供中介服务,并依法收取佣金的单位。所以,保险经纪人是指在保险市场为保险方与被保险方沟通信息,提供中介服务,并收取佣金的商人。保险市场经纪人的主要任务是替被保险人购买保险单,从被保险人处收取佣金,或凭给保险公司介绍保险公司业务向保险公司收取佣金。我国保险经纪人有如下特点:一是站在投保人的利益上;二是保险经纪人只能是机构,不允许个人直接从事保险经纪活动。

(二) 保险经纪人的分类

根据委托方的不同,保险经纪人可以分为狭义的保险经纪人

(专指原保险市场的经纪人)和再保险经纪人。

狭义的保险经纪人是指直接介于投保人和原保险人之间的中间人,直接接受投保客户的委托。按业务性质的不同,狭义的保险经纪人又可分为寿险经纪人和非寿险经纪人。

寿险经纪人是指在人身保险市场上代表投保人选择保险人、代办保险手续并为此从保险人处收取佣金的中间人。寿险经纪人必须熟悉保险市场的行情和保险标的的详细情况,熟练掌握专项业务知识,还要懂法律,运用法律,并且会计算人身险的各种费率,以便为投保人获得最佳保障。

非寿险经纪人是安排各种财产、利益、责任保险业务,在保险合同订约双方之间斡旋,促使保险合同成立并为此从保险人处收取佣金的中间人。由于保险产品的复杂性,非寿险经纪人必须掌握相关的专业知识,以便能与投保人进行沟通,为投保人进行风险评估,设计风险管理方案,选择最佳保险保障等服务。

再保险经纪人是促成再保险分出公司与接受公司建立再保险关系的中介人。他们把分出公司视为自己的客户,在为分出公司争取较优惠的条件的前提下选择接受公司并收取由后者支付的佣金。再保险经纪人不仅介绍再保险业务,提供保险信息,而且在再保险合同有效期间对再保险合同进行管理,继续为分保公司服务,如合同的续转、修改、终止等问题;并向再保险接受人及时提供账单并进行估算。再保险经纪人应该熟悉保险市场的情况,对保险的管理技术比较内行,具备相当的技术咨询能力,能为分保公司争取较优惠的条件;并与众多的投保人、保险人和再保险人保持广泛、经常的联系,以便及时获取有利的信息,为分保公司争取一笔又一笔的再保险交易。事实上,许多巨额的再保险业务都是通过再保险经纪人之手促成的。由于再保险业务具有较强的国际性,因此,充分利用再保险经纪人就显得十分重要,尤其是巨额保险业务的分保更是如此。在西方保险业务发达的国家,拥有特殊有利地位的再保险经纪人在有利条件下能够为本国巨额保险的投保人提出很多有吸引力的保险和再保险方案,从而把许多资金量不大、规模有限的保险人组织起来,成立再保险集团,承办巨额再保险。

二、保险经纪人的法律特征

从上述《中华人民共和国保险法》第一百二十三条规定来看,保险经纪人具有以下几点法律待征:

(1) 保险经纪人是投保人的代理人,必须接受投保人的委托,基于投保人的利益,按照投保人的要求进行业务活动。

(2) 保险经纪人不是合同当事人,仅为促使投保人与保险人订立合同创造条件,组织成交,提供中介服务,而不能代保险人订立保险合同。

(3) 保险经纪人只能以自己的名义从事中介服务活动,但有自行选择向哪家保险公司投保的权利。

(4) 保险经纪人从事的是有偿活动,有权向委托人收取佣金。其佣金主要有两种形式:一种是由保险人支付的,主要来自其所收保险费的提成;另一种是当投保人有必要委托经纪人向保险人请求赔付时,由投保人向经纪人支付相关报酬。

(5) 保险经纪人必须是依法成立的单位而非个人,并承担其活动所产生的法律后果。投保人对保险经纪人的经纪活动并不承担责任,经纪人因其过错造成的损失由自身承担。

三、保险经纪人的执业资格

保险经纪人是指代表被保险人在保险市场上选择保险人或保险人组合,同保险方洽谈保险合同条款并代办保险手续以及提供相关服务的中间人。那么,现阶段保险市场中的经纪人都需要具备哪些资格呢?

保险经纪人是一种专家型的经纪人。在发达的保险市场上,要想成为一名保险经纪人,必须通过严格的审查。审查的内容是经纪人是否已经掌握了大量的保险法律知识和保险业务实践经验,其中包括在保险经纪公司协助保险经纪人准备有关材料和保险条件。经过这一阶段之后,候选人还要充当联络员。这时,他们可以进入保险市场,了解市场的构造和基础设施以及未来的磋商对手——保险人的经营情况,从而对保险市场有一个初步的了解,同时掌握从事保险经纪活动所应具有的道德准则和其他有关规定。

在具备上述条件之后,要想成为一名合格的保险经纪人,在不同的国家还有不同的规定。例如在英国,要向注册管理机关——英国保险经纪人注册理事会申请注册,取得注册资格的个人和法人才能以保险经纪人或再保险经纪人的身份从事经纪活动。

我国规定,从事保险经纪业务的人员必须参加保险经纪人员资格考试:凡具有大专以上学历的个人,均可报名参加保险经纪人员资格考试;保险经纪人员资格考试合格者,由中国保险监督管理委员会核发《保险经纪人员资格证书》;《资格证书》还只是对有保险经纪能力人员的资格认定,不能作为执业证件使用,《保险经纪人员执业证书》才是保险经纪人员从事保险经纪活动的惟一执照。已取得《资格证书》的个人,必须接受保险经纪公司的聘用,在由保险经纪公司代其向中国保险监督管理委员会申领并获得《保险经纪人员执业证书》后,方可从事保险经纪业务。

四、保险经纪人的服务内容

保险经纪人作为投保人的保险顾问,能为投保人提供广泛和周到的服务,具体包括:

(1) 为投保人选择最合适的保险公司和险种,保证投保人以最有利的条件签订保险合同,获得最大的保险保障。

(2) 对客户经营活动的风险进行认定和评估,确定其投保需求,并提出风险管理的建议。

(3) 在保险期间内,定期拜访客户,分析风险变化状况,帮助保户修改保险方案。

(4) 当发生保险事故时,监督保险合同的执行情况,或接受保户委托,以最恰当的索赔方式协助或代保户向保险人索赔。

(5) 为客户提供经济、法律、财务和审计等方面的咨询服务。

目前,国际上保险经纪人的功能已从最基本的单纯协助客户安排保险,扩大到协助客户进行风险管理及投资理财等全方位服务,客户将享受到更广泛、周到的服务。

与其他市场一样,保险市场包括买方和卖方,还有为保险服务的中间人。保险中间人,也称保险中介,是指向保险人和投保人提供有关各种可能获得的保险价格、保险特性以及所要承保的危险性质方面的知识,将保险人和投保人联系在一起,最后达成保险契约并提供相关服务的人,一般包括保险代理人、保险经纪人和保险公估人。

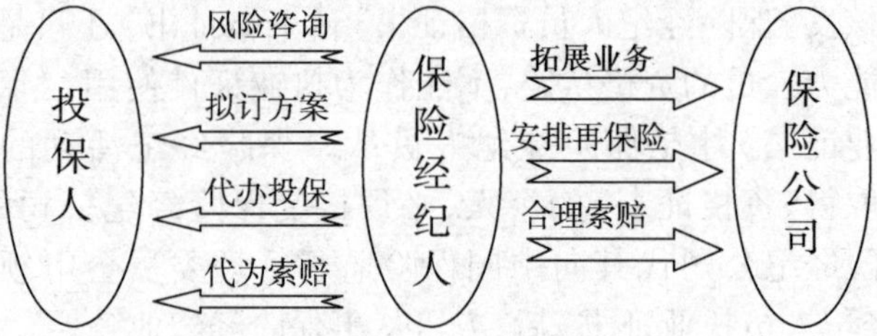

图 5-1 保险经纪人的服务内容

五、保险经纪人的作用

从图 5-1 中可以看到,保险经纪人通过向投保人提供保险方案、办理投保手续、代投保人索赔并提供防灾、防损或风险评估、风险管理等咨询服务,使投保人充分认识到经营中自身存在的风险,并参考保险经纪人提供的全面的专业化的保险建议,使投保人所存在的风险得到有效的控制和转移,达到以最合理的保险支出获得最大的风险保障,降低和稳定了经营中的风险管理成本,保证了企业的健康发展。

另外,因为保险经纪人的业务最终还是要到保险公司进行投保,保险经纪公司业务量的增加会引起保险公司整体业务量的增加,从而降低了保险公司的展业费用;在保险市场上,保险经纪人把保险公司的再保份额顺利地推销出去,消除了保险公司分保难的忧虑,大大降低了保险公司的经营风险;而且保险经纪人代为办理保险事务,减少了被保险人因不了解保险知识而在索赔时给保险人带来的不必要的索赔纠纷,提高了保险公司的经营效率。

因此,保险经纪人的产生不管是对投保人还是对保险公司都是有利的,是保险市场不断完善的结果。

六、保险经纪人的工作流程

1. 保险安排流程图(见图5-2)

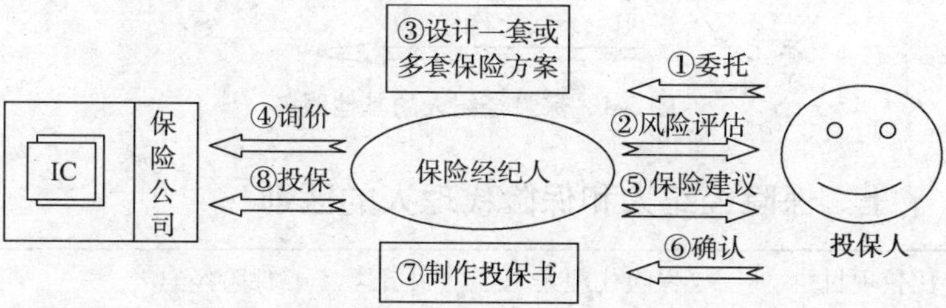

图5-2 保险安排流程图

2. 保险索赔流程图(见图5-3)

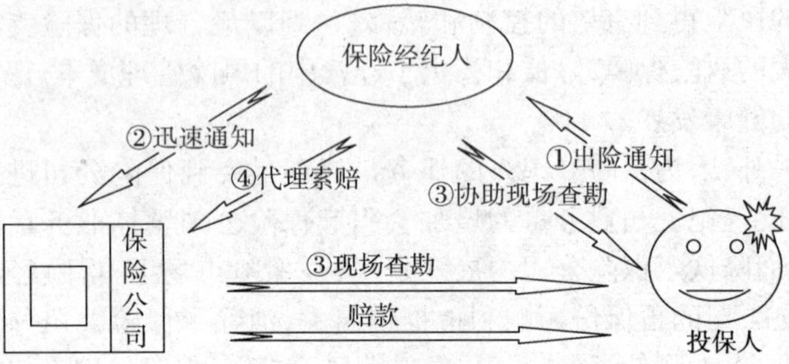

图 5-3　索赔流程图

3. 保险经纪人的其他服务(见图 5-4)

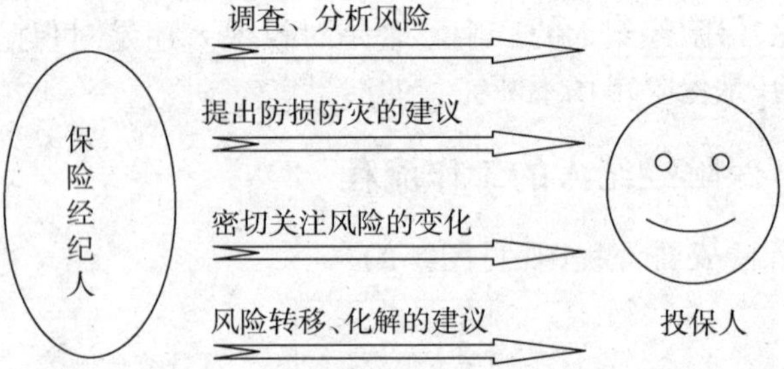

图 5-4　保险经纪人的其他服务

七、保险经纪人和保险代理人的区别

比较项目	保险代理人	保险经纪人
概　念	保险代理人是指根据保险人的委托,向保险人收取代理手续费,并在保险人授权的范围内代为办理保险业务的单位或者个人。	保险经纪人是指受投保人的委托,基于投保人的利益,为投保人与保险人订立保险合同提供中介服务,并依法收取佣金(向保险人收取手续费,特定服务项目向客户收取顾问费)的单位。

续表

比较项目	保险代理人	保险经纪人
法律地位	依据代理契约或授权书代理保险公司经营业务的人,属于保险公司一方业务的延伸,在法律上对被保险人不负任何责任,其行为的后果由保险人承担相关的法律责任。	代表投保人向保险公司洽订合理完善的保险合同,是投保人专属的保险顾问,可合法代表投保人,并向投保人负责,一切行为由保险经纪人自己承担法律责任。
代表利益	代表保险公司的利益。	代表投保人的利益。
被保险人的利益	仅针对某特定保险公司之现有产品从事招揽或销售行为,无法从其他市场上找寻更佳的保险范围来保障被保险人的利益。	熟悉不同的保险市场,对各家保险公司的产品、内容、保单及条款均有深入的了解,可依照客户的需求,规划及设计完善的保险范围和保障,是专业的保险顾问公司。
职能任务	招揽业务,收取保费。	风险的确定和评估,保险方案的设计,市场询价与报价,协助索赔处理。
资讯提供	因属于保险公司的代理人,在封闭有限的空间无法提供市场资讯,以改进被保险人的需求。	透过全国长城保险经纪公司的资讯网络,可适时地提供最新的保险资讯,以改进被保险人现有的保险状况,使之获得更完善的保障。

八、保险经纪人和保险公司业务员的区别

比较项目	保险公司的业务员	保险经纪人
双方立场	先考虑保险公司的立场,后考虑被保险人的利益。	代表的是被保险人的利益。
保单的内容	仅对某一险种从事招揽行为,对其他风险、核保及理赔不甚了解。	熟悉保险市场,对保单条款及内容有相当了解。

续表

比较项目	保险公司的业务员	保险经纪人
保单的缺费率及条款	往往不会透露。	分析现行保单的缺失，进而提供改进建议。
	仅提供对该保险公司有利的费率及条款。	会提供 2～3 家保险公司的费率及条款作比较。
理赔发生时	听从理赔部门的决定，尽可能以少赔为原则，以保障保险公司的利益。	以专业的知识和丰富的理赔经验，协助被保险人处理理赔案，争取合理的赔偿。
风险管理服务	提供可保范围的风险服务。	提供全面的风险管理服务，包括风险的识别、风险的分析、风险的转移、保险的安排等。
咨询服务	往往只提供有利于自身的信息和建议。	全面地为客户着想，为客户提供最有利、最合适的建议，避免客户决策的失误，使客户自身的风险得到充分的化解。

第二节　证券经纪人

一、证券经纪人的一般概念

证券经纪人是指在证券交易所中接受客户指令买卖证券，充当交易双方中介并收取佣金的证券商。证券经纪人可分为三类，即佣金经纪人、独立经纪人与债券经纪人。

（一）佣金经纪人

佣金经纪人又称为代理经纪人或场内经纪商。他们是投资银行或证券公司等金融单位的代表，或是独立经营的证券经纪人。佣金经纪人与投资公众直接发生联系，其职责在于接受顾客的委托，在交易所交易厅内代为买卖，并在买卖成交后向委托客户收取佣金。佣金经纪人是交易所的主要会员。

(二) 独立经纪人

独立经纪人或者是投资银行的代表,或者是独立经营的经纪人。这种经纪人主要在交易所繁忙时接受其他会员的委托而从事交易。独立经纪人从佣金经纪人或非正式会员那里收取佣金。由于在一段时间内,独立经纪人曾对每 100 美元的股票交易收取 2 美元的佣金,所以,独立经纪人又被称为"两美元经纪人"。两美元经纪人不接受一般顾客的委托,而只接受佣金经纪人的委托从事证券买卖。

(三) 债券经纪人

债券经纪人是以代客买卖债券为业务,以抽取佣金为其报酬的证券商。另外,债券经纪人亦可兼营自行买卖证券业务。

二、我国证券经纪人的概念

证券经纪人是指在证券经纪活动中以收取佣金为目的,为促成证券投资者的证券交易而从事证券委托代理业务的公民、法人和其他经济组织,具体表现为具备法人资格的证券经纪商和自然人形态的证券经纪人等形式。1999 年 7 月 1 日施行的《中华人民共和国证券法》(以下简称《证券法》)把我国证券公司分为综合类证券公司和经纪类证券公司两类,二者均可从事经纪业务。也就是说,我国的两类证券公司都可以成为具有法人资格的证券经纪人。我国《证券法》仅界定了具备法人资格的证券经纪人,对证券商的设立实行严格的审批制。在日常经营中,证券商须接受证券监管部门的监管。然而,对自然人形态的证券经纪人,《证券法》却没有明确的法律规定。因此,我国证券经纪人制度是一种券商主导型的法人模式,我们暂且将其称为证券公司经纪人,以区别于其他经纪人。

由于面对纷繁复杂、瞬息万变的市场行情,广大投资者很难作出合适的证券投资选择，且根据我国《证券法》第 103 条的规定，一般投资者不得进入证券交易所亲自参加交易，加之作为自然人(以佣金为收入来源的一类证券从业人员)和非法人的经济组织形式存在的证券经纪人不能独立存在，必须依托于证券公司才能实现其证券经纪的功能，因此，证券公司经纪人便成为证券市场的中坚力量，发挥着重要作用。证券公司经纪人的特点是并不为自己经营证券，而是为了完成委托人(投资者)的以最低价购进或以最高价卖出证券的委托，与投资者的关系极为密切。证券经纪人在交易中所处的地位直接关系到投资风险的承担、投资者利益的保护和交易市场秩序的维护等。

三、我国证券经纪人的现状

中国证券业暴利时代的结束，不仅标志着证券资源与证券市场中介资源达到供求相适应的健康状态，也标志着证券市场规范机制的初步建立。在这种形势下，证券经纪人的地位和作用也将发生巨大的变化，过去的以提供简单交易服务为主的粗放式经纪人队伍将朝着以提供投资咨询为主的精细式和深层次方向过渡。

与发达的市场经济国家相比，我国的证券经纪人制度建设尚处于起步阶段，主要表现为：

1. 证券经纪人的概念尚未准确规范

我国《证券法》仅界定了具备法人资格的证券经纪人概念，这是一种较狭义的对证券经纪人的界定，仅包括了证券经纪商和具有证券经纪人衍生功能的证券投资咨询机构，而联结客户与证券中介机构的自然人形态的证券交易经纪人(经纪代表)虽已广泛活跃在我国证券市场上并发挥着日益重要的作用，但是，这类自然人形态的证券经纪人尚未包括在法定范围中，有关这类证券经纪人的法律地位、资格认定、执业准则、行为规范与日常监管等尚处于无法可依、无章可循的状态，从而使我国的证券经纪人制度表现出功能单一、结构不完整的缺陷。

2. 证券经纪人的资格管理制度不完整

我国对证券商的设立实行严格的审批制(特许制),即券商证券经营资格的取得必须经国务院证券监管部门的审查批准,主要管理人员和业务人员必须具备证券从业资格、有健全的内部管理制度、有固定的经营场所和合格的交易设施等是设立证券商的必备条件,并在日常经营中接受证券监管部门的监管。然而,对于自然人形式的证券经纪人的任职资格及注册管理并没有相关的规定,仍处于空白;而这一类证券经纪人的流动性很大,若不以相关的管理加以规范,那么,他们的不规范行为很有可能破坏证券市场健康有序的发展。

3. 佣金制度不完善

我国目前仍实行固定佣金制,但随着交易手段的日益更新(远程委托及网上交易)和券商为争夺客户而展开的激烈竞争,加上各种形式的佣金折让和佣金打折广告等,使固定佣金制将受到日益严峻的挑战。

4. 缺乏相应的风险防范制度

关于风险防范制度,我国《证券法》已明确规定,证券公司必须从每年的税后利润中提取一定比例(具体比例由证监会确定)的交易风险准备金,用于弥补证券交易的损失。这一制度的建立有助于规范证券市场的运行,保护广大投资者利益。然而,《证券法》对于自然人形式的证券经纪人风险防范制度却没有提及,因此,从控制自然人形式的证券经纪人的风险而言,建立相应完备的风险防范制度是很必要的。

5. 关于网上交易制度

随着电子通讯技术及网络技术的发展,网上证券交易正以前所未有的速度发展着,国内券商纷纷推出自己的网站,以此来拓展业务领域,扩大市场份额。据湖南证券的内部统计资料表明,其网站建立以来，交易逐步放大，网上交易量已达到系统内交易总量的15%左右。2002年3月，中国证监会发布了关于《网上证券委托暂行管理办法》的通知，这是规范我国网上证券交易的行动指南。

四、我国证券经纪模式

（一）证券营业部模式是我国经纪业务的主导模式

我国证券经纪服务自证券经营机构诞生以来，一直沿用证券营业部模式，证券商以证券营业部作为对外提供证券经纪服务的载体。目前，全国共有证券营业部3 000多家。

在证券市场发展初期，证券营业部模式是适应我国散户投资者比重大、证券交易行情传输和信息发布单一、证券交易清算制度落后等市场环境的，并在我国证券经纪业务发展过程中发挥了重要的作用。然而，证券营业部存在经营和服务上的重大缺陷，并对我国证券经纪制度的建设产生了障碍。首先，营业部是证券商经纪业务的载体，处于等客上门的坐商状态。虽然现在这种情况有所改变，但从整体上来看，证券营业部受服务方式和手段的限制。在交易时间内，员工仍处于集体联合作战的状态，员工无法真正走出去，而只能将主要的精力用于客户存量的服务和管理上，而对于潜在客户的开发还有很大的问题。其次，受证券交易手段和证券营业部这种服务形式的限制，目前经纪人的服务仍停留在提供证券交易条件方面，而提供证券信息咨询服务只是一项辅助服务。单一的服务模式严重地阻碍了证券经纪人制度的发展。

（二）现阶段存在的一些证券经纪人模式

虽然自然人方式的证券经纪人的法律地位在我国还没有明确定位，但已经有不少券商在探索和组织实施适合我国国情的证券经纪人制度，并取得了宝贵的经验。还有一些非证券从业人员，也在利益的驱使下，自觉加入了证券经纪人的队伍，形成了我国现阶段的经纪人模式。

1. 大户管理员模式

大户管理员一般都是证券公司的职员。大多数营业部都把大户管理员划到后台,其主要工作就是为营业部中资金比较雄厚的客户提供贴身服务,比如每天为客户送上报纸、咨询传真,而个别工作经历长、对证券投资有一定经验的管理员还经常向客户提供投资建议。

2. 准经纪人模式

由于经纪商的不断增加、经营成本的攀高,现在已经有不少营业部为充分调动雇员的积极性,提高经纪业务量和质量,增加公司的竞争力,纷纷采用把雇员的收入与经纪业务量联系起来的经纪人模式。其通常做法是,营业部向每个员工下达一定量的业务指标,如果雇员能完成该指标,就可以从所引进的客户产生的交易佣金中按一定比例提成;若没有完成该指标,那么,雇员不但收入无法提高,还会在以后的岗位竞争中处于劣势。从某种意义上讲,此种模式已经逐渐向真正的经纪人靠拢了。

3. 工作室模式

开办工作室的证券经纪人一般都不是证券商的雇员,所以比较灵活。他们跟券商是合作关系,券商为其提供交易跑道,他们则提供交易信息和投资建议,吸引客户进入工作室进行证券买卖。很明显,工作室的成功与否取决于该经纪人的知名度和实际操盘经验。而工作室的收入来自其吸引来的客户的佣金返还和与客户达成的收益分红协议。这种形式的经纪人侧重于对客户的投资行为提供咨询和建议,较好地履行了中介职能,处于经纪人服务中比较先进的状态。

4. 代客理财模式

这种模式主要指证券公司、投资管理公司和一些个人操盘手接受委托人的全权委托,为其提供证券买卖,以争取委托资产的增值。因此,此类经纪人与委托人之间往往签订有最低收益的协议,这一点明显违反了经纪人的行为规范。他们的收入来自交易佣金和超出收益部分的红利分享。

五、证券经纪人的行为规则和职业操守准则

证券经纪代表是联结证券市场和投资者的纽带,其行为适当与否将直接影响投资者的利益和证券市场的公平与公正。因此,证券经纪代表在执业时,应严格自律,并恪守职业准则。这些准则应包括以下具体内容:

(1) 充分了解客户,包括了解客户的资信状况和投资理念,本着对客户负责的态度,做好客户服务工作,不得隐瞒客户,私自进行操作。

(2) 不得借助自身与证券经纪商的关系,制造消息,迷惑市场。

(3) 不得与客户联手操纵股价。

(4) 不得进行内幕交易。

(5) 不得以获取佣金为目的,鼓励客户频繁买进或卖出证券。

(6) 不得从事超出业务范围的操作。

以上所列举的只是涉及证券经纪人与客户关系的部分行为规范,这些行为规范构成了证券经纪代表的责任,同时也对证券经纪代表的行为起到约束作用。职业操守准则是证券经纪代表立足证券市场的行为准则,应由证券监管部门及行业自律组织以法规或规章的形式予以颁布。

六、现有证券经纪人制度的缺陷

前面分析表明,我国现有证券经纪人制度存在着结构性单一和功能性单一的缺陷。

(一) 证券经纪人制度的结构性缺陷

我国现有的证券经纪人制度模式以证券营业部作为证券经纪

人的载体。营业部的员工,从经理到职员,在日常工作中都不同程度地担任了证券经纪人的角色,而员工的收入包括了基本工资、奖金等,还包括了客户交易的佣金提成。从证券经纪人的结构来看,无论是上面谈到的大户管理员模式还是代客理财模式,其法律地位都没有在我国的《证券法》中明确,而单一的以证券营业部为主体的证券经纪人势必在证券经纪人制度上造成结构性缺陷。无论什么形式的证券经纪人,跟国外真正意义上的证券经纪人相比,都有着明显的差别。目前我国出现的证券经纪人有以下几点特征:

(1) 无交易所会员资格,属非会员证券经纪人。

(2) 介于会员与客户之间,成为依附于会员的"掮客"。

(3) 从会员所获得的佣金中再分取一部分,即靠佣金的再分配来生存。

(二) 证券经纪人制度的功能性缺陷

从前面的分析中我们可以看到,证券营业部在我国是作为证券经纪人模式的载体出现的。就目前我国证券营业部的现状来看,证券营业部还没有完全从"坐商"这种现象中走出来,并且营业部提供的服务仅是为投资者提供开户、委托、交割、资金清算等证券交易的基本功能,而缺乏为投资者提供投资咨询、投资策划、投资管理及证券信息等更高层次的服务功能。虽然日益激烈的竞争使券商意识到"等客上门"的卖方市场已经不复存在,为适应当前经纪业务发展的需求,他们也都纷纷招收了证券经纪人,然而,此类证券经纪人在功能上的不足导致证券营业部功能的缺陷。

目前我国证券经纪人的功能表现在:

(1) 代客买卖。这主要是以证券营业部为主体,主要以根据客户发出的委托指令,代理客户买卖证券,并提供相关的凭证的形式出现。

(2) 咨询研究。虽然目前各证券公司都有自己的研发部门,但研发部门的研究结果的定位却不是为证券经纪人提供相关的业务支持,而对于客户的咨询和建议却是以经纪人为主体出现的,由于受证券经纪人本身能力的限制,研究咨询的质量就要大打折扣。因此,此功能的缺陷导致证券营业部提供的服务远不能满足投资者的需求。

(3) 其他服务,比如为客户开户、新股认购、配股缴款等等。

通过对证券经纪人功能的分析,我们可以看到,目前证券经纪人提供的服务相对单一,在投资咨询、客户代理等深层次的服务上与国外相比还有很大的差距,处于刚刚起步的阶段,规范和完善的道路还很漫长。要改变证券经纪人的现状,就迫切要求证券经纪人拓宽服务功能,提高服务层次,以行之有效的方法适应投资者多方面和多层次的需求。只有通过培育一支素质精良的自然人型证券经纪人队伍,为投资者提供全方位、智能化的服务,才能使我国的证券交易经纪人制度日趋完善。

七、证券经纪人的理想运作

作为一名证券经纪人,应具备丰富的专业知识、正直的品德、敏锐的头脑、吃苦耐劳的精神、强烈的上进心、良好的沟通能力与优质的情商,这样才能在竞争激烈的市场中赢得客户的信赖。这些素质有些是天生的,但更多是靠后天的培养。因此,在证券经纪人制度构建运作过程中,应着重解决经纪人的招聘、培训、组织及薪酬与分配制度问题。

(一) 经纪人的招聘

在一般情况下,经纪人的招聘方法及来源有三种途径:

(1) 公开招聘已有客户基础的在职经纪人;

(2) 公司内部的工作人员经培训后转为经纪人;

(3) 开设经纪人培训课程,对外招生,从中选取成绩合格的学员聘为经纪人,这是美林等海外证券商倡导的方式。

这三种招聘方法各有利弊。在证券公司刚设立经纪人制度时,第一、第二种方法是最快、最便捷的途径,但从长远发展来看,开设经纪培训课程这一方法是较为理想和全面的。这是因为:(1) 可以增加公司的知名度。开设培训课程,能够吸引一批对证券投资有兴趣的投资者参加学习,这些学员通过学习,提高了证券知识和买卖技巧,自然会介绍一些朋友一起参与学习或分享学习到的投资心得,对证券公司知名度的提高大有帮助。(2) 可以增加客户来源。在培训中,由于学习场地就在交易大堂,教师也由证券从业人员担任,教材则加进公司的一些介绍和内容,对学员来说很有现场实习的感觉。因此,学员不管日后是否能成为经纪人,都极可能成为公司的客户。最重要的是,参加学习的学员在成为证券经纪人后,本身就是公司的一个最稳定的客户。有资料显示,新入行的经纪人,其买卖股票的次数和金额,往往比一般客户更多更大,而且新经纪人会将他的亲戚、朋友、同学、同事等发展成为他的客户。

要把招聘操作流程与开发潜在市场结合起来。这样,不但招聘的经纪人开拓市场的营销能力比较强,而且可同时挖掘到一个新的市场。

可将内部员工直接转型(招聘)为经纪人。将内部富余员工转型为经纪人可采取以下办法:(1) 在服务流程和公司政策上向一线的转型人员(经纪人)倾斜,以提高其积极性。(2) 学习富友证券"分田到户"模式、西南证券三人小组模式和广发证券理财顾问模式,以有利于内部员工转型为经纪人的运作。(3) 明确转型经纪人的具体任务,至少包括:负责新业务的策划推广、新产品销售;开发并服务好所开发的客户;参与与业务拓展相关的一切社会活动。

(二) 经纪人的培训

实际上,招聘与培训是紧密联系的,正如前文所述。需要强调的是:

(1) 课堂式的理论培训不是重点,更多的是在实际业务活动中针对市场、客户服务等具体问题,随时进行的在岗指导式培训、日后的系列化强化培训等。

(2) 把培训课程与客户开发的实践交叉进行,利用新开发来的客户产生的收益,可冲抵一部分培训的投入。

(3) 新培训的经纪人流失的解决方案可以借鉴美林的做法:一是准备好承担培训过的新经纪人跳槽的风险;二是设立"永不再用"的雇佣政策,以打击把持不定的违约学员,当然,公司必须有对经纪人的强大的后台支持,使跳槽者容易后悔自己的离开;三是制定有关的利润分享计划,作为雇员的经纪人除了可享受佣金提成外,还可享受纯利润分成。

(三) 经纪人的薪酬体系

1. 成熟而合理的薪酬体系和分配制度

在经纪人制度比较成熟的海外证券市场上,通常是将固定工资与佣金提成相结合。这有两个优点:一是使经纪人在起步阶段的最初几个月内得到一定的固定工资,能够有一定的收入保障,以吸引有潜力的经纪人加入;二是能使经纪人有足够的压力与动力去积极开发客户、服务客户。过了过渡期后,经纪人就可完全或主要以佣金提成作为收入了。这一点,在欧美及我国香港、台湾等地,尤其是20世纪四五十年代的美林公司的实践做了完美的验证。但是,券商不愿意采取这种形式,因为担心经纪人在过渡期后仍然没有建树而白白地支付了几个月的工资。

2. 怎样实施固定工资与佣金提成相结合

首先,要使经纪人制度真正成为一种具有核心竞争力的业务模式,必须有一定的前期投资。怎样减少这种前期投资,只有通过实践才能发现。

其次,要有相应的高质量的培训与考核制度。国内也有一些券商采取过这种薪酬和分配形式,但却没有相应的培训与考核制度跟上。对于新入行的经纪人来说,他们各方面都很陌生,缺乏经验。如果没有什么培训,不教给他们一些方法,成功率当然会很低。如果还没有相应的考核制度,其成功率就更低了。

第三,分两步走,以培育和推进这种薪酬和分配制度。第一步,主要是以固定工资为主,加强培训和工作量考核。在新经纪人最初的一段工作时间里(至少3~6个月),可以规定每周至少要接触多少客户,才能取得标准的固定工资。达不到要求的可能要扣钱,而超过的话则可能有奖励。这样,对新经纪人来说,最初的业务压力相对较小,可以有一定的收入保障,增加工作的信心;同时,工作量的要求又使其必须积极地去接触客户,避免出现拿钱不做事的情况。第二步,过渡到佣金提成为主的分配方式,进行自然淘汰。那些有潜力的经纪人会更愿意接受提成的方式,因为这样他们可以有更大的发展空间。而那些无法继续开发客户的经纪人,就会自己选择离开。

3. 固定工资制可以作为一种激励的薪酬和营销策略

由于在以佣金提成为主的薪酬体系下,经纪人不可避免地会频繁向客户推荐热门信息和证券,怂恿客户频繁买卖,所以实行经纪人固定工资制,有助于向公众保证只有在真正符合客户的最佳利益时,经纪人才向他们推荐证券的买卖和提供投资建议。同时,经纪人的主管通过对经纪人进行定期评估,核定其固定年薪,也可发放年终奖,以反映他们对公司盈利的整体贡献。美林在20世纪30至70年代通过采取这种薪酬制度和营销策略,增加了大量新客户,创出了压倒竞争对手的重大竞争优势。

4. 经纪人的组织结构

为了确保经纪人制度的正常运作,充分发挥经纪人的作用,可设立经纪人管理部。经纪人管理部的主要职责为:负责经纪人的招聘及培训工作;组织经纪人进行业务拓展活动;负责经纪人的考核、晋升及淘汰工作,维护公司的声誉。

5. 经纪人的业务开发

(1) 采取进攻性的市场营销策略。在每个阶段培训中,都有市场营销课程,并有多种业务开发活动和形式,使经纪人能有机会把营业部的优质特色服务推广到更多地方,让更多的客户了解并接受,从而把自身的优势真正转化为效益。

(2) 市场开发方法。综观国内外典型的做法,市场开发可以概括为以下几种主要的方法:① 打陌生电话;② 参加各种聚会和与社团接触;③ 举办讲座或公众论坛,但必须经过经纪人管理部的批准;④ 利用运动或娱乐,比如与客户一起打高尔夫、打网球等;⑤ 上门拜访,经纪人对社区具体每一居民的情况,只有亲自上门拜访才能了解;⑥ 广告。公司每年可投入适当的广告,用以灌输投资机会、扩大知名度和品牌优势,从侧面促进经纪人的业务开发;⑦ 注重营业网点的选址,在方便的街区或路口营业,给客户带来方便的同时,也给予经纪人开发客户的优势。

(3) 注重利用经纪人团队开发的力量。目前我国经纪人制度正处于起步阶段,单个经纪人的营销能力和适应能力普遍较低,只有把经纪人组成业务开发团队,协同作战,才能不断锻炼经纪人的综合能力,调动经纪人的积极性,取得较好的业务开发成效。比如,富友证券的销售小组、西南证券的客户关系三人小组、平安证券的营销团队等,就注重利用经纪人团队开发的力量。

6. 经纪人客户管理和服务

成功地开发客户并建立委托代理关系以后,证券经纪人要加强对已有客户的管理,为客户分别建立投资档案,对客户的交易和盈亏情况做好详细的记录和统计,然后依据市场行情和客户自身情况,提供有针对性的个性化服务。

(1) 客户管理。经纪人在建立客户档案时,要对客户分别按个人或法人,大户、中户、散户等进行分类管理。除了对客户的开户资料进行归档管理外,还应建立客户基本资料库,详细记载客户的基本情况，如客户姓名、年龄、地址、联系电话、家庭情况、兴趣爱好、市场操作特点（进取型、稳健型或保守型）、持仓组合情况、投资经验及业绩等；如系法人客户，还应对企业基本情况、主要负责人及证券投资相关部门负责人等情况进行登记。

建立完整的客户档案、登记客户的信息资料以后，要对相关信息进行收集、整理和加工，对客户结构和客户的盈亏、资金、持仓情况等进行分析，以便及时计算账户的盈亏动态并向客户报告，提高客户管理的科学性和有效性。

证券经纪人通过对客户按资金量的大小进行结构分析，可以找出资金数量占主要份额的"核心客户"，明确服务重点；通过对客户交易量大小的结构分析，可以确定经纪人收入的主要来源，并找出交易不活跃账户，确定原因，以备进行二次开发；通过对客户账户盈亏水平的分析，可以看出，不同客户群体的投资理财能力和风格，以便对那些操作不好的客户有针对性地进行分类指导，对盈利能力强的客户则帮助他们总结经验并加以推广；通过对客户持仓情况的分析，可以找出客户重仓持有的证券类型，重点对其背景和走势情况进行研究，对客户提出"增仓"、"持有、""减仓"或"抛光"的建议和意见。

（2）客户服务。对客户的专业化服务是证券经纪人日常业务的核心，服务水平是经纪人个人素质和综合能力的具体体现，服务质量是不同经纪人相互竞争的焦点，是经纪人生存和发展的关键。证券经纪人向客户提供的一般性服务，主要是与客户保持密切联系，做好客户与营业部之间的沟通与联络工作，积极帮助客户解决证券交易与证券投资过程中遇到的所有疑难问题；接到客户有效的交易指令后，立即将指令完整地输入证券交易所的电脑撮合系统，并及时将成交情况反馈给客户；等等。此外，根据客户授权，证券经纪人还可以依据证券交易所的有关规定，代理客户或帮助客户进行申购新股、分红派息、配股认购、证券转托管、存取款、证券挂失、修改开户资料与销户等工作。

客户对证券经纪人服务的需求是多样化、分层次的。因此，经纪人除了向客户提供上面这些一般性服务外，还应根据客户的不同特点和要求，为客户提供度身定制、个性化的投资咨询服务。根据各自投资偏好的不同，客户大致可以分为保守型、稳健型、进取型等三种类型。不同类型的客户对投资的安全性、收益性、流动性等要求各有不同侧重，这就要求证券经纪人为其分别提供有针对性的理财咨询服务，提供符合客户要求的投资建议书。

证券经纪人在通过基本分析和技术分析，对市场行情的未来发展趋势有了较为清晰的判断并发现合适的投资机会以后，应该将有关看法和意见记录下来，形成一份书面的"投资建议书"，供客户在进行投资决策时参考。

7. 对经纪人的后台支持

（1）公司有计划、有步骤地建立强大、统一的信息资讯平台，经纪人每天可以从该资讯平台获得相应的信息、投资计划和建议等，服务于客户。正是由于美林有实力雄厚的研究力量的支撑，以及功能强大的TGA系统作为信息、技术平台，才使得美林的证券经纪人可以为客户提供优质的综合性服务，并专心于客户的开发和维护。

（2）鼓励有能力的经纪人积极参与咨询服务的过程，以提升自身的专业服务水平，并让客户尽可能得到真正的个性化的咨询服务。

8. 经纪人制度的考核和激励

证券经纪人是一个非常个性化的行业。依据对国内外经纪人的了解与经验，对于经纪人的管理要松紧有度，重要的是要能激发个人潜能，发挥团队作战精神；要能让经纪人自动地、最大限度地创造最大效益，使每个经纪人自我价值得到充分体现，使每个经纪人以在这个团队里工作为荣，有成就感、满足感、归属感。

第三节 期货经纪人

一、期货经纪人的概念

根据我国现行的期货方面的法规,从广义经纪人的概念出发,期货经纪人有两个涵义:一是从事期货经纪业务的专业经纪公司,即期货经纪商;二是受雇于期货经纪商或非期货经纪公司会员而处理具体期货经纪业务的专业人员,包括出市代表和其他从事客户开发、开户、执行委托、结算等业务的期货经纪人员。期货经纪人是活跃在投资者和期货公司之间,起纽带作用的一个群体,在拓展期货业务和活跃期货市场方面起着重要作用。据统计,期货市场中约50% ~60%的资金是通过经纪人介绍到期货市场中的。这个比例很惊人。目前,期货市场的客户保证金规模大约在200亿元左右,也就是说,至少有100亿元资金是通过经纪人而进入期货市场的。

美国期货市场是世界上发展最为完善的期货市场,其经纪人管理制度也非常全面。美国期货市场对期货经纪人实行分类管理。针对期货经纪人业务内容的不同,美国商品交易管理委员会(CFTC)对其进行分类注册,分类管理。美国期货市场中经纪人类别较多,如场内经纪人(Floor Brokers)、经纪商代理人(Associated Persons)、商品投资基金经理(Commodity Pool Operators)、商品交易顾问(Commodity Trading Advisors)、介绍经纪人(Introducing Brokers)等。

国内期货经纪人的主要收入来源通常有三部分:一是期货经纪人介绍客户到期货公司,从客户交易产生的手续费佣金中提成,这类似于国外的介绍经纪人;二是指导客户或代理客户交易获利后分成,这类似国外的商品交易顾问;三是收取委托投资人的管理费，这类似于国外的商品投资基金经理。

二、期货经纪人在期货委托交易中的法律地位及承担的法律责任

期货经纪人的法律地位基本有两种，即隶属于期货经纪公司的非独立承担民事责任者，及独立于期货经纪公司、独立承担民事责任者。不过，两者并不能以与期货经纪公司是否存在人事关系进行划分，而是要以其在期货经纪活动中所拥有的法律权利及所负担的法律义务为衡量标准。

（一）期货从业人员经纪人的法律地位及法律责任

这类期货经纪人是期货经纪公司的从业人员，不仅包括期货经纪公司长期固定的专业从业人员，也包括在某段时间以各种方式事实上受聘于期货经纪公司，为其从事招揽客户、受委托开户、执行交易指令、结算交割等期货经纪业务的从业人员。他们无论以何种面目出现（如投资顾问、客户专家等），无论以何种方式从期货经纪公司领取报酬，均应认定为期货经纪公司的从业人员，其受客户委托从事的期货经纪行为均应受到期货经纪合同的规范。这类经纪人在期货经纪活动中不具有独立的法律地位，其身份从属于期货经纪公司，期货经纪公司应当对其经纪行为的法律后果承担责任。

（二）期货中介经纪人的法律地位及法律责任

这类期货经纪人根据其在期货经纪活动中担当的工作内容，可以分为两种：第一种是为一家或几家期货经纪公司专门从事招揽客户，促成客户与期货经纪公司订立期货经纪合同的媒介服务，期货经纪公司为此支付一定的报酬。这类经纪人的法律地位实际上是一种居间人的地位，他们的地位独立，独立承担与居间权利义务相适应的法律责任。第二种是期货中介经纪人，是独立于期货经纪公司，接受特定客户的委托从事期货交易的人员。由于期货

交易的专业性和复杂性，客户往往将便利的需要和牟利的信任寄予为其提供期货经纪合同媒介和报告服务的居间人，因而期货中介经纪人与客户的关系远比期货经纪公司与客户的关系密切。因此，期货中介经纪人大量成为为客户提供投资分析、受托传送交易指令甚至管理账户及执行其他交易任务的客户代理人，其报酬往往是与客户约定的利益分成。这类经纪人的法律地位显然是客户的代理人，与客户之间是委托代理的民事法律关系，其在约定的代理权限内以客户名义从事的期货代理行为的法律后果由委托人即客户承担。作为客户代理人，这类期货中介经纪人与期货经纪公司之间并无直接的法律关系，而只是基于客户的委托，作为客户授权的代表，主张期货经纪合同所约定的客户权利。因此，根据我国的民事代理法律制度，委托人对其代理人的代理权限的授予并不受到约束，如期货中介经纪人并不受到期货全权委托的限制。

与期货从业人员经纪人比较，期货中介经纪人根本的法律特性是在期货经纪法律关系中具备独立的民事法律地位，而法律责任的产生正是基于其所处的法律地位。无论是期货居间人还是期货客户代理人，都应当按照民事法律关于居间关系或委托代理关系的规定，独立承担与其法律地位相适应的法律责任。与期货从业人员经纪人不同的是，由于期货中介经纪人独立的民事法律地位，调整这类经纪人行为规范的法律主要是我国的民商事法律。

三、期货经纪人应具备的素质

在期货投资中，经纪人的心理素质影响和决定着投资者的行为决策。其交易决策本身就是一种心理之战。因此，培养和提高经纪人的心理分析技能，综合剖析期货投资的各种影响因素，对有效制定投资策略具有重要作用。

(一) 转换思维方式，顺应市场趋势

虽然每个投资者都有其独特的思维方式，但如果他的思维方

式不是以市场为中心,而自私地以自我为中心,其结果必然是一败涂地。因为这种思维方式所形成的逻辑推理完全有悖于市场自身。要转换思维方式,以市场为依据去判断持仓正确与否,而不是以持仓去论市场走势。市场趋势是正确思维永远的朋友,不管是牛市、熊市或牛皮市,只要跟着市场走,不是盲目投资,或入市或出市都将可能达到预期效果。

(二) 寻找市场与性格的结合点,适应期货投资

期货市场对经纪人的性格要求是果断坚决,灵活独立。有的经纪人以其生就的性格与市场抗衡,最终还是败下阵来。正确的取向是:寻找市场与性格的结合点,适应期货投资。性格固执的人,在市场趋势面前要学会忍让,忍让就意味着对潜在的亏损的控制,而固执则是对潜在亏损的放纵。要成为一个成功的期货投资家,就应尽快使自己的性格适应这种高风险的投资方式;而想让市场屈就于你的性格,那要么是一个妄想家,要么是一个疯狂的赌徒。

(三) 博采众长,增强想象的现实性

经纪人应着力培养研究问题的能力,对与期货市场有关的信息知识要有广泛的兴趣,通过广泛的积累,迅速加工处理,对市场未来走向进行科学的预测和想象。有的经纪人往往过多地想象获利的可能,而对亏损的存在都采取轻视的态度,一旦亏损成为现实,便失去自控能力,甚至丧失投资的勇气。因此,想象真实性的本质是对经纪人综合素质的测试。

(四) 敏锐地观察市场,分析价格走势

对市场动态的把握,要求经纪人必须具备敏锐的洞察力。直觉在这里最先发挥作用,那是全部经验的第一反应。但直觉不都是正确无误的,直觉虽然来自瞬间,但其实来自经验。对每个市场交易行为的特征进行分析,会使直觉在投资决策中显得至关重要。

（五）控制情感波动，保持稳定心态

交易部位确立后，经纪人的情感波动将与市俱来。体现在情绪波动上，当价格利好，便欣喜若狂；当价格不利，则悲观恐惧。体现在感情表露上，更是丰富多彩。可以说，任何领域引发的情感波动都不如期货市场来得突然而直接。因为经纪人直接与金钱打交道，在得失之间没有任何缓冲的余地，几乎是必须同时在一个新的市场机遇出现时当机立断，而且要稳操胜券。显然，情感极易冲动，缺乏自制力的经纪人不适合这一行业。因此，要求经纪人有较强的自我控制能力，情感和心理不应成为正确选择入市的障碍。

（六）保持冷静的气质，培养良好的心理素质

冷静的气质就是适可而止，适量积累利润，不因概率极小的利好而盲目等待，不因曾经有过的交易失败经历而耿耿于怀甚至失去信心，影响新的交易决策。保持冷静的气质，需要良好的心态和超人的忍耐，这并非一蹴而就，而主要来自期货投资实践的磨炼和总结。

心理素质如何，已经被认为是期货交易成功的最关键的因素。培养和提高心理分析技能是摆在期货经纪人面前的一个永恒的话题。

四、期货交易流程

期货投资者要具备良好的心理素质和承担风险的能力，要具有坚强的意志、较强的自我约束力，能冷静地处理自己的交易业务，不感情用事。期货投资者面对瞬息万变的价格行情，要能够镇定和冷静地分析与观察，作出合理的决策。

期货交易对投资者颇有吸引力的一个诱因就是期货交易的杠杆作用，也就是以相对较少的资本控制期货合约的整体价值，即用5%至10%的资金做100%的交易。但是，期货投资者应充分认识到高收益的背后是高风险。因此，踏入期货市场者要有承担风险

的意识,对可能出现的蚀本要有足够的思想准备。除此之外,由于期货交易的规则和惯例与证券交易、一般现货交易等有许多异同之处,故踏入期货市场者还应了解和掌握一些期货交易的必要知识。进入期货市场的程序与股票市场大致相同。就客户而言,通常通过一家经纪公司处理自己的期货买卖业务。期货投资者首先要在经纪公司开设期货交易账户,签署一张标准的"期货交易协议书",并填写客户登记表,存入所需要的保证金。这样,便完成了开立交易户头的手续。

当然,根据有关期货交易的法规,经纪公司还会要求投资者(即顾客)提供正确、详细的财务资料,以便经纪公司了解投资者的财务状况、投资目的,并确定期货对该投资者是否适当,合格者才能被允许开立账户。同时,交易所也要求会员经纪公司监督其客户资金的正常操作。当经纪公司接受投资者开立账户后,该投资者便可开始作为客户进行期货交易。

客户参与期货交易的一般过程如下:

(1) 期货交易者在经纪公司办理开户手续,包括签署一份授权经纪公司代为买卖合同及缴付手续费的授权书。经纪公司获此授权后,就可根据该合同的条款,按照客户的指令办理期货的买卖。

(2) 经纪人接到客户的订单后,立即用电话、电传或其他方法迅速通知经纪公司驻在交易所的代表。

(3) 经纪公司交易代表将收到的订单打上时间图章,即送至交易大厅内的出市代表。

(4) 场内出市代表将客户的指令输入计算机进行交易。

(5) 每一笔交易完成后,场内出市代表须将交易记录通知场外经纪人,并通知客户。

(6) 当客户要求将期货合约平仓时,要立即通知经纪人,由经纪人用电话通知驻在交易所的交易代表,通过场内出市代表将该笔期货合约进行对冲，同时通过交易电脑进行清算，并由经纪人将对冲后的纯利或亏损报表寄给客户。

（7）如客户在短期内不平仓，一般应在每天或每周按当天交易所结算价格结算一次。如账面出现亏损，客户须暂时补交亏损差额；如有账面盈余，即由经纪公司补交盈利差额给客户。直到客户平仓时，再结算实际盈亏额。

五、期货经纪人市场目前存在的问题和解决途径

目前，在期货交易中，有一个极易引发矛盾的环节就是期货委托交易中的全权委托，而其诱发因素绝大部分是期货经纪人的不良行为。

（一）关于全权委托问题

禁止期货经纪公司及期货从业人员接受客户的全权委托，早已是期货市场熟知的法律制度。在我国，期货经纪商及从业人员接受全权委托的法律后果是很严重的，一旦客户起诉，期货经纪商要承担的责任包括被主张代理下达交易指令的行为无效、交易结果不被认可、被要求承担交易亏损等。那么，为什么全权委托屡禁不止呢？我们认为有两方面的原因：

一是全权委托积极作用的驱使。由于期货投资的复杂性和高技术性，大多数投资者缺乏期货投资知识与经验或根本没有时间亲自参加投资，因此全权委托有其市场需求的客观基础。一些期货经纪商为了更好地为客户服务，往往冒险一试。这可能也是许多经纪商希望允许全权委托合法化的原因。然而，事物都是多方面的。全权委托最大的弊端在于客户的利益在全权委托被非诚实信用使用时无法得到公平对待。当期货经纪公司及期货经纪人的最大利益与客户的最大利益不一致时，期货经纪公司及期货经纪人可以行使全权委托实现与经纪公司的对赌、吃点以及非正常的频繁炒单等，严重侵害客户的权益。在我国期货市场发展的现阶

段,禁止期货经纪商接受全权委托是非常恰当的。

全权委托禁而不止的第二个原因可能要归纳到期货经纪人的不良行为及期货经纪公司的管理缺陷方面。虽然期货经纪公司并未书面或口头接受全权委托,但期货经纪人(这里指期货从业人员经纪人),尤其是因接受某些特定客户委托,以某种形式受聘期货经纪公司的期货经纪人,他们为了自己的利益,并不积极向客户介绍全权委托的禁止规则,不愿严格按照逐项委托执行交易指令。而期货经纪公司对此也疏于管理。这里除了利益的诱惑外,还有思想意识的问题。一方面,这类经纪人及期货经纪公司都认为自己处于期货经纪法律关系的中空层里,这种观念是极端错误的。我们认为,就期货经纪公司而言,因为未打破传统的人事制度观念,人为地将上述经纪人与公司所谓正式职工加以区分,并将这种划分带到了公司管理制度中,对其业务管理实行双重标准。但是,期货经纪公司却忽略了在经济活动中,法律责任是由当事人在经济法律关系中所承担的权利义务决定的,上述经纪人在期货经纪合同中事实上履行着相关的期货经纪业务,在不能认定归属于独立的中介经纪人并领取期货经纪公司报酬的情况下,期货经纪公司理当将其按照正式的公司从业人员进行约束和管理。另一方面,期货经纪公司应当从根本上杜绝侥幸心理,一定要严格按照法律规定执行交易,要学会保护自己。

(二) 解决措施

其实,凡从事过期货业务的人都感到,期货交易中的模糊地带实在不少。我国至今还没有一部期货交易法,有关期货交易的法规仍处在不断修订中,而沿用至今的1995年最高人民法院关于审理期货纠纷的惟一的司法解释早已不适应现在的期货市场。目前,绝不能接受客户对期货经纪公司及期货经纪公司从业人员经纪人的全权委托,即客户的委托交易指令必须由客户逐项签字或口头传达(录音)、传真、电传及其他证监会同意的方式进行委托,这一点是明确的。

需要注意的是,期货经纪公司通常认为的客户对交易结果的确认即可作为对非逐项委托交易指令的默认,这一观点的法律依据不足。当然,这并不是说我们必须在未取得客户逐项委托指令的有效证据前停止下达交易指令,如果经客户事后补充上述委托指令证据,司法上也不能认为其交易构成全权委托。只是这需要冒险,即客户不配合的风险。但无论怎样,客户对非逐项委托指令的确认必须是明示的,这应当是期货经纪公司对从业经纪人日常检查的重点。另外,现在许多期货经纪公司及经纪人用预留客户私章来证明客户对交易指令的非全权委托,这种做法值得推敲。当有其他证据证明此私章为预先留给期货经纪公司或经纪人的,事实上客户对交易指令内容完全不知情,交易指令是由经纪人自主下达并加盖章的,期货经纪公司还是违反了法律规定。

就现实中存在的期货经纪人接受客户全权委托问题,我们的建议是期货经纪公司通过合同及其他书面证据,并通过实际操作,将这类经纪人明确在期货中介经纪人的范畴。根据不同的情况,对于期货居间经纪人,可以通过居间合同明确其身份。需要指出的是,为了便于招揽客户,一些期货经纪公司允许期货居间经纪人印制期货经纪公司“投资顾问”的名片,这种做法存在一定隐患。因为既然定语是某期货经纪公司,某“投资顾问”就应该理解为某期货经纪公司提供投资咨询、投资分析甚至代为进行投资理财服务的人员,仅从文字上并不能反映其与期货经纪公司之间存在从业人员与雇佣单位的关系,同样也不能确定其具备独立的民事主体资格,具有独立的法律地位。如果长期有这样的居间经纪人持这样的身份为期货经纪公司招揽客户,提供合同媒介服务,建议应当签订书面的居间合同,以明确双方的权利和义务关系。

对于充当客户代理人的中介经纪人,由于其法律地位仅为客户的代理人,故其接受客户的全权委托自不在法律禁止范围。然而，为便于不与其他期货经纪人混淆，建议一，不能从期货经纪公司支付任何佣金给经纪人，因为这将使客户代理经纪人构成双重代理，此代理行为是民法所禁止的；建议二，要求经纪人提供客户给经纪人的书面委托函，列明委托权限和报酬支付方式，将其作为期货经纪合同的必要附件。

第六章 特殊行业经纪人(下)

第一节 技术经纪人

一、技术经纪人的概念、类型与特征

(一) 技术经纪人的概念

技术经纪人是指在技术市场中,以促进成果转化为目的,为促成他人技术交易而从事中介居间、行纪或代理等,并取得合理佣金的经纪业务的自然人、法人和其他组织。具体包括技术经纪人事务所、技术经纪人公司、个体技术经纪人和兼营技术经纪的其他组织。技术经纪的从业人员应当经过培训考核,取得由科技行政管理部门和工商行政管理部门颁发的从业资格证书。

(二) 技术经纪人的类型

技术经纪人按组织形式分,可分为个体技术经纪人、技术经纪公司和其他兼营技术经纪业务的经济组织。按技术经纪的对象分,可分为专利技术经纪、非专利技术经纪、技术开发项目经纪、技贸结合交易经纪、国际技术合作经纪和技术人才经纪等。

(三) 技术经纪人的特征

(1) 技术经纪人不同于一般经纪人,其所经纪的对象是技术商品。即是以技术为核心,具有一定的价值和使用价值,同时有能满足用户需求的知识形态的无形产品,如新工艺、专利等。技术经纪人要具备一定的科学技术知识。

(2) 技术经纪人从事的是一种技术商品买卖或服务于供需双

方交易的经营行为,有明显的贸易特征。

(3) 技术经纪人在技术商品的买卖双方当事人之间处于中介地位,掌握着来自科技和经济两大领域的信息,并能充分利用这些信息源,为技术商品的供需双方穿针引线,牵线搭桥,促成交易。

(4) 技术经纪人是以收取佣金为目的,有相对独立社会地位的职业经纪人。

(5) 技术经纪人在交易过程中为双方提供技术商品供求信息、市场调查、技术评估、组织谈判、资金融通、人员培训等中介服务。

二、技术经纪人在技术市场中的作用

(一) 沟通作用

技术经纪人在技术交易双方间传递信息。一方面,技术经纪人受买方委托,在众多的专利和科技成果中,为买方选择适合的项目;另一方面,技术经纪人为成果拥有方通过各种渠道作宣传介绍,帮助其尽快转化成果。技术经纪人不但必须懂得相关的技术知识,并不断学习新的技术知识,而且应具有知识的传递能力。技术经纪人在通过发布会、技术交易交流会等形式进行知识传递的同时,还应善于公关,善于通过企业家联谊会、行业联谊会等方式传播新技术。

(二) 调节作用

由于技术经纪人掌握的供需双方的信息比较全面准确,因此能通过对国内外市场的预测,快速地将技术供求信息反馈给科研部门和生产单位,使科技部门调整研究方向,生产部门选购到市场对路的产品。

(三) 评估作用

技术经纪人可对所转让的技术进行综合评价,为交易双方提供一个合理的参考价格,对科技成果作出准确的评估,使其顺利完成转让。因此,技术经纪人在议价和双向选择方面有特殊的地位和作用。

(四)组织作用

技术经纪人的组织功能贯穿于科技成果转化的全过程,他们以其熟练的业务和丰富的市场经验组织并参与技术成果的工业化、商业化开发,为科技成果转化从谈判、签约到实施提供全过程的中介服务。可以说,技术经纪人以其完善的服务和精心的组织提高了科技成果转让的成交率。

(五)协调作用

技术经纪人在交易双方的谈判过程中疏通障碍,调解分歧,融洽关系,使买卖双方由原来的不协调变为协调,由对抗走向合作,成功的技术经纪人最终将使买卖双方及自己形成三赢的圆满结果。

(六)经营作用

科技成果多伴有很大的风险和不确定性,技术经纪人通过融资、对技术成果的二次开发、市场开拓等手段把技术中介和技术经营结合起来,在促进技术成果不断完善的同时,进一步提高产品的市场竞争力。此外,由于技术经纪人的广泛参与和专业化运作,将极大地推动科学研究的进步,促进我国高新技术产业的快速发展。

三、技术经纪人的现状与发展

(一)技术经纪人的现状

由于我国技术市场处于初级阶段,技术经纪人的队伍也比较年轻,而且总体上有以下特点:

(1)科技人员和机关干部出身的较多。他们对于科研或教学工作比较熟悉,有较高的科学文化水平和一定的专业知识,但金融、法律、财经、企业管理、商品流通等专业知识较少。

(2)兼职的多,专职的少,真正站在“海”里以技术经纪为主业的更少。从事技术经纪的人员,原有的职务、职称、工资待遇和人事管理办法并没有变化,原有的教授、工程师、政府官员身份并没有改变。民营技术贸易机构的有关人员以技术开发和转让本单位成果为主业,而技术中介则为副业。少量的技术交易使技术经纪人同时从事多种职业,无法全身心地投入到中介工作当中去,降低了技术成果的交易质量。

(3) 从事初级、单一的中介业务较多,参与系统深入的业务较少。技术经纪人由于其业务水平和资源渠道的限制,不能参与到技术交易的深层次活动当中,往往只是牵线搭桥,提供信息,很难完成协调、组织、经营等全过程的中介服务。所以,目前技术市场上的技术经纪活动,以简单中介为多。技术经纪人活动的空间比较狭窄,真正从头至尾参与技术转移全过程的不多。有的技术经纪人长期从事单一业务。例如,北京有“职业”项目发布人 1 000 多名。他们是各科研院所、高等院校开发办的成员,常年参加北京和全国的各种技术成果交易会,主要任务是发布本单位的技术信息,平均每人每年参加各种发布会 20 ~ 50 次。他们的促销、洽谈能力很强,但多数人的业务职责只到签订“意向书”为止,深入洽谈、签订合同以及合同实施、项目建设等深层次的工作则很少参与。

(4) 业务渠道和经济来源不畅通,其地位和作用并没有获得普遍承认。由于目前技术经纪人业务渠道和个人信誉没有完全建立起来,其社会影响力和知名度还没有得到普遍承认,直接影响了业务的开展,因而技术经纪人的报酬比较低,没有和他们付出的劳动以及创造的社会价值直接挂钩。与其他行业的经纪人横向比较,技术经纪人的生意比较清淡,业务收入较少。

当前技术经纪行业和技术经纪人面临的困难较多。他们以技术经济为主业,在经济上很难维持自身生存。造成这种局面的客观因素很多,如科研机构和生产单位相关科技成果的转化机制不健全,技术交易行为不规范,导致技术交易成交量很低;技术经纪人地位、待遇、取费标准不明确,经济驱动力不足,许多重大技术成果转移未经过技术市场;等等。

(二) 技术经纪人的发展思路

技术经纪机构和技术经纪人生存和发展必须满足三个条件:

第一,高于主体,强于主体。技术经纪人在促进和实现技术成果转移的活动中,要有一个或多个方面强于技术买卖双方,成为他们必须求助和依赖的对象,以其不可替代的作用获得存在的理由。

第二,技术全面,全程参与。技术经纪人只有积极参与技术转移的全过程,突破牵线搭桥的简单中介水平,在技术交易的各个环节中都能发挥重要作用,才能避免深入发展时被淘汰出局。

第三,进主渠道,干大项目。中小型项目由于规模小,经济效益有限,专职的技术经纪人发挥作用的空间小,所取得的经济回报相应较少。只有在国民经济建设的主战场,或影响某地区、某行业经济发展的关键项目中技术经纪人才有可能发挥应有作用,获得较高的社会地位和丰厚的经济收入。

发展技术市场的根本目的是促进科技创新和加速其成果的产业化,充分发挥科技第一生产力在国家建设中的作用。从党的十三大起,每次党的代表大会都强调加速科技成果向现实生产力的转化。科技成果转化、产业化是个系统工程,需要技术市场(并与其他生产要素市场一起)有效地配置资源。健全技术市场服务体系,为科技成果转化产业化提供全方位服务,是今日中国发展的急需,也是当前我国科技工作的重点。

当前,我国技术市场服务体系建设存在两大问题:一是服务不配套,不能给企业在成果转化、产业化中提供全方位服务;二是重复建设,造成资源浪费。我国科技成果转化率不高,产业化困难,主要的问题不是没有好技术和没有钱,关键的是信息、评估、咨询工作跟不上。大力发展信息、评估、咨询业,把技术、人才、金融和相关生产要素市场信息都连通,就能帮助生产企业和社会有关方面对资源进行有效的配置和利用。

技术经纪人作为一种专门的职业在我国出现只是近几年的事。1997 年国家颁布《技术经纪人资格认定暂行办法》和《全国技术经纪人培训大纲》,对技术经纪人资格的认定作了明确规定。科技部将 2003 年定为技术中介建设年。随着我国“科教兴国”战略的实施,加快发展科技服务业成为科技工作的重中之重。所以,技术经纪人正面临着一个发展的大好时机。我国需要并呼唤大批技术经纪人去突破技术成果转化的“瓶颈”,当务之急是要培育一支适应市场化运作,懂法律、会经营、有技术、善管理的职业技术经纪队伍,为技术的供需双方牵线搭桥,在产学研中穿针引线,发挥作用,突破成果转化“瓶颈”,积极促成技术成果的交易、转化及产业化,这也是技术市场深入发展的客观需要。

第二节　房地产经纪人

一、房地产经纪人的概念

房地产经纪人是指在房地产交易中从事居间、代理等经纪活动的人员。业务范围一般是从事商品房的营销、策划和二手房居间服务及提供信息。在我国,经纪人必须受聘于房地产经纪机构,代表经纪公司从事居间经纪,为房地产交易双方进行直接交易提供服务,如为交易提供洽谈的场所、信息,沟通交易双方的联系,作为中间人,调解交易双方的矛盾争执和代理某些交易的业务等。

二、房地产经纪人的资格

为了规范和发展房地产市场,加强对房地产经纪人员的管理,提高房地产经纪人员的业务水平和职业道德,保护消费者合法权益,从 2001 年 12 月下旬起,我国已正式开始对房地产经纪人员实行职业资格制度,并将此制度纳入全国专业技术人员职业资格制度统一规划。人事部与建设部共同发布了《房地产经纪人员职业资格制度暂行规定》。配合《暂行规定》的实施,人事部和建设部还同时发布了《房地产经纪人执业资格考试实施办法》。两部门同时发布的文件明确规定,房地产经纪人执业资格考试从 2002 年度开始实施,原则上每年举行 1 次,考试时间定于每年的第三季度,首次于 2002 年 10 月份举行。今后,凡从事房地产经纪活动的人员,必须取得房地产经纪人员相应职业资格证书,并且经注册生效。两部共同发布的《房地产经纪人员职业资格制度暂行规定》明确规定,条文所称的房地产经纪人员职业资格,包括房地产经纪人执业资格和房地产经纪人协理从业资格。未取得职业资格证书的人员,一律不得从事房地产经纪活动。国家人事部和建设部共同负责全国房地产经纪人员职业资格制度的政策制定、组织协调、资格考试、注册登记和监督管理工作。

(一) 房地产经纪人资格考试的报考条件

凡中华人民共和国公民,遵守国家法律、法规,并具备下列条件之一的,可申请参加房地产经纪人执业资格考试:

(1) 取得大专学历,工作满 6 年,其中从事全国房地产经纪业务工作满 3 年;

(2) 取得大学本科学历,工作满 4 年,其中从事房地产经纪业务工作满 2 年;

(3) 取得双学士学位或研究生班毕业,工作满 3 年,其中从事房地产经纪业务工作满 1 年;

(4) 取得硕士学位,工作满 2 年,从事房地产经纪业务工作满 1 年;

(5) 取得博士学位,从事房地产经纪业务工作满 1 年。

（二）房地产经纪人资格考试科目

房地产经纪人执业资格考试科目为《房地产基本制度与政策》、《房地产经纪相关知识》、《房地产经纪概论》和《房地产经纪实务》4 个科目。考试分四个半天进行，每个科目的考试时间为两个半小时。考试成绩实行两年为一个周期的滚动管理。

（三）《中华人民共和国房地产经纪人执业资格证书》的颁发

考试合格者可以获得由国家人事部、建设部共同用印的《中华人民共和国房地产经纪人执业资格证书》，证书在全国范围内有效。取得房地产经纪人执业资格，是进入房地产经纪活动关键岗位和设立房地产经纪机构的必备条件。所以，房地产经纪人应具有一定的房地产经济理论、相关经济理论水平和房地产专业知识；能熟练掌握和运用与房地产经纪业务相关的法律、法规和行业管理的各项规定；熟悉房地产市场的流通环节，熟练实务操作技能；熟悉市场行情变化，有较强的开拓能力，能创立和提高企业的品牌；具有一定的外语水平。

三、房地产经纪人的作用

房地产是一项投资大、生产周期长、交易程序复杂、竞争激烈的行业。由于房地产具有占有资金数额大以及不可移动的特性，使得房地产这个特殊商品不能像其他商品那样以“物流”的形式进行销售。开发商由于不了解市场，找不到买主而无法出售地产，顾客因难以了解房地产商品的真实情况而徘徊等待。供与求双方之间不能像其他商品那样直接面对面地了解，因此，从事居间活动的房地产经纪人就有了市场。另外，房地产买卖的手续较为复杂，需要借助知识全面、训练有素的房地产经纪人为双方提供服务。

西方发达国家的经验表明，房地产业的发展和成熟必须有一大批水平较高的中介机构及经纪人活跃在房地产交易市场，促使房地产交易市场健康有序地发展。

房地产经纪人在房地产交易中的重要作用表现为:

(一)为交易双方提供和传播房地产信息

房地产经纪人的居间活动就是为交易双方提供信息,即为开发商寻找客户,为客户提供房源信息。经纪人的中介过程就是供求信息的汇集和交流的过程,同时又是宣传房地产知识的过程。

(二)房地产经纪人具有专业优势

房地产经纪人的优势在于了解市场,熟悉政策,懂得各类物业的特点。在中介的过程中进行信息交流,可以弥补房地产交易中因物业不能流动的特性而带来的交易困难。同时,由于经纪人掌握丰富的市场信息,加之渊博的专业知识以及良好的执业信誉,运用其经验丰富的谈判技巧及公关手段,往往可以协调双方,解决矛盾,排除困难,最终促使交易成功。

(三)代办交易及各项具体事务

房地产交易涉及许多专门知识,涉及的事务性手续也较为复杂,如房地产抵押贷款、房地产产权登记、房地产税费等。房地产经纪人可以利用自身掌握的有关知识、信息和经验,为房地产双方代办上述事务,还包括代办产权过户登记、代办抵押贷款、代交税费、代签合同,甚至可以代为客户联系室内装修、室外绿化,代购家具等服务。由于房地产经纪人参与了交易活动,本来复杂的手续很轻松地就办妥了,使得开发商省力、省心、省时,也使得购房客户支付较少费用却得到了专业服务,对交易更为满意。

(四)可以有效地规范房地产交易市场

房地产经纪人是精通房地产交易各环节的行家,由经纪人代理房地产交易,就能严格按照规定的程序去办理各种手续,给交易双方带来方便,而且可以起到规范房地产市场的交易行为,促进房地产交易健康发展。

四、房地产经纪人的业务内容

房地产经纪人是购房过程中的一个连接者，起着非常重要的作用，房地产经纪的服务内容非常广泛。房地产经纪人可以参与房地产买卖、租赁、置换、抵押、典当等各种经纪业务，也可以提供与房地产交易有关的政策、项目、工程、管理咨询等业务。

（一）房地产交易代理

房地产交易代理是目前我国房地产经纪人或机构的主要经纪业务。房地产交易代理包括房地产转让代理、房屋租赁、房屋置换代理等。

（二）房地产信息服务

房地产经纪人利用自身了解市场、熟悉市场的优势，收集有关房地产信息，包括开发商、开发项目，开发项目的设计、质量、工期，开发项目的所处位置和四周环境以及房源信息、价格信息等。特别是房屋置换代理业务量与日俱增，经纪机构掌握房源信息，熟悉待置换房源的情况，掌握一批现有的或潜在的客户，这些都是房地产经纪人利用信息为交易双方服务的优势。

（三）代办各种交易事务

房地产经纪人代办各种交易事务，办理各种权证，代交税费，甚至代签合同等，使交易双方更方便、更轻松。

（四）提供房地产咨询服务

房地产经纪人可以提供房地产咨询服务，从房地产开发项目立项、可行性研究、项目评估，到开发项目投资分析及开发项目的技术咨询、项目管理、物业管理等。

在现实运作中，房地产经纪往往与房地产咨询在业务内容上有交叉和重叠部分。例如，两者在服务内容上的交叉是信息服务。如果从理论上判别二者的区别，则咨询业务往往是客观地经营信息和技术，如通过热线电话或当面垂询有偿信息、接受委托进行项目可行性研究和市场调查与预测,并提供专业技术报告;而经纪业务则侧重于代理,或代表委托人的利益进行有偿信息服务。房地产经纪人参与房地产交易活动的主动性和深度往往较房地产咨询人员更强。

第三节 劳动力经纪人

一、劳动力经纪人的概念

劳动力经纪人是指为劳动力供求双方提供居间或代理服务并收取佣金的公民、企业法人和其他经纪组织。在我国劳动力市场中,劳动力经纪人主要是各类职业介绍机构。劳动力市场主要通过劳动力供求信息来引导劳动力的流动。由于劳动力供求信息相对分散的特点,使得供需之间不能有效地衔接,因此,必须有劳动力经纪人作为中介,对供需信息进行专门的收集、加工,并为供需双方提供居间或代理服务,从而使劳动力资源得到有效的分配和利用。

二、劳动力市场的特点与作用

(一)劳动力市场的特点

劳动力市场不同于其他物质生产要素市场,其根本区别在于,劳动力永远附着在劳动者身上,劳动力和劳动者是客体与主体的有机统一。因此,在劳动力市场上的劳动力所有权并没有随市场交易而发生转移,所发生的仅是劳动力支配权的转移。具体表现在:

1. 劳动力市场供求关系存在于整体社会生产过程中

即使是脱离生产过程,劳动者仍要生存,社会、企事业单位也必须给予适当的福利性照顾,因而这种关系维系时间长,各种影响因素很多。

2. 劳动力的生产周期长，培育费用高

劳动者必须符合《劳动法》所规定的年龄，才能上岗进行具体劳动。因此，现实劳动力的培养不仅需要很长的时间，而且需要花费较高的维持和培养费用。

3. 劳动力市场的竞争遵循优胜劣汰的规律

在劳动力市场竞争中，强者优先被用人单位选择上岗，而弱者往往连工作、生活都会发生问题。因此，政府、社会必须通过宏观调控政策，对劳动者给予保护、帮助、培训、指导，以提高其职业素质和就业能力。特别是在劳动力市场供大于求的情况下，要通过就业训练这个“蓄水池”把劳动力储存起来，进行有针对性的培训，提高其素质。当劳动力市场出现新的要求时，可及时为用人单位提供素质合格的劳动者。由此可见，虽然劳动力的市场调节占主导地位，但政府也扮演了非常重要的角色。

4. 工资作为劳动力商品的价格，是调节劳动力市场供求关系的主要杠杆

劳动力市场的供求存在总量和结构之间的均衡关系。根据宏观经济的状况，劳动力的总需求量和供应量会发生不平衡的情况，如果劳动力的需求量大于供应量，则劳动力的工资水平将上升，反之亦然。一般而言，用人单位根据其职业性质与特点对劳动者生理、心理、知识技能、职业道德等均有特定的要求，因此在劳动力市场上就会出现两种情况：一方面，劳动力供大于求；另一方面，素质合格的劳动力又供不应求，这就是所谓的劳动力结构性失衡，这自然将导致那些供不应求的岗位的工资上升。

基于以上这些特点，政府就有必要进行适当的职业指导，通过中介服务手段，对劳动力增量与存量进行合理调整，使劳动力供求双方达到均衡，从而与其他生产要素实现最佳配置，尽可能做到劳动力流动与稳定相对平衡，劳动力结构变动与产业结构变化相互

适应,从而促进劳动力市场健康发展,保持劳动关系协调,为经济发展创造良好的条件。

(二) 发展劳动力市场的作用

1. 发展劳动力市场,加快建立和完善市场就业机制,是社会主义市场经济体制的客观要求

劳动力资源是我国最丰富的资源,通过对其开发利用与合理配置,建立和完善符合国情和国际惯例的劳动力市场就业机制,在我国就显得尤为重要。

2. 加快劳动力市场的发展,建立市场就业机制,是解决我国就业问题的战略措施

当前及今后相当长一段时期内,我们将持续面临劳动力供大于求的矛盾。从劳动力供给看,我国的就业压力很大;从劳动力的需求看,国有和集体企业就业需求明显不足,不仅不能扩大就业,反而还有大量富余人员释放出来。因此,劳动力市场的发展和市场就业机制的形成,是解决我国就业问题的战略措施。

3. 加快劳动力市场的发展,建立和完善市场就业机制,是解决国有企业下岗职工再就业的重要环节

在市场经济条件下,就业与否实际上是不同素质劳动力的竞争和置换。国有企业下岗职工基本生活保障和再就业工作二者紧密联系,不可分割。再就业问题实际上也为加快建立和完善市场就业机制提供了一个难得的契机,实现企业用人机制和劳动力就业机制的转换,实现劳动力结构的调整和劳动力素质的提高,这是当前做好国有企业下岗职工基本生活保障和再就业工作的一项紧迫任务。

4. 培育、发展劳动力市场,从根本上解决国家、企事业与劳动者之间的关系

企事业和劳动者在劳动关系中处于主体平等的地位。按照市场机制运行规律,国家应成为市场运行的监督者、协调者和服务

者，对劳动资源实行市场配置，更好地发挥企事业和劳动者双方的积极性、主动性，从而有力地推动社会生产和各项事业发展。因此，培育、发展劳动力市场，可以从根本上解决国家、企事业与劳动者之间的地位问题。

三、劳动力经纪人组织的分类

在我国劳动力市场上从事职业中介工作的主要组织有以下几类：

（一）人才流动服务中心

1. 人才流动服务中心的职能

人才流动服务中心主要是为了促进科技专业人员合理流动和调剂人才的余缺而发展起来的，其职能主要有：

（1）提供人才智力信息服务；

（2）调节人才结构，搞好综合人才开发；

（3）开展人才培训和职业测评服务；

（4）代理委托保管档案和社会保障事务业务。

2. 人才流动服务中心的形式

人才流动服务中心服务的形式主要有日常型和集市型两种：

（1）日常型人才市场。日常型人才市场有固定的场所，开展经常性的人才交流服务。其主要业务有：接待用人单位和各类人才的来信来访，办理求职登记、职业介绍、人事档案管理、信息储存、人才培训等工作。

（2）集市型人才市场。集市型人才市场则通过定期举办人才交流大会、交易会、洽谈会等来组织人才交流，主要为完成某项特殊任务而举办，如大中专毕业生落实就业单位等。

（二）内资职业介绍机构

内资职业介绍机构是劳动力市场的中介服务组织，是为用人单位和劳动者双向选择提供信息、场地、咨询、指导、登记和有关代理等服务的工作机构。我国目前的职业介绍机构既有由劳动保障部门主办的，也有由其他组织和公民个人承办的。除国家有特别规定的以外，法人、其他组织和公民都可以依法开办职业介绍机构。

1. 职业介绍机构的业务内容

（1）为求职者求职和用人单位招用人员进行登记；

（2）为求职者提供用人信息、择业指导、求职咨询和介绍用人单位；

（3）为用人单位提供劳动力资源信息、招用方法、国家规定的招用标准等咨询服务和推荐求职者；

（4）指导当事人依法签订劳动合同；

（5）向社会提供劳动力的供需、报酬等信息；

（6）开展互联网职业信息服务；

（7）经劳动保障行政部门批准组织招聘洽谈会；

（8）经劳动保障行政部门核准的其他服务项目。

2. 职业介绍机构的禁区

职业介绍机构必须依法从事职业介绍活动，不得有下列行为：

（1）超出核准的职业介绍业务范围；

（2）提供虚假信息；

（3）为未满 16 周岁的未成年人介绍职业；

（4）超标准收费；

（5）为无合法证照的用人单位或者无合法身份证件的求职者进行职业介绍活动；

（6）为求职者介绍法律、法规禁忌从事的职业；

（7）以暴力、胁迫、欺诈等方式进行职业介绍活动；

（8）伪造、涂改、转让有关批准文件。

3. 内资职业介绍机构的类型

职业介绍机构分为赢利性职业介绍机构和非赢利性职业介绍

机构。其中,非赢利性职业介绍机构包括公共职业介绍机构和其他非赢利性职业介绍机构。

(1) 公共职业介绍机构。公共职业介绍机构是指各级劳动保障行政部门举办并承担公共就业服务职能的公益性服务机构。公共职业介绍机构使用全国统一标识。公共职业介绍机构免费提供以下服务:

① 向求职者和用人单位提供劳动保障政策法规咨询服务;

② 向失业人员和特殊服务对象提供职业指导和职业介绍,其中,特殊服务对象是指残疾人、享受当地最低生活保障待遇的人员、退出现役的军人和随军家属、当地政府规定的其他就业困难人员或需特别照顾的人员;

③ 推荐需要培训的失业人员和特殊服务对象参加免费或部分免费的培训;

④ 在服务场所公开发布当地岗位空缺信息、职业供求分析信息、劳动力市场工资指导价位信息和职业培训信息;

⑤ 办理失业登记、就业登记、录用和终止、解除劳动关系备案等项事务;

⑥ 劳动保障行政部门指定的其他有关服务。

(2) 赢利性职业介绍机构。赢利性职业介绍机构,是指由法人、其他组织和公民个人举办,从事赢利性职业介绍活动的服务机构。

开办赢利性职业中介机构或者兼办职业中介业务的,应当具备下列条件:

① 有明确的机构名称、章程、业务范围和管理制度;

② 有与所开展业务相适应的固定场所、资金和设施;

③ 有2名以上熟悉劳动法律、法规和政策业务并经劳动保障行政部门考核合格的职业中介经纪人员;

④ 法律、法规规定的其他条件。

（三）外资职业介绍机构

设立中外合资、中外合作职业介绍机构应当经省级人民政府劳动保障行政部门和省级人民政府外经贸行政部门批准，并到企业住所地工商行政管理部门进行登记注册。除此之外，申请设立中外合资、中外合作职业介绍机构还应当具备下列条件：

（1）申请设立中外合资、中外合作职业介绍机构的外方投资者是从事职业介绍的法人，在注册国有开展职业介绍服务的经历，并具有良好的信誉。

（2）申请设立中外合资、中外合作职业介绍机构的中方投资者是具有从事职业介绍资格的法人，并具有良好的信誉。

（3）拟设立的中外合资、中外合作职业介绍机构应具有不低于30万美元的注册资本，并至少有3名以上具备职业介绍资格的专职工作人员。该机构必须有明确的业务范围、机构章程、管理制度，拥有与开展业务相适应的固定场所、办公设施，主要经营者应具有职业介绍服务的工作经历。

（四）境外就业中介机构

随着我国对外交流的不断加强，居民因私出境探亲、留学、定居和从事商务等活动的人数不断增多。为了方便居民的出境活动，一批出境中介机构相应成立。在这些出境中介机构中，境外就业中介机构占据十分重要的地位。

四、劳动力经纪人的任职资格

根据有关法律、法规和政策制度，对从事职业中介业务的劳动力经纪人的任职资格有如下规定：

（1）有较强的事业心、责任感，热爱职业中介工作；

（2）熟悉有关劳动就业的法规与政策，掌握劳动力市场供求信息，了解职业分类和职业特征；

（3）具有与职业中介工作相关的心理、教育、社会等学科知识；

（4）具有相应的文化水平；

（5）经过相应的法律、法规和政策业务培训并考核合格，持有相应的资质证书。

五、劳动力经纪人的主要职能

劳动力经纪人主要从事职业中介业务。职业中介业务包括收集、发布职业供求信息，为用人单位招聘人员和劳动者求职提供中介服务，沟通供求双方的相互联系，缩短求职、招聘时间，并通过信息发布调节劳动力市场供求关系。其主要职责是：

1. 相关法规宣传

劳动力经纪人要向求职的劳动者宣传国家有关劳动就业的法律、法规和有关政策，使他们了解、熟悉国家的有关法律、法规和政策，并把它们运用到求职、招聘的双向选择中，指导供需双方依法办事，强化双方的法制观念。

2. 提供业务咨询

劳动力经纪人应向求职的劳动者和用人单位提供本地区有关咨询服务，协调劳动力供求双方的相互关系，组织求职的劳动者和用人单位开展各种形式的交流活动，加深双方的相互了解，提高职业介绍工作的效率。

3. 就业指导

劳动力经纪人要指导求职劳动者依法确定劳动关系，维护自身的合法权益，开展针对劳动者自身素质和个人特点的各种科学的测试工作，并对其自身的职业能力进行评定，使其能够准确地把握自身特点和条件，选择合适的职业；帮助劳动者了解社会的职业分类和本地区的职业现状，掌握具体的求职方法，确定选择职业的方向，增强自身择业的能力，并向他们提出根据本地区职业分布状况和他本人特点的培训建议，负责向有关就业训练机构做推荐工作;为妇女、残疾人、少数民族人员和转业、退伍军人等特殊人员群体提供专门的职业指导服务。

4. 用人指导

劳动力经纪人还应当指导用人单位了解、掌握和选择招聘方法,确定用人条件和标准。

5. 创业指导

劳动力经纪人对从事个体劳动和开办私营企业的劳动者,应提供开业和生产经营方面的咨询服务。

6. 协同服务

劳动力经纪人还要负责就业管理、失业管理和就业训练等方面的工作联系,督促招用人员单位及时办理录用登记备案和社会保险,并对就业训练机构的培训方向、训练规模及专业设置等提供指导。

第四节 文化经纪人

一、文化经纪人的概念

文化经纪人是指在文化娱乐、演出、文物、美术、电影、录音录像、图书报刊等市场上为供求双方提供居间、代理等中介服务并收取佣金的公民、企业法人和其他经济组织。

文化产业已成为全球一个新的经济增长点,必将成为中国未来的优势产业。目前,文艺演出、电影电视、图书音像、文化娱乐、文化旅游、艺术培训、艺术品生产经营等多种活动已全面融入现代社会生活之中。但是,我国的文化产业尚处于起步阶段,文化市场机制不健全,文化法制建设和管理还比较落后。我国加入 WTO 后,文化市场准入领域也必将逐步扩大。在这种形势下,培养具有远见卓识的文化工作者,尤其是文化经纪人已经成为当务之急。

二、文化经纪人产生的原因

(一)文化市场是文化经纪人产生的客观基础

文化经纪人的产生需要有一定的客观基础,没有文化产品的生产和交换,没有文化市场的产生、形成、存在和发展,就没有文化经纪人的产生。总之,文化市场的存在和发展是文化经纪人产生的客观基础。改革开放以来,随着我国经济的高速发展,经济建设的高潮必然带来文化建设的高潮,市场经济的迅速崛起带动了文化产业的快速发展。由于文化日益成为一种不可缺少的精神享受,人们对文化的需求也快速增长,导致文化产业化趋势逐渐加快。文化产业以市场为导向,从文化形成到文化交换直至文化价值实现的全过程,均应当按照市场规则经营并接受市场经济规律的调节。根据文化产业发展的规律,文化市场的繁荣必然带来对经纪人的旺盛需求。

(二)文化经纪人适应了文化形式多样化和文化需求多层次性发展的要求

在我们的社会里,由于经济状况、环境条件、自身修养及情趣、爱好的不同,人们对文化的需求内容和层次也各不相同。满足人们对不同文化内容和层次的需求,需要借助文化经纪人的有形之手,建成具有我国特色的文化市场体系和与之相适应的文化服务形式及内容,这样既能体现格调高雅的文化内容,又能满足通俗流行的大众需求;既有欣赏性的文化表演,又有自娱性的大众消费。从文化内容到形式的多样化和多层次性的需求而言,只有通过不同的渠道和不同的方法,经过文化经纪人的不断探索、改革和创新,才能最大程度地满足文化市场的需要。

(三)多元化文化经营主体的形成需要文化经纪人的参与

我国文化消费的高档化和奢侈化向多层次服务对象发展的态势,改变了长期以来文化消费低档大众的产品和项目设置不够合理的状况。但又因为服务目标和价格定位脱离国情，缺乏大众自主性文化消费的内在动力。由于文化经纪人的推动，文化市场逐渐形成了以市场为导向、以不同层次大众文化为消费主体的良性循环局面，反过来又为创造多层次的经纪人主体奠定了基础。

文化市场的发展同样也吸引了越来越多的投资者、经营者，国企、私企、外企和个人纷纷跻身其中。文化产业经营主体的多元化有利于市场竞争局面的形成，为文化经纪人的市场拓展打开了空间。

（四）文化产业的蓬勃兴起为文化经纪人的发展创造了良好环境

中国文化市场的发育和发展迫切需要文化经纪人，可喜的是，目前在中国文化经纪人中，已经悄然兴起比较正规的中介机构。但是，不可回避的事实是，文化经纪市场目前仍然严重缺乏高水平的文化经纪人和中介机构。因此，从产业发展的客观趋势上看，非常有必要大力提高文化经纪人素质和发展文化经纪中介机构，并使之尽快规范和成熟。

三、文化经纪人的职能和作用

（一）文化经纪人的职能

在市场经济条件下，文化经纪人的一般职能主要有以下三个方面，即文化信息服务、中介服务和代理服务。

1. 文化信息服务

文化信息服务是文化经纪人的一项基本职能。在市场经济条件下，信息就是生命。文化经纪人的信息服务一般包括信息收集、信息处理和信息传递。

（1）信息收集。信息收集是信息服务的准备阶段。作为文化经纪人，应及时收集有关方面的各种信息资料，并加以有效贮存和及时更新。没有信息资料的收集，就谈不上信息服务。因此，文化经纪人都极为重视相关信息资料的收集和贮存。

（2）文化信息处理。文化信息处理是信息服务的必要保证。在收集的信息当中，一般都是杂乱无章的，有的甚至是矛盾的。因此，必须对所收集的信息进行必要的整理。

（3）文化信息传递。文化信息传递是信息服务的关键阶段，也是实质性的服务阶段。在这一阶段，文化经纪人需要将收集和处理的信息资料传递到需要这些信息资料的客户手中，及时完成应尽的职责。

2. 中介服务

文化经纪人的中介服务是创造价值的服务性劳动，通过中介服务，可以提高文化市场的整体效益，促进文化市场经济的正常运行，活跃和繁荣文化市场。

（1）文化经纪人的中介服务突出表现在提高了市场的组织化程度。由于文化市场主体众多，组织化程度低，文化经纪人的介入能够使文化市场秩序规范化、合理化。

（2）文化经纪人的中介服务提高了文化市场交易效率，降低了文化市场交易费用。文化经纪人以其熟练的专业知识和社会化服务，发挥自身的信息和知识优势，为供需双方穿针引线，牵线搭桥，沟通信息，从而活跃了流通，降低了市场交易费用，大大节约了社会劳动。

（3）文化经纪人进一步扩大了文化市场交换的广度和深度，深化了文化市场的社会分工，促进了文化资源配置的优化，有效地为文化信息传播提供了有利条件。

（4）通过文化经纪人的中介服务，提高客户的知名度，为客户树立良好的社会公众形象，使客户的形象社会化。

3. 代理服务

文化经纪人的代理服务是按照文化委托人的授权，代表文化委托人进行一系列活动的行为，由此而产生的权利和义务直接对文化委托人发生效力。

(1)通过文化经纪人的代理服务,可以使代理的文化活动合法化。凡属于民事法律不允许的文化活动范围,文化经纪人依照法律规定,可以拒绝文化委托人所委托的非法性文化活动,净化文化代理服务市场。

(2)文化经纪人的代理服务可以明确双方的权利和义务。文化经纪人是以被代理人的名义实施文化经纪活动的,所产生的经济行为后果直接由被代理人承担,但代理行为必须是在授权范围内的行为。

(3)文化经纪人在进行代理服务活动时,可以在授权范围内独立表现自己的意志,使文化经纪活动呈现出个性化特点。

(二)文化经纪人的作用

文化经纪人的作用是由文化市场的特点所决定的,反映在文化市场的形成、生长、发育、完善的过程中。各类专业文化市场是文化市场的组成部分,文化经纪人的作用就是由这些各不相同的专业市场的作用构成的,但这些作用的效果又不是简单的相加。文化经纪人的作用主要体现在以下几个方面:

1. 合理调整社会文化资源

分析一个文化市场合理与完善的标志就是其能实现文化资源的合理配置。在现实社会中,文化市场及其交易总会受到或多或少的负面影响,而欲减少负面影响,除了通过健全、完善的法律法规外,文化经纪人的作用也是不可忽视的,其作用及其效果绝非法律法规所能替代。对社会文化资源进行配置,文化经纪人能起到特殊的调节作用。他们可以组合各种社会文化资源,以社会效益主导经济效益,让文化的内在价值融入各类文化产品之中。

2. 文化市场发展阶段的催化剂

众所周知,我国的文化市场经济还处在发育的初级阶段,还没有形成一个统一的大市场,因而普遍存在的是市场分裂和市场割据的局面，这种状况不利于文化市场的发展完善。所以，文化经纪人的存在不仅是必要的，而且还可以成为促进文化市场发展的催化剂。因为文化经纪人能够把分散的、独立的个别市场连结起来，适应市场的需要，促进社会主义文化市场的发展和完善。

3. 推动文化市场的个性化发展

文化创作总是强调个性化、创作自由和风格的惟一性。每位文化创作者都渴望公众对其作品充分理解。这就是说，在狭义的创作过程之外，还存在有中介的再创造空间。文化经纪人的任务就是把文化创作者的活动进行市场推广，经纪人运作本身就是一系列颇有远见的创意的结果。艺术作品可以具有多重价值，强调艺术家个人的特殊表达方式是适应现代文化发展的趋势。

4. 世界文化交流的桥梁

随着我国加入 WTO，外国的文化资本和文化产品会越来越多地进入我国，国际文化交流与合作将更加活跃，国际间不同文化的相互渗透将更加激烈，大量精神文化产品、社会政治理念、道德价值观念等将输入我国。对此，我们在保持中华文化优秀传统的前提下，既要吸收外来文化精髓，又要消除腐朽文化的侵蚀，因此，需要大量的文化经纪人，通过他们的工作，在世界范围内提高我国文化产品的市场竞争力和市场占有率，向世人展示中国文化的巨大魅力。

5. 促进服务业的发展

文化经纪人的发展表明了我国文化市场的兴起、发展和繁荣，文化市场属于服务业，所以，文化市场的兴起和发展必然也是服务业的发展。文化经纪人的发展不仅带动了消费需求的增加，而且使这一行业的相关从业人员大为增加，减轻了国家的就业压力。文化产业所创造的利润，包括上缴国家和地方财政的利税，在服务业中是名列前茅的。不仅如此，文化产业在经纪人的推动下，还会带动餐饮业、旅游业等相关行业的发展。另外，文化经纪人的发展还可以在吸引外商投资和凝聚各方面人才等方面起一定的作用，间接地带动其他行业的发展和壮大。

6. 优化文化市场的再循环

文化经纪人往往掌握大量充分而又准确的各种文化信息，拥有网络式的社会关系和各种社会联系以及必备的公关技巧和灵敏的嗅觉。他们能够架设起一条非常坚实的桥梁，这座桥梁通过异乎寻常的方式把社会对文化的需求联系起来，迅速满足文化消费的需求，并且为文化产品及其服务的提供者及时调整结构和方向。

7. 有机地将艺术与商业结合起来

在商品经济条件下，艺术创作和文化产品均是社会产品的组成部分，具有价值和使用价值，因此需要体现其经济利益。没有文化经纪人的努力，文化活动如何能够实现交换？如果没有商业的交换行为，文化经纪人又何以确定文化产品的价格？又怎能获得自己的经济利益？对文化经纪人来说，文化产业首先是商业经济的一部分，其次才是艺术，没有艺术价值的东西在文化市场上生存的可能性为零。

四、文化经纪人的一般操作规程

由于文化内涵的广泛性，使不同的文化经纪人有着不同的一般操作规程，但他们都必须遵守经纪人的基本原则。虽然我们不可能详尽地说明所有文化经纪人的一般操作规程，但不同工作范围的文化经纪人的一般工作思路都有共同之处。

（一）项目的确定

文化经纪人所选择的文化项目一般来自于自己开发、民间邀请和政府委派三大类。文化经纪人根据市场经济原则，选择有利可图的项目，在为社会提供文化产品的同时，实现自身利益的最大化。从赢利情况看，自我开发的和民间邀请的项目大多利润比较丰厚，政府部门的委托项目大多赢利较低。但是文化经纪人往往从长远的目标出发，不会因为利益较少而放弃，这不仅因为接受政府机构的委托是一种崇高的荣誉，而且因为经纪人可以通过委托任务的完成，与政府机构建立良好的合作关系，提高经纪人的知名度，为将来的经纪活动奠定良好的基础。

（二）计划的安排

当文化中介项目一经确定下来，文化经纪人必须拟定一个详尽的计划，包括项目执行过程中的各个方面，主要包括：

1. 环境选择

环境选择的好坏优劣是整个项目成败的前提。经纪人在选择环境时，既要考虑项目推广的效果，又要考虑项目推出所要增加的投资。

2. 项目评估

文化经纪人在确定项目种类和数量的情况下，必须对成本开支的高低进行评估，精心安排项目的顺序。这项工作如果处置不当，便会增加项目成本。经纪人必须仔细筹划，认真分析，尽量做到项目安排周全，使项目的收益大于付出的成本。

3. 计划的监督

在项目计划的执行过程中，文化经纪人必须加强事前和现场的监督，严格把关。要注重文化设计的别出心裁和独具匠心，场景变化适应个性的要求，并与节目的主题相一致，完工时间符合计划的规定。因而，文化经纪人都要对此工作负有责任，除督促相关人员各司其职外，还有必要事事过问，及时检查。

4. 广告和宣传

文化经纪人的成功在很大程度上取决于广告和宣传的效果。经纪人在前期工作准备结束后，切不可忽略广告宣传工作。要充分利用各类大众宣传媒介——电视台、电台、报纸、新闻发布会和各类标志宣传的特色，吸引社会公众的注意力，给他们留下深刻的印象，以争取更多的客户。但是，文化经纪人必须注意广告宣传的适度问题。

(三)经费的筹集

文化项目经费主要来源于赞助费、广告和票房收入三个方面。一般来说,经纪人和企事业单位之间往往保持着密切的横向联系,常常有机会相互提供优惠,企事业单位愿意提供这种赞助的可能性普遍存在。其形式除了作为广告费的支出外,也可能直接购买一部分演出票发给本单位职员。经纪人为客户做广告的方式多种多样,可以是在会场上挂上各种标语,也可以由企事业单位领导出场讲话,甚至为主要演员献花或颁奖。这既能增强企事业职员的荣誉感,增加企事业单位的凝聚力,也能提高企事业的知名度,起到更好的广告效应。

(四)费用的支出

以文艺演出项目为例,其费用支出主要包括场所设备的租金、工作人员的工资、广告费用的支出、交际费、舞台背景的设计和施工费用等。经纪人必须尽量降低成本,提高演出效益。在演出效益许可的情况下,经纪人应注意适当增加相关人员的收入,其数量以略高于社会平均水平为宜,以调动工作人员的积极性。所以,经纪人一定要把握好其中的尺度。

(五)谈判的艺术

文化项目的谈判贯穿于文化经纪人工作的始终。在确定项目伊始,经纪人就要与各主管部门、场所设备的提供者、各类演出人员进行谈判。这项工作一直要进行到整个文化活动的结束。谈判的核心问题是价格问题,即文化经纪人的报价是否为对方所接受。

(六)合同的签订

以文艺项目为例,为保证演出各个环节的良好衔接,文化经纪人必须和有关方面签订合同,包括经纪人与院团机构、剧院场所、音响设备的所有者,与所有演出人员签订合同和契约。其内容包括甲乙双方所必须承担的责任,履约的时间、地点和方式,以及预付定金和违约罚款等条款。

(七) 发展良好的客户关系

文化经纪人的客户有两方面,一是潜在客户,二是现实客户。经纪人均应与他们建立起良好的客户关系,并使这一关系持久、稳定,以求达到长期发展。

第五节 体育经纪人

一、体育经纪人的概念

体育经纪人是指在各类体育活动中,从事居间、行纪、代理等经纪业务并从中收取佣金的公民、法人和其他经济组织。从客户性质上分,有运动员经纪人、体育组织经纪人、体育比赛经纪人等。

尽管"体育经纪人"这一职业在国内尚处于萌芽阶段,但在国外却是由来已久,最早可追溯到19世纪末期,英格兰足球、橄榄球联盟相继出现了职业球员,由于流动机制引发复杂的劳资关系,一些体育机构和个人开始为运动员提供法律咨询,筹划各种比赛,从中提取佣金和劳务费,初步具备了现代体育经纪人的各种功能。1926年,查尔斯·派利为棒球运动员格兰吉谈成了一项价值10万美元的劳务合同,从而成为美国历史上第一位体育经纪人。此后,体育经纪人的发展日趋完善,由向委托人提供全面代理服务阶段逐步转为单项委托代理阶段;此外,业务范围也由代理运动员拓展至组织赛事等领域。随着体育职业化、商业化程度的日益加深,越来越多的体育赛事成为人们关心的热点,体育明星更是成为人们目光追逐的对象,体育犹如一块磁石吸引众多商家纷至沓来,体育经纪人遂成为运动员、赛事组织者以及投资者不可或缺的合作伙伴,其中不乏因杰出成就而备受关注者。

由于体育经纪人在中国还处于萌芽阶段,国内这方面的理论

研究较少,人们对体育经纪人的认识还比较模糊,因此以下几个概念应予明确:

1. 体育推广商(人)

目前进驻大陆的境外经纪公司,比如国际管理集团、香港精英公司、香港新亚体育集团等都喜欢自称“推广商”,同时,国内一些体育报刊也经常将国外个体经纪人,如唐·金等称为“赛事推广人”。“推广”一词来自英文 promte,表示体育经纪人相对于现时回报而言更看重对体育市场的培育及未来的发展,带有很强的投资意味(即把目光放在未来收益上)。因此,体育推广商的最终目的还是为了获取利益,实质上就是体育经纪人。只是相对于中国未成熟的体育市场而言,这种称谓在现阶段更易为人们所接受。

2. 体育经纪公司

在人们的日常口语中,体育经纪人多指个人而言。但从规范的法律意义上讲,体育经纪人既可以是个人,也可以是组织。作为名词或概念,体育经纪人实际上包括了自然人、法人和其他的经济组织,因此经纪公司实际上是“体育经纪人”组织形式的一种。

3. 体育代理人

从法理上讲,代理和行纪行为是应该严格区分的,但在实践中往往混在一起,难以分开,而且国外的经纪行为往往包括了代理。2004 年国家工商局颁布的《经纪人管理办法》在经纪人的定义中明确提出代理与居间、行纪同属于经纪活动的方式,说明经纪的外延中含有代理,而体育代理实际上是体育经纪活动的一种具体形式,亦起到中介的作用。因此,体育代理人应属于体育经纪人。

二、体育经纪活动的内容

体育经纪人是社会分工日益细化后体育人才商品化和体育赛事商品化发展的必然产物。体育经纪活动的内容和范围主要包括:

（1）经纪体育比赛。体育比赛和体育表演的筹划、组织、推广，包括电视转播权、广告代理、特许使用权开发等。

（2）代理运动员。代理运动员的工作合同，帮助明星运动员管理其繁杂的比赛日程、赛事收入、转会谈判、财务收支、社会活动、形象开发、广告制作等事务。

（3）帮助运动员进行投资理财，提供法律和金融等方面的咨询。

（4）帮助解决纠纷。参与解决体育活动和交往中出现的经济、法律等方面的问题，或提供咨询。

三、体育经纪人应具备的条件

体育经纪人是个职业要求较高的新兴行业，不是凭个人兴趣就能干好的。体育经纪人必须具备的基本知识包括法律、业务、形象包装、理财和外语等，更需要讲诚信，有耐心。国家体育总局和国家工商行政管理总局联合发布的《体育经纪人管理办法》规定，体育经纪人资格证书由国家体育总局和国家工商行政管理总局统一制作，统一核发或由其授权的机构核发。

《体育经纪人管理办法》还规定申请取得体育经纪资格的人员应具备以下条件：

（1）具有完全民事行为能力；

（2）有固定的住所；

（3）具有大专（含）以上文化程度；

（4）申请体育经纪资格之前连续三年没有犯罪和经济违法行为。

申请从事体育经纪人业务，还必须掌握国家有关法律法规和政策，具有从事体育经纪活动所需要的基本技能和一定的体育专业知识。具备以上基本条件者，还必须参加国家体育总局和国家工商行政管理总局统一组织的体育经纪人资格考试，合格者才能获得体育经纪人从业资格证书。

由于体育经纪是一项国际性很强的业务活动，因此掌握外语和熟悉业务所涉及国家的背景情况也十分重要。有了语言的支持，可以更容易地拓展业务领域，使自己的交往和工作更为有利。

四、体育经纪项目的组织

体育经纪项目一般以各类体育赛事的中介居多。因此，体育经纪人不仅要选准体育赛事的项目，而且还要对体育赛事的项目策划、项目安排以及项目宣传等进行全过程、全范围的运作。

（一）体育赛事策划

在我国境内近千种的体育赛事中，并非所有的赛事都有商业价值，都有经纪机会。要开展体育赛事经纪活动，首先需要对赛事的市场价值进行基本判断，而体育赛事的市场价值取决于体育赛事的基本情况。体育赛事的基本情况由比赛项目、赛事目的、参赛者、赛事结果的不确定程度、比赛对抗的程度、比赛地点、赛事传播的范围、社会心理预期和关注程度等多方面因素所构成。这些因素的不同状态，决定了赛事的市场价值。对不同赛事的选择会有两种情况：一是无选择立项的赛事，即计划内赛事；二是根据商业宣传需要，设计体育赛事。

1. 计划内赛事

计划内赛事是指人们预先安排的永久性和定期赛事。计划内赛事不需要体育经纪人太多的策划，一般由体育组织和承办机构根据历年经验所确定，举办有一定的规律性。

2. 计划外赛事

除计划内赛事项目之外，还有一些计划外项目，主要是一些中介组织、赞助商或电视台策划形成的赛事。这些赛事只要根据不同管理权限，通过一定的报批手续即可实现。它们往往经过了专业商业策划而有较高的商业价值，因此，这类赛事需要体育经纪人精密地策划。为了举办成功,获取商业价值,必须做大量的前期工作。

3. 赛事选择

体育赛事的选择是经纪人的首要工作。体育经纪人选择赛事的动因主要有两种:一是追求即时获利,二是追求长远效益。如果要追求即时获利,则可根据赛事的基本特点,选择某些社会关注大、传播面广的赛事进行经纪;或是根据赞助商、电视台的需求,自行对计划外赛事进行经纪。如果是追求长远效益,则根据世界及国内项目的发展状况,选择一些稚嫩的项目进行长期经纪,这些项目常因当前市场开发不足而效益较低,但其未来前景却非常好。

(二) 签订赛事合同

体育经纪人的策划完毕后,接下来是到相关体育管理部门了解是否可以申办赛事;如果可以申办,需具备哪些条件。最后,可根据利润最大化的原则,与相关单位进行磋商、谈判,安置好赛事的场地、设备等一系列条件。

(三) 赛事的包装、推广

体育经纪人选择确定了赛事后,还应对所选择的比赛进行精心的"商业包装"和宣传推广,具体包括:正确选择比赛地点,通过体育报刊、网络、电视等传媒,大力宣传赛事目的,宣传赛事的激烈对抗程度和结果的悬念,挖掘此类赛事的焦点、热点问题,进行赛事广告宣传,宣传参赛明星或后起之秀的风采,激发社会认同感,引发社会关注,吸引电视台、赞助商的参与。在开展赛事经纪活动中,争取媒体的宣传合作至关重要,媒体包括报刊、广播、电视、网络等。媒体宣传主要包括前期宣传、中期转播、后期总结分析报道等内容。目前,尤其以电视现场直播最为重要,电视现场直播范围的大小直接决定了赛事商业价值的大小。一场没有电视直播的重要赛事,其商业价值将大打折扣,没有确定转播电视台的赛事,其市场价值也将难以确定,赞助商的介入也将深受影响。

（四）争取赞助商和广告商，开发体育赛事标志产品

在确定了赛事项目并谈妥了制作与转播事宜后，应立即着手寻求赞助商、广告商，销售赛事冠名权、广告权，包括场地广告、电视广告、赛事标志产品广告等。这些都是赛事主办者的无形资产。对这些资产，经纪人应在谈判中明确其归属，对其开发、销售，遵循市场法则，开展市场营销。

1. 争取赞助和广告

企业赞助体育赛事的动机主要是想通过赞助体育比赛实现品牌宣传，这种现象已成为世界潮流。至今为止，世界范围的体育赞助投放量远远大于电视广告、室外广告和印刷品广告的投放量，且效果极佳。

2. 明星效应

体育经纪人必须充分利用明星效应，在此前提下，体育经纪人应根据各种材料来判断本项赛事的电视转播状况，谈判决定该赛事是付费或免费，还是合作开发，或销售电视转播权。

体育经纪人在从事运动员经纪活动时，要十分注意正确处理与媒体的关系。运动员与其经纪人都要认真学习与媒体打交道的办法和技巧，应该充分利用媒体来树立运动员的公众形象，这也是运动员无形资产增值的有效方式。体育明星的形象等作为“无形资产”，也需要不断宣传，不断使用，使之“有形化”。

五、体育经纪人对委托人的服务和管理

体育运动员是体育经纪人活动的中心环节之一，运动员的水平、素质和潜能，关系到体育赛事项目的号召性和可观赏性，这与体育经纪人的利益直接相关。

（一）帮助运动员确定目标

现代竞技体育的发展需要不断挖掘人体的运动潜能，需要运动员不断地向人体的极限挑战。运动训练是一个艰苦的过程，需

要运动员全身心地投入。体育运动员如果没有远大的理想和坚定的毅力,就很难攀登体育高峰。体育经纪人在对运动员的指导过程中,要认真分析运动员的愿望和理想,帮助运动员确定切实可行的目标。只有确定运动员的可行目标,才有使他们可能产生巨大的内聚力,才会自觉地为此努力。这也是运动员取得优异运动成绩的先决条件。

体育经纪人应该注意保证与运动员、教练员和管理人员间的有效沟通,一起进行学习、切磋。在确定了长远目标之后,还要制定相应的阶段目标,以使运动员能够产生和保持强大的内驱力。要通过各种科学的激励手段,激发运动员的训练热情,使运动员保持较高的竞技水平。

(二) 认真对待运动员合理的需求

现代行为科学认为,需要是产生行为的动机。因此,解决运动员的需要是调动他们积极性的重要方法,也是思想工作的重要内容。在现实中,运动员的许多思想问题都与他们的实际需要交织在一起。在运动员的生活管理过程中,体育经纪人绝不能回避运动员的合理需要。在管理工作中,经纪人对运动员的需要应认真分析,有针对性地采取不同对策,对运动员的合理需求,能够解决的要通过各方面努力尽量解决;一时解决不了的,要创造条件尽量解决。体育经纪人在解决对运动员的不合理需求时,要进行耐心教育和引导。

(三) 运动员日常生活的管理

运动员的生活管理是一个十分复杂的问题,涉及众多方面和多种因素。从保持和提高运动员人力资本的角度考虑,运动员的生活管理在体育经纪活动中占有十分重要的地位。从经纪活动的角度进行分析和阐述,运动员生活管理的主要任务,具体包括帮助运动员确定目标、保证有效沟通、加强运动员的思想教育、帮助运动员处理日常事务等。

(四) 科学合理地选择、安排运动员参赛

科学合理地安排运动员参加比赛是提高运动水平的重要一环。对高水平运动员而言,比赛是运动训练必不可少的组成部分。从体育经纪人的角度看,科学合理地安排运动员参赛,不仅可以获得较大的经济效益,而且又能促进和保持运动员技术水平的提高。这就要求从事比赛经纪活动的经纪人,要掌握所有赛事的信息,并且提供给运动员,与所代理的运动员和其教练一起商议,选择和确定他们要参加的比赛。

(五) 做好与比赛相关的服务工作

在体育赛事的实际操作中,运动员参赛的经纪活动还包括许多具体的服务性工作。例如,为运动员预订机票并及时送到运动员手中,联系接送运动员的交通工具,安排好运动员的训练和食宿,参加与比赛有关的技术会议,向运动员解释具体的比赛安排,为运动员领取出场费和奖金,为运动员办理出国参赛手续等。体育经纪人只有做好这些与竞赛高度相关的服务性工作,才能保证运动员专心训练和比赛。

(六) 运动员无形资产的开发

现代体育的特征体现在涉及面广、传播速度快、震撼力强,对人类生活产生着越来越广泛的影响。特别是体育与传媒的紧密结合,极大地增强了竞技体育的观赏价值和体育明星的榜样力量,同时还导致以体育竞赛和运动员为核心的体育广告业和体育赞助业的迅速发展。体育广告可以树立运动员的形象,通过媒体推广企业的产品。运动员为广告提供的载体很多,几乎涵盖了日常生活的各个方面。体育经纪人通过中介活动促使企业与运动员达成广告或赞助协议,一方面,企业可以利用运动员的公众形象推广自己的产品,另一方面,运动员可以获得一定的经济利益。这类经纪活动有利于体育明星无形资产的开发。

（七）运动俱乐部转会的经纪活动

一旦委托人与俱乐部或球队达成了转会意向，转会经纪活动就要紧紧围绕三个相关的合同关系展开。这些合同包括：运动员与原属俱乐部的工作合同、运动员与接受俱乐部的工作合同以及原属俱乐部与转入俱乐部的转会合同。

1. 运动员与俱乐部的工作合同

职业体育俱乐部或球队是按企业方式进行运作的，运动员与俱乐部的合同关系，实际上是雇佣劳动关系，运动员与俱乐部的工作合同属于劳动合同。在签订这类合同时，必须遵守劳工方面的法律。从事转会中介活动的体育经纪人要为自己的委托人制定这类合同。在确定委托人的工作合同时，经纪人必须明确规定运动员的工资、出场费、奖金、津贴等报酬和其他福利的计算办法和数额。一般情况下，还要明确应该享有的休息时间（假期）、医疗保险等。

2. 原属俱乐部与转入俱乐部的转会合同

根据职业体育的国际惯例，职业运动员与原属俱乐部终止工作合同，如需要加入新的俱乐部，均应由原俱乐部与接受俱乐部签订转会合同。转会合同内容主要包括经济利益关系和俱乐部与球员的义务。从法律性质上看，转会合同是一种民事合同，在进行运动员转会的经纪活动时，重点要确定转会合同中的具体细节，其中最重要的部分包括以下几个方面：

（1）转会费数额。一般情况下，接受运动员的俱乐部必须向运动员原属俱乐部支付一定数量的转会费。体育经纪人的重要职责之一就是要协调各方面的关系，确定各方都能接受的转会费数额。如果转会费数额过高，就会妨碍运动员在各俱乐部之间的流动；如果转会费数额过低，也要损害俱乐部对运动员进行培训，提高其运动技能的积极性。

（2）双方的权利和义务。

(3) 转会的具体生效日期。

(4) 转会经纪活动的收益处理。

运动员的转会费与运动员的报酬是两个不同的概念。转会费体现的是运动员本身的价值,而报酬体现的是运动员提供劳务的价值。转会经纪活动获得的佣金与转会费基本上没有关系,但是与运动员的收入却是高度相关。

六、体育经纪人的管理

体育经纪人管理的根本目的是促进体育经纪人这一新生事物在我国的发展和繁荣。经过规范管理、明确规则,制定必要的法规、制度,进而鼓励推动经纪人发展,对体育经纪人的健康发展、体育经纪市场的培育都是十分重要的。

(一) 体育经纪人管理的类型

国际上,体育经纪人的管理主要是根据体育项目的职业化和发展程度的不同,具体划分为国际体育组织和国家有关部门管理两种情况。

1. 国际体育组织的经纪人管理

一些职业化程度比较高的体育项目,如足球、网球、田径等,都有国际性的体育经纪人管理机构,其中足球由于发展规模最大,情况与田径和网球等又有所不同。

2. 单项体育组织管理

以足球项目组织为例,国际足联设立了专门的经纪人管理部门,并制定了相应的经纪人管理条例,对全行业的经纪人进行宏观管理和指导。国际足球经纪人管理的主要职责是制定本项目经纪人管理条例,包括对所属各国家协会的经纪人管理提出要求,并具有很强的约束力;负责中介国际间,即不同国家协会间运动员转会和比赛事务的经纪人的管理,包括明确经纪人、运动员和俱乐部各方的权利和义务,并实施监督和裁决等。虽然国际足联不具体颁发经纪人执照，但从事国际转会和比赛经纪事务的经纪人必须经各国家协会批准获得执照，然后到国际足联注册以获得国际足联许可证。国际足联既管理运动员经纪人，也管理比赛经纪人，并分别制定了管理条例。运动员经纪人通常以个体经纪人即自然人的身份注册。

（二）体育经纪人管理的基本制度

1. 资格审定制度

体育经纪人从业资格通常是根据申请人的自然条件和专业知识与能力两方面考察。一般说来，对申请体育经纪人的自然条件要求并不十分严格，本国公民或在所在国居住一定时间以上的人，没有犯罪和违反体育法规的记录，具备基本的文化程度（如高中毕业）和一定的经济实力，都可申请从事体育经纪人职业。

此外，体育经纪人一般不能同时在相应的体育组织内任职，也不能与这些体育组织存在伙伴关系。体育组织的官员和雇员必须等原工作结束一定期限后才能申请成为经纪人。

上述条件由国家体育总局和国家工商行政管理总局或其授权的机构进行审定，同时还要对申请人进行经纪人行业资格考试。申请人考试合格后，由国家体育总局和国家工商行政管理总局或其授权的机构核发体育经纪资格证书。

2. 注册登记制度

从事体育经纪活动的申请人经资格认定后，须到相应的体育组织注册或备案，并同时交纳注册费。体育经纪人实行年度注册制度，经纪人须接受年审，并交纳年度注册费。为了保护自身及其成员的利益，许多体育组织规定体育经纪人只有在取得其承认的经营许可证后，方可组织其名下的体育比赛或代理其名下的运动员。

在我国，获得体育经纪资格证书后还须到工商行政管理部门登记注册，以获取营业执照。我国将要出台的《经纪人法》明确规定,从事经纪活动,要接受国家有关机构的管理和监督;经纪人可以组织经纪人协会。

体育行业的经纪人活动应当由国家体育管理部门、国家体育总局以及相关管理部门共同管理。同时,在条件成熟时,还可成立体育行业经纪人协会协助管理。国家体育总局和国家工商行政管理总局共同发布的《体育经纪人管理办法》第四条明确规定:“国务院体育行政管理部门和工商行政管理部门是体育经纪人的主管部门,各级体育、工商行政管理部门应当在各自职权范围内,加强对体育经纪人的业务指导和日常管理监督。”《体育经纪人管理办法》还规定了由国家体育总局和国家工商行政管理总局或其授权的机构核发体育经纪资格证书,取得体育经纪资格证书必须参加国家体育总局和国家工商行政管理总局统一组织的体育经纪人资格考试,国家体育、工商行政管理部门还有责任在各自职权范围内依据法律、法规及《体育经纪人管理办法》对体育经纪人的日常经纪活动进行监督检查,并依据情况进行处理。

(三)体育经纪人的管理制度

国家体育总局作为体育经纪人的行业主管单位,为了使管理更为科学、有效,其管理应分层次、分职权进行。目前,虽然管理体制尚在完善之中,但根据我国的实际情况并参考国际上的经验,对体育经纪人的管理主要应通过体育职能部门、项目管理中心、具体操作部门三个层次进行。具体管理的主要内容包括:对体育经纪人进行资格审定管理,对经纪行为过程的法规管理,对经纪行为的监督管理以及对经纪人的教育和培训。

1. 国家体育总局的管理

国家体育总局从宏观上负责体育行业经纪人的管理,包括:

(1)组织制定和推行体育经纪活动的有关政策法规;

(2)直接或间接授权有关下属部门负责体育经纪人的资格认定和签发体育经纪人资格证书;

（3）指定体育经纪人培训和考试部门，并指导培训和考试的实施；

（4）委托有关部门对体育经纪活动进行监督和对出现的纠纷进行仲裁；

（5）扶持成立有关行业组织，比如体育经纪人协会；

（6）对各项目管理中心的体育经纪人工作进行统筹管理和协调等。

2. 运动项目管理中心

体育项目管理中心是国家体育总局对本项目经纪人和经纪活动实施管理的授权部门，负责本项目经纪人活动的管理，承担总局委托的具体工作和职能，包括：

（1）制定本项目经纪人管理制度和规章，特别是对运动员转会、代理、形象开发以及本项目无形资产代理开发等事项，制定出相关管理规定和办法；

（2）审批和签发本项目经纪人资格证书；

（3）组织本项目经纪人的教育、培训和考核；

（4）对行业经纪人的经纪行为进行监督管理，保护公平竞争；

（5）创造条件开发培育经纪人市场，推动本项目经纪人事业的发展等。

3. 具体操作部门

具体操作部门是指从事具体体育赛事或体育相关活动的部门，他们负责各项体育活动的中介运作管理及监督，是最基础的体育经纪人管理组织。这些组织一般具有民间性质，可以是国内组织，也可以是国外组织，根据管理条例和制约监督机制进行资格审定，以保障国际所承认经纪人的日常运作和经纪人的合法利益。

第七章 经纪人的依法管理

对经纪人依法管理是各级工商行政管理机关的一项基本职能。《经纪人管理办法》第十九条明确规定:“工商行政管理机关应当依据有关法律法规及本办法的规定,对经纪人提供的信息及服务进行监督检查。”因此,各级工商行政管理机关均有权依据法律、法规,对其管辖的经纪人进行监督检查。经纪人应当履行接受监督检查的义务。工商行政管理机关工作人员在履行公务时,经纪人要向工作人员如实反映情况,要提供检查所需要的文件、账册、报表及其他有关资料。《经纪人管理办法》第十九条同时对此进行了明确的规定:“工商行政管理机关依据有关法律法规及本办法对其管辖的经纪人进行监督检查时,经纪人应当接受检查,提供检查所需要的文件、账册、报表及其他有关资料。”

第一节 经纪人的登记管理

《经纪人管理办法》第五条明确规定,各级工商行政管理机关负责对经纪人的登记管理。注册登记管理是工商行政管理机关依法行使职权,对经营主体的筹建、开业、变更、歇业进行审核登记,并对其生产经营活动进行监督管理的工商行政执法活动。

一、登记管理的内容

在市场经济条件下,从事工商营业活动的经营主体都必须接受国家的注册登记管理,这是各国普遍的做法。在我国,随着经济体制改革的深入和市场经济的发展,经营主体越来越多样化,登记管理是国家通过有关机关依法确认市场经营主体资格和法律地位的法定程序。根据有关法律规定，我国的登记主管机关是国家工商行政管理局和地方各级工商行政管理局。从事各类经营活动的主体必须经工商行政管理机关登记注册、领取营业执照后，方可开展经营活动，否则属于违法行为，工商行政管理机关可以予以处罚。注册登记管理主要包括开业登记、变更登记和注销登记。

（一）开业登记

开业登记是指个人或者组织在从事经营活动之前依法向有关工商行政管理机关提出申请，在某行业从事营业活动，办理营业登记手续，工商行政管理部门审查合格后予以核发营业执照的过程。经开业登记后，经营主体的民事主体资格得到确认，其经营活动受到国家和法律的承认和保护。

（二）变更登记

各类经营主体在开业登记后，在经营活动过程中，由于经营的需要或者客观情况的变化，需要改变已经核准登记的主要事项，如名称、营业场所、经营方式等，应当向工商行政管理机关办理变更登记手续。在通常情况下，经营主体在申办开业登记时核准的有关事项，一经核准即具有法律效力，不得随意变更，以维护交易安全和相对人的利益。如果经营主体确因生产经营所需，需要变更有关登记事项，法律也予允许的，应向原登记机关申办改变原登记事项的手续。如擅自改变登记事项的，则属于违法行为，工商行政管理机关可依法予以查处。

（三）停业登记

停业登记是针对个体工商户规定的。工商行政管理机关为个体工商户办理停业手续，称为停业登记。个体工商户因自身经营原因歇业时，应当办理歇业手续，缴销营业执照。停业超过6个月的，由原登记的工商行政管理机关收缴营业执照。个体工商户被责令停业整顿的，工商行政管理机关可以暂时收存其营业执照，整顿合格后则退还营业执照。

（四）注销登记

这是指已经核准登记的各类经营主体由于被撤销、解散、宣告破产或其他原因终止营业，应向登记机关办理撤销注册号、交回营业执照和印章的手续，并将注销登记情况告知其开户银行。

二、注册登记的程序

登记主管机关审核登记注册的程序是受理、审查、核准、发照、公告五个阶段。

（一）受理

申请登记的单位或个人应提交的文件、证件和填报的登记注册书齐备后，方可受理，否则不予受理。

（二）审查

审查提交的文件、证件和填报的登记注册书的真实性、合法性、有效性，并核实有关登记事项和开办条件。

（三）核准

经过审查和核实后，作出核准登记或者不予核准登记的决定，并及时通知申请人。

（四）发照

对核准登记的申请人，登记机关须发给营业执照。营业执照的颁发，标志着登记机关基本完成了登记审批程序，同时，申请人也取得了合法营业的资格和独立的法律地位。

（五）公告

对核准登记注册的企业法人，由登记主管机关发布公告。

三、经纪人注册登记的条件

（一）个体经纪人的设立条件

个体经纪人是指依照《城乡个体工商户管理暂行条例》的规

定，向工商行政管理机关申请设立，以公民个人名义进行经纪活动的经纪人。

凡是字号名称、经营者姓名和住所、从业人数、资金数额、组成形式、经营范围、经营方式、经营场所等符合《城乡个体工商户管理暂行条例》规定的条件，都可以申请注册个体工商户，并成为个体经纪人。

（二）个人独资经纪企业的设立条件

个人独资经纪企业是依照《中华人民共和国个人独资企业法》规定条件的人员，向工商行政管理机关申请设立的经纪企业。

根据《经纪人管理办法》的规定，凡是符合《中华人民共和国个人独资企业法》规定条件的人员，向工商行政管理机关申请，都可以设立个人独资经纪企业。设立个人独资企业应当具备的条件是：

（1）投资人为一个自然人；

（2）有合法的企业名称；

（3）有投资人申报的出资；

（4）有固定的生产经营场所和必要的生产经营条件；

（5）有必要的从业人员。

（三）合伙经纪企业的设立条件

合伙经纪企业是依照《中华人民共和国合伙企业法》规定条件的人员，向工商行政管理机关申请设立的经纪企业。

根据《经纪人管理办法》的规定，凡是符合《中华人民共和国合伙企业法》规定条件的人员，向工商行政管理机关申请，都可以设立合伙经纪企业。设立合伙企业应当具备的条件是：

（1）有两个以上合伙人，并且都是依法承担无限责任者；

（2）有书面合伙协议；

（3）有合伙人实际缴付的出资；

（4）有合伙企业的名称；

(5) 有经营场所和从事合伙经营的必要条件。

(四) 经纪公司的设立条件

经纪公司是依照《中华人民共和国公司法》规定的条件，向工商行政管理机关申请设立的经纪企业。

根据《中华人民共和国公司法》的规定，设立有限责任公司，应当具备的条件是：

(1) 股东符合法定人数(由2个以上50个以下股东共同出资设立)；

(2) 股东出资达到法定资本最低限额(以生产经营为主的公司人民币50万元；以商品批发为主的公司人民币50万元；以商业零售为主的公司人民币30万元；科技开发、咨询、服务性公司人民币10万元)；

(3) 股东共同制定公司章程；

(4) 有公司名称，建立符合有限责任公司要求的组织机构；

(5) 有固定的生产经营场所和必要的生产经营条件。

设立股份有限公司，应当具备的条件是：

(1) 发起人符合法定人数(应当有5人以上为发起人，其中须有过半数的发起人在中国境内有住所)；

(2) 发起人认缴和社会公开募集的股本达到法定资本最低限额(注册资本的最低限额为人民币1 000万元)；

(3) 股份发行、筹办事项符合法律规定；

(4) 发起人制定公司章程，并经创立大会通过；

(5) 有公司名称，建立符合股份有限公司要求的组织机构；

(6) 有固定的生产经营场所和必要的生产经营条件。

四、经纪人登记管理的其他规定

(一) 经纪执业人员执业资格的规定

《经纪人管理办法》第十条的规定："法律、行政法规规定经纪执业人员执业资格的,经纪执业人员应当取得资格。"

(二)经纪组织名称的规定

《经纪人管理办法》第十一条的规定:在各级工商行政管理机关登记核准的营业执照中,"经纪人名称中的行业应当表述为'经纪'字样;经纪人的经营范围应当明确经纪方式和经纪项目"。

(三)经纪组织聘用或解聘经纪执业人员的规定

《经纪人管理办法》第十二条的规定:"经纪人领取营业执照、聘用或解聘经纪执业人员后,应当自聘用或解聘之日起20日内,将聘用合同及聘用的经纪执业人员的姓名、照片、住所、执业的经纪项目、执业记录及解聘合同等资料提交给当地工商行政管理机关备案。"

(四)经纪人经营场所的规定

《经纪人管理办法》第十三条的规定:"经纪人应当将所聘用的经纪执业人员的姓名、照片、执业的经纪项目、联系电话等在经营场所明示。"

第二节　经纪人的行为管理

由各级工商行政管理机关对经纪人实施行为监督和管理,其目的是为了维护市场秩序,规范经纪活动,促进经纪业发展,保障经纪活动当事人的合法权益。

一、经纪人的行为准则

行为是指经济主体为了达到一定的目的而进行的有意识的活动。经济活动中,经济主体的行为有合法与违法之分。这就需要国家通过法律和法规的形式对经济活动主体的行为进行规定,明确告诉当事人应当怎样做,不应当怎样做,违法行为应该承担什么样的法律责任。这种规定就构成了当事人的行为准则。经纪人作为特定的市场主体,因而《经纪人管理办法》对其行为也作出了明确的规定。《经纪人管理办法》第三条规定:"经纪人从事经纪活动,应当遵守国家法律、法规,遵循平等、自愿、公平和诚实信用的原则。"这条是经纪人行为的总原则。只要符合这个总原则,经纪人的合法权益就会得到法律的保护,因此,《经纪人管理办法》第四条又明确规定:"经纪人的合法权益受国家法律法规保护,任何单位和个人不得侵犯。"

有关经纪人在开展经纪业务活动时,应当怎样做,不应当怎样做,违法行为应该承担什么样的法律责任等等,在《经纪人管理办法》中规定得相当明确。

《经纪人管理办法》第十五条规定:"凡国家允许进入市场流通的商品和服务项目,经纪人均可进行经纪活动;凡国家限制自由买卖的商品和服务,经纪人应当遵守国家有关规定,在核准的范围内进行经纪活动;凡国家禁止流通的商品和服务,经纪人不得进行经纪活动。"这一条明确规定了哪些行业经纪人是允许进入的;哪些行业经纪人是限制进入的;哪些行业是经纪人禁止进入的。

《经纪人管理办法》第十七条明确规定了经纪人在经纪活动中应当遵守的行为规则(即具体规定了经纪人应当怎样做):

(1) 提供客观、公正、准确、高效的服务;

(2) 经纪的商品或服务及佣金应明码标价;

(3) 将约定机会和交易情况如实、及时报告委托人;

(4) 妥善保管当事人交付的样品、保证金、预付款等财物;

(5) 按照委托人的要求保守商业秘密;

(6) 如实记录经纪业务情况,并按有关规定保存原始凭证、业务记录、账簿和经纪合同等资料;

(7) 收取佣金和费用应当向当事人开具发票,依法缴纳税费;

(8) 法律、法规规定的其他行为规则。

经纪人不应当怎样做,《经纪人管理办法》也进行了明确的规

定。其第十八条明确规定,经纪人不得有下列行为:

(1) 未经登记注册擅自开展经纪活动;

(2) 超越经核准的经营范围从事经纪活动;

(3) 对委托人隐瞒与委托人有关的重要事项;

(4) 伪造、涂改交易文件和凭证;

(5) 违反约定或者违反委托人有关保守商业秘密的要求,泄漏委托人的商业秘密;

(6) 利用虚假信息,诱人签订合同,骗取中介费;

(7) 采取胁迫、欺诈、贿赂、恶意串通等手段损害当事人利益;

(8) 通过诋毁其他经纪人或者支付介绍费等不正当手段承揽业务;

(9) 对经纪的商品或者服务作引人误解的虚假宣传;

(10) 参与倒卖国家禁止或者限制自由买卖的物资、物品;

(11) 法律、法规禁止的其他行为。

二、违法行为的法律责任

对经纪人违反《经纪人管理办法》第十八条规定的,《经纪人管理办法》还规定了具体的处罚办法。大体上分为两种处罚方式:

(一) 由工商行政管理机关按照有关法律法规及行政规章予以处罚

《经纪人管理办法》第二十二条规定:"如果经纪人违反本办法第十八条第(一)、(二)、(五)、(七)、(九)、(十)项规定,由工商行政管理机关按照有关法律法规及行政规章予以处罚。"

比如,违反本办法第十八条第(一)项规定的,未经登记注册擅自开展经纪活动,其处罚办法就有这样几种:(1) 依据我国《企业法人登记管理条例》第二十九条第1款和《企业法人登记管理条例实施细则》第六十六条第1款之规定,未经核准登记擅自开业从事经纪活动的，责令终止经营活动，没收非法所得，处以 2 万元以下罚款。(2) 依据我国《公司登记管理条例》第七十二条之规定，未依法登记为有限责任公司或者股份有限公司，而冒用有限责任公司或者股份有限公司名义的，由公司登记机关责令改正或者予以取缔，并可处以 1 万元以上 10 万元以下的罚款。构成犯罪的，依法追究刑事责任。(3) 依据《城乡个体工商户管理暂行条例》第七条、第二十二条和《城乡个体工商户管理暂行条例实施细则》第十五条之规定，未经工商行政管理机关核准登记颁发营业执照的，属非法经营，应予取缔，没收非法所得，可以并处 500 元以下罚款。

比如，违反本办法第十八条第(二)项规定，超越经核准的经营范围从事经纪活动的，其处罚办法就有这样几种：(1) 企业法人超出核准登记的经营范围从事经纪活动的，依据我国《企业法人登记管理条例》第三十条规定及其《施行细则》第六十六条第 4 款之规定，视其情节轻重，予以警告、没收非法所得、处以 2 万元以下罚款；同时违反国家有关规定，从事非法经营的，责令停业整顿、没收非法所得、处以非法所得额两倍以下罚款；情节严重的，吊销营业执照。(2) 公司超越核准登记的经纪业务范围的，依据我国《公司登记管理条例》第七十一条之规定，由公司登记机关责令改正，并可处以 1 万元以上 10 万元以下的罚款；情节严重的吊销营业执照。(3) 个体工商户擅自超越核准经营范围的，依据《城乡个体工商户管理暂行条例》第九条、第二十二条和《城乡个体工商户管理暂行条例实施细则》第十六条第 3 款之规定，没收其非法所得，可以并处 20 元以上 500 元以下的罚款。

再比如，违反本办法第十八条第(五)项规定，违反约定或者违反委托人有关保守商业秘密的要求，泄漏委托人的商业秘密的，其处罚办法是：依据我国《反不正当竞争法》第二十五条规定，监督检查部门对其予以责令停止违法行为，并根据情节处以 1 万元以上20万元以下的罚款。

一般而言，只要其他法律、法规已经明确规定违法行为应该承担的法律责任的，在经纪人的行为管理中，工商行政管理机关就要按照有关法律、法规及行政规章执行，予以处罚。

（二）由工商行政管理机关视其情节轻重直接处罚

由于经纪人的经纪活动与厂商的经营活动存在着很大的不同，有其特殊性的一面，因而有些法律、法规及行政规章规定的处罚办法，不一定完全适用于对经纪人的处罚，因此，《经纪人管理办法》第二十三条规定："如果经纪人违反本办法第十八条第（三）、（四）、（六）、（八）项规定，由工商行政管理机关视其情节轻重，分别给予警告、处以违法所得额三倍以下的罚款，但最高不超过三万元，没有违法所得的，处以一万元以下的罚款。"这样，工商行政管理机关对处理类似违法事件时，就直接可以按照这个规定执行。

同时，工商行政管理机关对于违反工商行政管理法规的经纪执业人员的行为，也应当按照有关法规进行处理。对从事违反经纪活动的，法律、法规已有规定的，按有关规定处理；法律、法规没有规定的，由工商行政管理机关根据情节处以警告、没收违法所得、5万元以下罚款、责令停业整顿、吊销营业执照等处罚，并可吊销直接责任人员的经纪资格证书。对于触犯刑律构成犯罪的，移送司法机关追究有关当事人的刑事责任。

第三节　经纪人的信用管理

目前，各类经纪人已广泛活跃在消费品、房地产、文化、体育等各类市场上，但其组织形式、活动方式、行为规范，特别是信用制度建设方面还存在着一些亟待解决的问题。为了加强经纪人的信用管理工作，提高经纪人的信用意识和管理水平，促进经纪行业的健康发展，国家工商总局修订后的《经纪人管理办法》明确规定，今后工商机关将为经纪人建立信用记录，实施信用分类监管，对有违法违规行为的，将向社会公示。这些措施的实施对推动经纪人的信用管理建设无疑将起到积极的推动作用。

一、经纪人信用制度建设的基本内容

信用制度建设，既是政府对企业的一种管理要求，同时也应该是企业的一种自律行为。经纪人只有在日常的经营管理过程中注重自身的信用制度建设，才能在日常的经营活动中有效规避自己的失信行为，最终获得社会的认同。经纪人信用制度建设的基本内容大致包括这样几方面：

（一）重视商业信誉和信用管理工作，强化信用意识和管理水平

（1）有完善的财务管理制度、劳动佣工制度；

（2）有健全的信用管理机构和人员，并有企业主管领导负责日常的信用管理工作；

（3）企业法定代表人和主要负责人的个人信用良好，在政府部门信用信息中没有不良行为记录；

（4）建立法定代表人及单位内部业务人员的法律学习制度。

（二）在订立合同过程中符合法律、法规的规定

（1）建立有资格的从业人员签订合同的管理制度；

（2）有完善的法定代表人授权委托制度；

（3）有规范、完整的合同台账，签订合同规范，实施备案制度；

（4）如实记录齐全经纪业务成交情况，并保存三年以上相关凭证；

（5）依法订立、变更及终止合同。

（三）在履行合同过程中遵守诚实信用的原则

（1）将定约机会和交易情况及时并如实报告委托人或当事人

各方；

（2）妥善保管当事人交付的样品、保证金、预付款等财物；

（3）按照约定为当事人保守商业秘密；

（4）经纪人承办经纪业务，除即时结算外，应当根据业务性质与委托人签订书面合同并载明主要事项；

（5）除不可抗力和对方违约，以及经双方当事人协商变更、解除外，力争合同履约率达到100%。

（四）在生产经营活动中遵纪守法，注重经营信用

（1）提供客观、准确、高效的服务，不提供虚假信息、不做误导人的宣传；

（2）没有侵害消费者权益的违约失信行为，能够积极兑现本单位向广大消费者的承诺，依法解决消费者投诉。

（五）在生产经营活动中银行信用良好、质量信用良好

（1）收取当事人佣金应当开具发票，并依法缴纳税收和行政管理费；

（2）银行信用良好，代收托付制度落实到位；

（3）严格遵守行业标准，落实内部管理制度。

二、经纪人信用管理的主要内容

对经纪人依法管理是各级工商行政管理机关的一项基本职能。按照《经纪人管理办法》的规定，各级工商行政管理机关对经纪人实施信用管理主要包括以下几方面：

（一）经纪人和经纪执业人员的档案管理

对经纪人和经纪执业人员的档案管理，《经纪人管理办法》第十二条是这样规定的："经纪人领取营业执照、聘用或解聘经纪执业人员后，应当自聘用或解聘之日起20日内，将聘用合同及聘用的经纪执业人员的姓名、照片、住所、执业的经纪项目、执业记录及解聘合同等资料提交给当地工商行政管理机关备案。"同时，第十

三条又规定:"经纪人应当将所聘用的经纪执业人员的姓名、照片、执业的经纪项目、联系电话等在经营场所明示。"如果经纪人未按上述两条的规定将聘用的经纪执业人员的情况在经营场所明示,或向工商行政管理机关提交或在经营场所明示虚假经纪执业人员材料,工商行政管理机关可以视情节轻重,分别给予警告、处1万元以下罚款。

(二)经纪人和经纪执业人员的信用记录、信用分类管理

为了加强对经纪人提供的信息及服务进行监督检查,加强对经纪人和经纪执业人员的信用管理,《经纪人管理办法》明确规定:"经纪人和委托人签订经纪合同,应当附有执行该项经纪业务的经纪执业人员的签名。"这样的规定,一方面是为了保证经纪业务的规范性和合法性,保护当事人的合法权益免遭侵害;另一方面,也为评价、考核经纪执业人员的信用状况提供了客观依据。工商行政管理部门在对经纪人的监督管理过程中,一旦发现经纪合同中未附有执行该项经纪合同业务的经纪执业人员的签名,可视情节轻重,分别给予警告、处1万元以下罚款;一旦经纪人出现对委托人隐瞒与委托人有关的重要事项,利用虚假信息诱人签订合同,骗取中介费,通过诋毁其他经纪人或支付介绍费等不正当手段承揽业务等,可处以最高3万元的处罚。

第四节 经纪人协会

一、经纪人协会的性质与功能、作用

经纪人是社会主义市场经济体制的重要组成部分。近几年来,随着改革的不断深入,我国的经纪人行业得到了快速发展。但就当前我国经纪人行业的实际情况而言,就其功能、作用或市场竞争力而言,相对来说,仍然是比较弱的。因此,要加快经纪人的发

展，就必须把政府的适度干预和强化行业自律结合起来。特别是要充分发挥经纪人协会的职能和作用，这也是国外发达市场经济国家在经纪人发展中积累的成功经验。

经纪人协会是依照《社会团体登记管理条例》登记成立的经纪行业的自律组织，它是经纪人自我约束、自我管理、自我服务的行业性、非营利性的社团组织。经纪人协会实行会员制，协会会员一般由团体会员和个人会员组成，会员代表大会是协会的最高权力机构。

我国的经纪人协会目前仍处于起步阶段，如何发挥其功能和作用，是一个需要不断探索的问题。除了自身的实践和探索外，还应当努力学习和借鉴西方发达国家一些成功的经验。西方发达国家经纪人行业协会的功能和作用主要是两项：(1) 信息功能。各经纪人协会大多具有相当健全的信息渠道，为经纪人提供的信息包括市场信息、技术信息、社会和政府情报及信息等，其中以市场信息为主，包括各类经济、金融、供求信息。(2) 协调功能。主要在政府与企业之间、企业与消费者之间以及行业组织内部起到多种协调的作用。如行业协会在协调政府与企业关系的过程中，一方面表现为接受政府的指导，积极参与国家经济社会政策的制定过程，贯彻政府对本行业的政策意图；另一方面通过参与政府政策的制定，影响政府有关政策的形成，并对政府的权力进行某种正常或非正常的制约。在协调内部关系方面，行业协会主要以行业规划、价格和数量、业务指导、市场调查与分析等方面为主，也非常注重与外部关系的协调。此外，行业协会在接受立法机构或政府的委托后，具有对某些行业、某些企业实施非官方的特殊监督职能；各国行业协会还有一项共同职能，这就是对本行业职工划分不同档次，实施培训与再教育。

我们各级经纪人协会应自觉遵守国家的法律、法规和各项政策，遵守社会道德，通过团结、教育、引导本地区经纪人加强行业自律,不断完善自身的建设;应加强经纪人之间的经验交流,沟通业务信息,努力维护其合法权益;自觉协调内外关系,为经纪人的发展创造良好的外部环境和内部条件,促进本地区经纪人健康、有序、快速发展。

二、经纪人协会的主要职责

根据《经纪人管理办法》的规定和我国各地经纪人协会的实际情况,经纪人协会的主要职责大致可以归纳为以下几方面:

(1) 宣传贯彻党和政府有关经纪人管理的方针政策和法律法规;

(2) 制定经纪执业准则,进行经纪执业人员执业道德和执业纪律的教育和检查;

(3) 组织经纪资格考试,颁发经纪执业证书,组织经纪执业人员业务培训;

(4) 反映会员的意见和要求,维护会员的合法权益;

(5) 接受投诉,调解经纪执业活动的纠纷及会员之间的纠纷;

(6) 组织业务交流活动,开展学术研讨,编印发行培训经纪人员的资料和刊物,开展咨询服务,提供国内外市场信息,发展与国内外相关民间经纪组织的友好往来与合作;

(7) 开展经纪行业的情况调查,建立经纪人信用信息管理系统,建立会员奖惩办法,组织行业考核;

(8) 建立经纪行业风险准备金、履约保证金等风险防范机制,营造公平竞争环境,提高行业信誉,保障经纪活动当事人各方的合法权益;

(9) 对会员的违法行为向工商行政管理机关和其他有关行业行政管理部门提出处理意见;

(10) 承担主管部门和有关单位委托的事项,开展有益于本行业的其他活动。

三、经纪人协会的建设

根据经纪人协会的主要职责，我国各级经纪人协会要以党的路线、方针和政策为指导，以推动经济发展为中心，以团结壮大经纪人队伍为己任，以规范经纪行业健康有序发展为目标，依靠全体会员的支持，充分发挥协会自律组织的积极作用，加强协会自身的建设，制定切实有效的措施，尽力履行自身的职责，为经纪行业的发展创造良好的外部环境。

一要接受政府部门的指导，争取社会各界的支持。要按照党的十六届三中全会关于积极发展独立公正、规范运作的专业化市场中介服务机构的要求，在政府部门的指导下，紧紧依靠各会员单位的力量和社会各界的支持，采取积极可行的措施，倡导诚实守信，规范经营，维护行业的整体利益和会员单位的合法权益。同时，要根据行业特点，制定行规行约，建立健全行业自律机制，促进行业公平竞争。

二要加强队伍建设，提高整体素质。要培养一支高素质的经纪人队伍，为社会提供优质、高效的专业化服务。协会要积极发挥自我管理、自我教育、自我发展的“三自”作用，广泛开展职业道德、业务素质的教育培训，紧密结合经纪人行业发展的趋势、业务特点、国际惯例，积极开展多种形式的业务研讨和经验交流。同时，要教育广大经纪从业人员自尊、自爱、自强，依法经营，使各类经纪机构在国家法律法规允许的范围内，按照平等、自愿、公平和诚实信用的原则，相互依存，共同发展。

三要坚持服务宗旨，发挥服务功能。协会应以会员为本，为会员服务是协会工作的宗旨。协会要通过信息交流、业务指导、法律咨询等形式，为会员提供多种有益的服务。要主动解决会员遇到的困难和问题，帮助会员运用法律手段维护自己的合法权益。

第八章 经纪业务营销

第一节 市场营销基本理论

一、市场营销

（一）市场营销的概念

市场营销是一个外来词，英文为 Marketing。在西方国家，对市场营销有宏观和微观两种解释。美国市场学者麦卡锡认为：宏观市场营销是指社会经济过程引导一种经济的货物和服务从生产者流转到消费者，在某种程度上有效地使各种不同的供给能力和各种不同的需求相适应，同时实现社会的短期和长期目标。微观市场营销是指一个组织为了实现其目标所进行的这些活动：预料顾客或委托人的需要，并引导满足需要的货物和服务流转到顾客或委托人。不过，一般我们讲的市场营销都是微观意义上的，即企业的一种活动。美国著名的市场营销专家菲律普·利特勒给市场营销下的定义是："市场营销是企业的这种职能：识别目前未满足的需要和欲望，估计和确定需求量的大小，选择本企业能最好地为它服务的目标市场，并且决定适当的产品、服务和计划，以便为目标市场服务。"

通俗地讲，市场营销是指在变化的市场环境中，企业以消费者的需求为导向，研究如何适应市场需求而提供商品和服务，为获得长远最大利润而开展的整体商务活动，包括市场分析、选择目标市场、产品开发与定位、产品定价、渠道选择、产品促销、产品储存和运输、产品销售、提供服务等一系列与市场有关的企业经营活动。

这些活动不仅在流通领域进行,而且向上延伸到生产领域的产前活动,向下延伸到流通过程结束后的售后服务。

关于市场营销这一概念,必须把握三点:第一,它是以消费者的需求为导向,而不是以企业自己或自己的产品、服务为中心开展活动的,因为产品最终是要接受消费者的挑选和检验,而不是自己消费的。为了做到这一点,企业就必须研究市场,开展市场调查和分析。第二,企业活动的目的是为了获得长远最大利润,当然,这可以通过树立良好的企业形象,获得良好的社会效益,或通过创出名牌产品或名牌企业等来获得,但都不应该是短视的,只图眼前利益的。因此,企业就必须有长远的战略规划和具体的营销策略。第三,它是一种整体的商务活动,而不是一种单打一的、盲目的活动。它必须根据市场的需求情况来设计产品,制定价格,选择渠道,制订促销方案。任何一种要素发生变化,都会引起其他要素的相应变化。

(二) 市场营销观念的形成

市场营销是指导现代企业经营的重要思想,它的产生经历了一系列观念的演变。

1. 生产观念

20 世纪 20 年代以前,资本主义经济和技术的发展还相对落后,社会产品供应不足,企业生产品种比较单一,市场需求是被动的、静态的,没有多大选择的余地,企业销售不过是将生产的产品从工厂分配、运送到市场。这时,企业的经营思想普遍是“生产观念”。这种观念不是为需求服务,而是从企业出发,“我能生产什么,就卖什么”。企业经营管理的主要任务是增加产量,降低成本,在销售上不花多大功夫。例如,美国皮尔斯堡面粉公司从 1869 年成立到 20 世纪 20 年代,一直用生产观念指导企业经营。当时这家公司经理提出的口号是“本公司旨在制造面粉”。言下之意是只求货物充沛,只要价廉物美,就不愁卖不出去。

2. 推销观念

20 世纪 20 年代末期，资本主义的市场趋势发生了变化，由于社会产品数量增加，花色增多，市场上许多商品开始供过于求，企业之间的竞争加剧。这时，企业逐渐用“推销观念”来指导经营活动。这种经营思想的具体表现是“我卖什么，人们就买什么”。尽管这时候的市场基本上还是卖方市场态势，但有的企业为了招徕顾客，开始重视运用推销术和广告术，大量兜售产品，以压倒竞争者。1930 年左右，皮尔斯堡面粉公司发现，原来推销它产品的中间商，有的开始从其他厂进货。公司为了寻求可靠的中间商，扩大销售，逐步从生产观念转向推销观念，公司经理的口号改为“本公司旨在推销面粉”，并且第一次在公司内部成立了商情调研部门，并派出大量推销人员，从事推销业务。

3. 市场营销观念

到了 20 世纪 50 年代，市场营销观念在西方发达国家逐步形成。这种观念的具体表现是“顾客需要什么，就卖什么”，或者叫做“能卖什么，就生产什么”。这是企业从以产定销转变为以销定产的重大变化。这时，这些国家的市场形势是产品进一步供过于求，消费者的需要和欲望变化较快，花色品种不断翻新，买方市场逐步形成。许多企业家认识到，顾客的需要是推动企业经营活动的中心，只有主动了解消费者的需求现状及趋势，并且采取措施来影响和满足这种需求，企业才能获得长期发展。1950 年左右，皮尔斯堡面粉公司的经营思想开始转到营销观念上来。该公司了解到，战后美国生活方式发生了变化，家庭妇女采购食品，日益要求以多种制成食品（如各式点心、饼干等）代替买面粉回家“做饭”的习惯，于是开始生产各种制成食品和半成品销售，营业额迅速增加。1958 年，该公司进一步成立了皮尔斯堡销售公司，着眼于长远占领市场，研究 3 ~ 10 年消费者的需求趋势，设计新产品，并相应地培训销售人才。

4. 社会营销观念

20 世纪 70 年代以后，西方资本主义国家的消费者为了自身的利益，广泛开展“消费者利益运动”，对市场营销观念提出了批评。有人指出，它导致产品过早陈旧、大量浪费物资和造成环境污染等社会问题：汽车工业为了满足需要，过量生产，结果使环境严重污染，并造成更多的交通事故；洗涤剂工业适应了人们对洗净衣服的需求，但产品污染江河，影响人类健康和鱼类繁殖；还有一些企业在营销过程中采取一些非道德的做法来进行广告宣传和推销，引起人们的强烈不满。为了回应这些指责，企业界出现了一个新的观念：社会营销观念。它认为，企业在制定和实施营销战略和策略时，必须兼顾企业利润、消费者需求和社会利益，不能以牺牲社会利益为代价换取企业的利润。

5. 绿色营销观念

这是社会营销观念的进一步发展。20 世纪 70 年代以来，环境问题越来越引起人们的关注，保护环境越来越成为政府、企业界、学术界以及普通百姓的共识。而一些企业在进行市场营销时，恰恰造成了严重的环境污染。例如，由于水源遭受污染，加之工业和生活用水大量增加，全球 100 多个国家缺水；由于工业和交通等领域排放的大量废气、废热，已使大气中的二氧化碳大量增加，臭氧层遭到破坏，给地球环境和人类健康带来极大危害。在全球环境遭受日益严重破坏的背景下，有识之士提出了绿色营销观念。这一观念主张，企业必须在追求自身利润、消费者需求的满足和环境保护三者之间寻求平衡；企业在日常营销过程中，必须高度重视环境保护。当前，在国际营销场合，一些发达国家正扛起环境保护主义的大旗，筑起绿色壁垒，企图将发展中国家的产品拒之于国门之外。因此，我们更应重视绿色营销问题，在产品开发、生产、包装、销售、广告、公关、售后服务等一系列活动中都应贯彻绿色营销思想。

二、市场细分

(一)市场细分的概念

在市场竞争较为激烈的时代,任何一个企业生产的产品或提供的服务都不能满足市场的所有需要,换句话说,其生产的产品或提供的服务只是多样化的市场需求的一部分。至于生产什么产品或提供什么服务,满足哪一类需要,则是企业必须考虑的一个关键问题。从理论上讲,这就要进行市场细分。市场细分是美国市场学家温德尔·斯密在总结一些企业的实践经验的基础上于1956年提出的一个概念。它是指企业采用一定的标准,运用一定的方法,在整体市场中识别不同需求的消费者,将需求大致相同的消费者予以归类,组成若干个需求不同的子市场的活动。

市场营销理论产生于美国,实际上是西方国家的企业经营策略不断变化的结果。早期,他们实行大量市场销售策略。此时,他们认为通过大量生产、大量销售便可降低成本和价格,从而创造最大的潜在市场。之后,出现了产品差异化营销策略。在此阶段,企业生产几种不同特点、风格、质量的产品,其目的是向顾客提供多种产品。这些企业认为,顾客有不同的爱好,而且其爱好随着时间的推移也有所改变,顾客也在寻求差异化。随着工业化进程的加快,目标市场营销策略应运而生。它就是根据顾客的不同特点和状况细分出多个子市场,并在子市场中大显身手,开展营销活动。例如,在20世纪50年代,美国宝碱公司发现消费者由于洗涤不同质料纤维织物的需要,不满足于单一品种的肥皂,于是设计生产了三种不同性能、不同牌子的洗衣肥皂:一种是洗涤软性纺织品的碱性小的肥皂,一种是碱性强的肥皂,一种是多种用途的全能肥皂。由于这些肥皂满足了不同消费者的不同需求,突破了只用价格竞争的框框,从而在肥皂市场上获得了极大的占有率,赢利甚丰。

（二）市场细分的标准

市场细分的标准就是指用来区分不同子市场的因素，主要包括地理因素、人文因素、心理因素和行为因素四大类。

1. 地理因素

即按照消费者所在的地理位置（如国家、地区、城市、乡村等）来细分市场，这是一种传统的划分市场的方法。一般来说，处于不同地理位置的消费者，对于同一类产品的喜爱和需求有所不同，对价格、销售渠道、促销宣传的反应也有差别。例如，我国各地居民在饮食口味上，素有东甜、西酸、南辣、北咸之说。又如，上海变压器厂推出耐雷击的变压器和一般变压器就是依据地理因素，考虑到雷区和非雷区对变压器的需求差异而生产的。

但有时，同一地理位置的消费者对某些产品的需求也存在着明显的差异。在这种情况下，对这些产品进行市场细分就必须考虑其他因素，以求准确有效。

2. 人文因素

就是根据消费者的年龄、性别、职业、收入、受教育程度、家庭规模、宗教信仰、种族和国籍等变数将市场细分为若干个消费者群。人文因素是市场细分的重要因素，原因之一是消费者的需求、偏好和商品的使用频率常常与人文变数关系密切，原因之二是它们一般比其他变数容易衡量。例如，美国服装、化妆品、理发行业长期以来一直按照“性别”来细分市场；汽车、旅游等行业则按收入来细分市场。还有一些企业采用多变数来细分，例如，寿险公司根据客户的年龄、收入、职业等细分保险市场；家具公司采用户主年龄、家庭人口、收入水平三个变数来细分家具市场，有时还可加上住房面积这一变数。

3. 心理因素

研究表明：在人文因素相同的不同消费者中，对于商品的爱好和态度也不尽相同。这就是心理因素影响的结果。心理因素主要包括消费者的生活方式、个性、对销售方式的反应等。生活方式是指个人或集体对消费、工作和娱乐的特定的习惯和倾向性行为。人们追求的生活方式不同，对商品的喜好和需求也就不同，而生活方式又受社会文化背景、经济发展水平以及社会交往、对外开放等因素的影响。近年来，西方企业重视生活方式对市场细分的作用，不少企业把追求某种生活方式的消费者群作为自己的目标市场。例如，美国有的服装公司把妇女分成"朴素型妇女"、"时髦型妇女"和"有男子气型妇女"三种类型，分别为她们设计制造不同款式和颜色的服装。在西方国家，有些企业还按照消费者的不同个性来进行市场细分。根据消费者生活方式、个性、兴趣、价值取向的差别，可以把他们分成"传统型"、"新潮型"、"节俭型"、"奢靡型"、"严肃型"、"活泼型"、"乐于社交型"等消费者群。

4．行为因素

这是根据消费者不同的消费(购买)行为来细分市场，主要包括购买或使用产品的时机、使用频率、对品牌的忠诚度。

(三) 有效的市场细分

为了使市场细分有效、实用，必须满足以下条件：

1．可衡量性

就是说，企业对于子市场的消费者的特征资料能够正确认识，可以获得准确的信息，细分出来的子市场的范围比较清晰。否则，这种特征资料就不能作为细分市场的依据。

2．可进入性

这是指细分出来的子市场是企业能够进入的。

3．有利性

就是说，子市场的规模必须足以使企业有利可图，并且有相当的发展潜力。因为对子市场提供的产品要有一套专门的营销方案，要付出一定的成本。如果市场过于狭小，潜在消费者很少，就不值得进入或占领。

(四) 市场细分的意义

1. 有利于企业分析、发掘市场机会,有的放矢地进行市场营销,提高市场占有率

企业通过市场细分,可以了解各个不同子市场消费者需求的满足状况,从而发现那些需求尚未得到满足的消费者。这就是市场机会。

2. 有利于规划营销方案,提高企业的市场应变能力

由于市场细分,目标明确,企业可以根据市场需求的变化,及时调整产品结构,及时调整产品、价格、渠道、促销等营销策略,以更好地适应消费者的需求。

3. 有助于更合理地利用营销能力,取得最大的营销效果

企业的营销能力是有限的,在市场细分之后,可以发现有利的市场机会,然后在市场竞争中集中优势,攻击竞争者的弱点,从而赢得尽可能大的市场份额,获得最佳效果。

4. 有助于不断开发新产品,促进企业发展

通过市场细分,企业能较为准确地分析各类消费需求的状况及其变化,根据市场情况,结合企业优势,开发新产品,开拓新市场。

应当指出,市场细分并不是企业的目的,其目的是为了选择目标市场。因此,企业在进行市场细分之后,就应该准确评价各子市场的潜在价值。评价的标准主要是子市场的需求现状及其发展趋势,目前其他竞争者在该子市场的营销情况。在此基础上,可结合企业的营销战略和资源状况、营销优势,选择其中一个或几个子市场作为今后营销的对象。被选定的市场就是企业的目标市场。

三、市场营销组合

(一) 市场营销组合的概念与特征

1. 概念

市场营销组合是现代市场营销理论的一个十分重要的概念。

它是1964年由美国哈佛大学教授尼尔·鲍敦首先提出的。鲍敦认为,一个企业要运用系统方法进行经营管理。管理人员应当针对不同的内外环境,用各种市场手段,包括产品设计、定价、分销渠道、人员推销、广告宣传等进行最佳组合,使它们相互配合,综合地发挥作用。美国另一位市场营销专家卡里顿认为,企业的营销经理应当是“各种因素的组合者”,因此,他们既是决策者,又是艺术家。

所谓市场营销组合,是指企业针对特定的目标市场,为实现营销目标而将产品、分销、定价、促销等因素(策略)综合运用所构成的有机整体。由于四大因素的英文单词都是字母“P”开头的,所以也称“4Ps”组合。它实际上是一种营销策略的组合。

2. 特征

(1) 针对性。营销组合作为实施营销战略的一种策略,是直接作用于具体的营销对象的,并且是明确针对竞争者的某一营销策略。首先,它的制定和实施是为了实现具体的营销目标;其次,它是针对竞争者的具体营销活动或营销策略而采取的对策;第三,它是某一营销活动领域的策略,并且直接作用于某一营销活动对象;最后,它的实施所产生的结果是直接和具体的。

(2) 可控性。组合中的四因素是企业可以主动控制的,企业自己有选择的余地。企业可以根据市场分析,针对消费者的需求,选择自己的产品结构和服务方向。企业也可根据目标市场的特点、市场竞争的状况,选择分销渠道、销售价格和促销措施。企业还可以根据外部环境的变化而适时调整营销策略。

(3) 灵活性。首先,营销活动是动态的,营销因素处于不断变化之中,因而,任何营销组合都是动态组合;其次,同一种营销策略具有多种类型,企业可根据主客观条件加以灵活的择优应用;第三,在某一营销策略的实施过程中,可视市场情况的变化及时调整。

（4）复合性。营销组合是“4Ps”组合，而每一个“P”又包含许多具体因素，形成每一个“P”的次组合。比如，产品策略由产品的品质、花色、品种、规格、型号、商标、包装、产品生命周期、售后服务等多个因素组成。因此，企业在决策营销组合时，不仅要注意“4Ps”之间的有机联系，同时还要注意每个“P”本身所包含的因素的有机联系。

（5）隐蔽性。营销策略组合往往是针对竞争对手的策略而采取的对策，是一种行动的方案，只有在隐蔽的状态下才能取得最大效果。因此，营销策略组合的制定和运用在一定程度上的保密性，就成为商业秘密的一个组成部分。

（二）制定市场营销组合的原则

1. 最佳功能原则

它是指组合中的营销因素体系必须具有最大的系统功能，即整体最佳功能。所谓整体最佳功能，就是各组成因素能形成最大的同向合力，并由此合力所形成的作用力能最有效地作用于营销对象，实现营销目标。为形成最佳功能，一是要把实现营销目标作为营销因素组合的出发点；二是要使营销因素组合体系综合作用的程度与预期的营销目标的要求相一致；三是要使营销因素组合有主有次，主次结合，相辅相成。

2. 最大经济效益原则

这里所讲的最大经济效益，一是指用最少的费用、最少的时间取得最多的赢利；二是指能最有效地实现具体的营销目标而最终取得最佳的长期整体效益，使短期经济效益与长期经济效益相统一。

3. 可行性原则

可行性是指企业在对营销因素进行组合时要考虑社会的认可程度、竞争者的反应力与消费者的承受力等。所谓合理性，就是最佳的数量界限。比如，要采用高价与广告组合策略，就要有一个价格的最高界限与广告媒体使用的最高费用预算,如果不界定这个合理限度,就会因需求弹性的作用与广告费用难以承受而使策略的实施带来相反的结果。

4. 动态发展原则

就是要把营销策略的制定与运用置于动态发展过程中,使营销因素组合体系随市场供求与市场竞争情况的变化而变动。要给营销因素在组合中以更大的机动性和灵活性。要随主客观情况的变化,不断调整其内部组成结构,做到以变应变。

(三) 制定市场营销组合的依据

1. 企业营销战略

企业营销战略是各类营销策略的指导,营销策略是对营销战略的具体贯彻和落实。各种营销策略所要实现的具体营销目标是营销战略目标在各阶段、各时期的分解。营销策略作为战略手段的组成部分,其运用正是对战略重点、战略突破口在具体营销活动中的贯彻执行。因此,营销策略的制定必须考虑战略的总体规划。

2. 企业营销实力

它包括营销设施的数量及现代化水平、营销人员的数量及其素质的高低、流动资金的规模及其增加能力、营销管理水平、市场开发研究能力等。

3. 产品特点

产品不同,企业的营销策略自然不同。也就是说,企业在进行营销策略的组合时,必须考虑产品特点。

4. 市场特点

市场是企业营销的基础。市场特点不同,企业的营销策略也不尽相同。

5. 产品市场寿命周期

产品市场寿命周期是指产品从进入市场到销售增长直到最后被淘汰的过程,一般包括导入期、成长期、成熟期和衰退期四个阶段。产品处于不同的周期阶段，其生产、成本、销售量、竞争、顾客需求及利润的状况不同。因此，对长短不同的周期与周期的不同阶段，企业营销策略应有所不同。

6. 竞争者的市场营销策略

企业的市场营销策略往往要充分考虑竞争者的市场营销策略。

（四）市场营销组合在企业营销中的应用

现代市场营销中，市场营销组合具有特别重要的意义，它构成市场营销理论的主体，同时又是一个实践性很强的问题。它在企业的营销活动中的作用主要表现在以下几个方面：

1. 市场营销组合是企业制定营销战略的基础

企业营销战略是企业为实现长期营销目标而设计的行动计划，本质上是企业营销的目标战略。它主要由企业的营销目标与营销组合的诸因素协调而成，是目标与手段的有机统一。

2. 市场营销组合是应付竞争的有力手段

在商品经济条件下，竞争必然存在。在市场竞争中，一家企业具有全面优势的情况是很少的。一般地，竞争对手之间都各有自己的优势和劣势。因而，企业在制定营销组合时，要善于分析自己的优势和劣势，扬长避短。20世纪50年代以前，企业之间的竞争一般着眼于价格因素，但后来人们逐步发现，价格竞争并不是最佳方式。因为改变价格是竞争者最容易采用的手法，而且竞争的结果对企业双方都不利。况且在有的产品市场，买主并不是十分重视价格的差别。因此，综合运用产品、分销、促销、价格等因素，以应付日趋激烈的竞争，就显得越来越重要。

在市场需求日益多样化、复杂化的情况下，产品竞争显然是极为重要的。改变广告和其他促销方法，也是竞争的必要手段。因为尽管竞争对手之间花费同样的广告费用，但由于选择的广告媒体不同，将信息传递给潜在买主的知晓率不同，宣传推广的效果就会大不相同。

在使用营销组合作为竞争手段时，应特别注意两个问题：

第一，不同行业、不同产品侧重使用的营销因素应当有所不同，如农产品一般以价格因素作为竞争的重要手段；家用电器、化妆品、服装和玩具等主要考虑产品因素；洗涤剂、肥皂等相互替代产品则主要靠促销因素来进行竞争。

第二，企业在重点使用某一营销因素时，要重视其他因素的配合作用。例如，企业在推出一种新产品的同时，要根据产品的特点，选择适当的分销渠道，以取得理想的效果。

3. 市场营销组合是协调企业内部各部门工作的“纽带”

贯彻营销观念的企业，内部各部门工作要统一协调，使其成为一个整体，共同满足目标市场的需要。在市场上，买主对一种商品的需求是整体需求，企业必须以适当的产品、适当的价格、适当的时间、适当的地点进行整体营销，而联结各部门工作的纽带，就是市场营销组合。

运用市场营销组合，不只是销售部门的职责，也必然要涉及企业生产、财务、人事等各个部门，应避免各自为政、“隧道视线”等现象对企业的干扰。

4. 市场营销组合有助于合理分配企业的销售费用预算

企业的销售费用预算，通常是以一定销售目标下的预算利润为根据，用百分比来表示的，总的销售预算确定后，如何对影响销售的各因素进行预算分配，是一个十分复杂的问题。在一般情况下，企业内部各部门都强调各自工作的重要性，要求分配较多的预算。例如，产品经理愿意多支出预算，改进产品质量和包装；销售研究经理则愿意为市场调查多花钱；广告经理希望大做广告；推销经理则希望多花钱雇佣更多的推销员。这样，往往会造成意见分歧，难以协调，甚至影响企业的销售量和利润。贯彻营销观点的企业，可以利用市场营销组合，作为合理分配或调整销售预算的依据。

（五）成功的市场营销组合举例

美国普罗克特·甘布尔公司（PLC公司）创建于1837年，是目前世界上最大的日用消费品制造商和经销商。它在56个国家和地区设有工厂及分公司，所经营的300多个品牌的产品畅销140个国家和地区，其中包括食品、纸巾、洗涤用品、肥皂、药品、护发护肤用品，1988年在中国成立第一家合资企业——广州宝洁有限公司，专门生产洗涤护肤用品；1990年又创办了广州宝洁纸品有限公司；1992年再次合资创建广州宝洁洗涤用品有限公司。以后，它又陆续在北京、天津、上海、成都建立分公司，在华东、华南、西北、华北等地建立分销机构。短短十多年的时间，宝洁公司取得了辉煌的市场业绩。

宝洁公司的成功，原因固然是多方面的，但可以肯定的是，其成功的市场营销组合是非常重要的一条。宝洁公司在进入中国之前，对中国市场进行了一系列的调查分析，投石问路。它着重调查了三个方面的问题：中国市场需求情况、中国的外资政策、竞争者情况。通过调查，他们发现中国市场的潜力巨大，沿海地区的购买力大大超过中西部地区，中国政府欢迎外资的进入，而且竞争者的实力都不如宝洁公司。于是，他们决定迅速投资中国，抢滩广州，与广州和香港的两家企业组建合资公司。之所以选择广州，是因为广州在当时是中国先导消费区和对外开放程度最高的地区之一，其经济发展水平也是“领头羊”。紧接着，公司进行了一系列的营销策划。首先，选择的目标市场为中国大陆的新一代。因为年青人容易接受合资企业的产品，且购买力和人口规模都非常大，起着消费先导的作用。所以，它的广告画面多选用青年男女形象，展示青年人追求浪漫、崇尚无拘无束和富有个性的画面。针对目标，公司将其产品定位于“一流、高档”。一流是指产品品质一流，高档表现在价位上。因为品质一流，所以价位较高。价位较高，无形中提升了产品的形象。公司设有产品开发部，专门研究如何提高产品质量，针对中国的水质和消费者的发质调整产品，同时注意改进包装，提高工艺，满足中国消费者的需求，打跨竞争对手。自推出"海飞丝"洗发水后，公司又陆续推出"飘柔"、"潘婷"等品牌的洗发水。到1995年，国内贸易部发布的全国大商场推荐的名优洗、护发用品八大名牌中，上述三个品牌全部榜上有名。另据中国社会科学院有关课题调查，1994年，这三个品牌共占洗发水市场销售份额的45.6%，独领风骚。在品牌策略上，公司采取多品牌和品牌兼并，多品牌可以覆盖更大的市场份额。以洗发水为例，"海飞丝"、"飘柔"、"潘婷"在市场上分别以"去头屑专家"、"头发柔顺专家"、"头发营养专家"的形象出现。一种洗发水，三种品牌定位，大大增加了市场份额。此外，还通过兼并合资企业原有同类产品的品牌，实现品牌扩张。在产品设计时，尽可能使之本土化，将原来的"Head Shoulder"译成"海飞丝"，"Rejoice"译成"飘柔"，很适合中国人的审美心理。在促销策略方面，采取充分贴近消费者的营销沟通。例如，举办"海飞丝"、"飘柔"美发亲善大行动，"海飞丝"南北笑星光耀荧屏，1994、1995年举办"飘柔"之星活动等。公司积极开展公共活动，捐资人民币，为社会教育、体育、福利、美化环境作贡献。这一系列活动极大地促进了公司的市场发展。

第二节　经纪业务营销与市场环境分析

经纪业务营销属于服务营销的范畴。与其他服务营销和产品营销一样，开展经纪业务营销必须首先分析市场环境，了解市场需求状况及其变化趋势，了解竞争者的情况。通过分析，寻找有利的市场机会，避免市场风险，可为积极开展市场营销活动奠定良好的基础。市场环境包括宏观环境与微观环境两个方面。

一、经纪业务营销的宏观环境

与经纪业务营销有关的宏观环境主要有以下几种：

(一) 人口环境

人口是构成市场的基本要素。哪里有人，哪里就有衣、食、住、行等各种需求，就有为满足这些需求而组建的各类企业，就有经纪人成长和发展的空间。经纪业务营销需要分析人口环境的一些具体因素，主要包括人口的数量规模和增长趋势、年龄结构、地理分布、性别、受教育程度、民族、家庭单位等。

人口的数量规模越大，相应的消费规模就越大，即市场就越大。因此，经纪人在进行一些消费品的营销时，需要考虑市场的规模，从而确定投资、定价、运输、促销等策略。人口的年龄结构，一般是指一个国家或地区各个年龄段的人口所占比例的状况。有资料显示，我国人口年龄结构已进入成年型，即将迈入老龄化阶段。我国是一个人口大国，据预测，到2030年，人口最高峰期可能达到16亿；退休人员将达到高峰期，届时退休人员将占在职人员的40%以上(1992年为17.6%)，养老费用将相当于在职职工工资的44%(1992年全国平均支出费率为17.6%)，远远超过国际普遍认可的20%~25%的警戒线。这意味着我国老年人市场潜力巨大，与老年人消费有关的产品如保健品、医疗服务、养老保险产品、社区养老机构等将会有很大的发展。同时，婴幼儿市场、青少年市场人口数量相对数虽然减少，但绝对量仍然较大，需求特点也会发生较大变化。人口的地理分布状况在各国也不一致，如美国人口最稠密的地方是大西洋沿岸、五大湖地区及加利福尼亚地区；在我国，沿海地区人口密集，而广阔的西部地区则人口较为稀少，农村地区人口约占74%，各地发展很不平衡。就人口性别而言，男性和女性对于商品的需求以及购买行为存在明显不同。一般来说，大多数妇女主持家务，所以家庭日用品是女性市场的重要组成部分。“二战”结束以来，世界各国妇女就业人数剧增，双职工家庭大量增加，时间变得越来越宝贵，市场上任何能节省消费时间的产品和服务都有很大的吸引力。一时间，“争取忙碌、富有的妇女顾客”成为许多企业的目标。家庭是社会的细胞，也是商品采购单位。一个国家或地区家庭单位的多少以及平均成员的多少，对市场影响很大，如对房屋市场、家用电器市场的影响就非常明显。从未来趋势看，世界人口将会出现以下对市场营销有影响的特点：人口数量增长，平均年龄增长，受教育水平提高，选择小家庭居住方式。因此，经纪人必须从宏观上把握人口环境对营销的影响。

（二）经济环境

市场营销活动本身就是经济活动。开展市场营销不能不分析经济环境。经济环境主要包括一个国家或地区的经济制度、经济发展战略、经济改革方针、经济发展水平或经济发展阶段、国内生产总值规模、消费者收入状况等。同样，经纪人在开展经纪业务时，也必须分析这些经济环境。下面仅就消费者收入因素加以分析。

消费者收入包括消费者个人的工资、退休金、红利、租金、赠予等收入。消费者的购买力来自其收入，所以消费者收入是影响社会购买力、市场规模及消费者支出模式的重要因素。但是，消费者收入并不是全部用于购买商品的。因此，必须区分可支配收入和可随意支配收入两个概念。可支配收入是指扣除消费者个人缴纳的各项税款和其他费用，如个人所得税等后的收入，可随意支配收入是指从可支配收入中扣除维持生活的必需费用和固定费用，如食物和衣着的费用、房租、保险费等后的收入。研究消费者支出的构成，即可支配收入和可随意支配收入的比例，对于市场分析有着重要意义。西方统计学家恩格尔在 19 世纪对劳工家庭的消费支出构成作了研究，他指出：“当家庭收入增加时，只有一小部分用于购买食物；用于衣服、房租和燃料方面的支出变动不大，但用于

教育、医药卫生与闲暇娱乐活动方面的支出则增加较多。”根据对现代家庭收入与支出的研究,可总结以下规律:

(1) 原来收入较高的家庭,当收入增加时,食物方面支出的比重将相对减少,即恩格尔系数下降。

(2) 中等收入的家庭,当收入增加时,用于房屋维修、燃料、家用电器支出的比重很少变动。

(3) 所有家庭增加收入以后,用于娱乐、旅游和教育的费用比例都会增加。

(4) 用于衣着方面的费用,低收入家庭收入增加时保持不变,中等收入家庭略有增加,高收入家庭则大幅度提高。

(三) 技术环境

技术的发展给企业带来新材料、新工艺,给企业带来不断发展和创新的动力与压力。所以,西方市场营销学者称技术是一种“创造性的毁灭力量”。电子技术、包装技术、材料技术、生物技术、防伪技术等的广泛发展,使得企业可以利用最先进的技术开展市场营销活动。例如,商业中自动售货、电话订货、电视购物已逐渐发展起来。因此,企业在营销过程中,必须高度重视技术环境,经纪人在分析市场环境时也不可忽视它。技术革命不仅推动产品和行业的更新换代,而且为企业改善经营管理、提高管理效率提供了物质基础。电脑、传真机、电子扫描装置、光纤通讯大大提高了企业生产经营的工作效率,使企业管理逐步向现代化迈进。科学技术的发展也使劳动者的素质提高,人们的思维方式、生活方式、工作方式也会发生深刻变化,传统的管理方式显然不适应时代的要求。专业化协作的发展必然要求企业间进行广泛的信息交流和交换,而信息革命又使市场信息呈爆炸性增长。因此,现代经纪人必须注意不断学习新知识、新技术,了解新的市场信息。

(四) 自然环境

影响企业市场营销的自然环境主要包括一个国家或地区的自

然状况、地理环境、气候环境等。它对企业的投资取向、产品开发、销售方式以及渠道的选择、定价水平等都会产生影响。经纪人在进行经纪活动时,必须考虑所沟通对象的这些自然环境。我国总体上资源丰富,但人均占有量又属资源短缺国家。例如,我国水资源总量名列世界第一位,但人均占有量仅占世界人均水平的1/4。近年来,资源紧张使一些企业陷入困境,从而促使其积极寻找替代品,降低原材料消耗。另一方面,环境污染已成为人们普遍关注的问题。占世界人口总数15%的工业发达国家,其工业废物排放量占世界总量的70%。我国虽属发展中国家,但工业“三废”对环境也造成严重污染,其中,煤烟型污染最为突出。因此,企业必须重视绿色营销问题,必须注意保护环境。经纪业务营销也不例外。

(五)政治与法律环境

政治因素对企业营销的影响主要是通过具体的政策产生作用的,如所有制政策、中央与地方关系政策、经济管理政策等。它无疑会对企业行为起导向性和规范性作用,也会对企业的市场营销带来巨大影响。例如,到1981年,我国农村基本上实施了“家庭联产承包责任制”政策。由于实行了分田到户,农民需要大量小型多功能拖拉机。这样,就使大马力拖拉机厂家一度陷入困境。然而,浙江拖拉机厂却于改革开始不久,就抓住这一时机,研制出3~5马力的小型拖拉机,它具有运输、抽水、脱粒等功能,深受农家青睐。1984年之后,城市改革政策给更多的城市企业带来市场机会和风险。

法律是体现统治阶级意志,由国家制定或认可,并以国家强制力保证实施的规范的总和。为了保证国民经济的正常运行,各国政府都制定、颁布了相应的经济法规来制约、维护、调整企业的活动。近年来,我国也陆续颁布了一系列这方面的法规,如《企业法》、《经济合同法》、《商标法》、《消费者权益保护法》、《反不正当竞争法》、《价格法》、《广告法》、《环境保护法》、《食品卫生法》、

《破产法》、《经纪人管理办法》等。在企业营销过程中，有关人员必须知法守法，并利用法律维护企业的正当权益。

现代经纪人在开展经纪业务营销中，必须了解、熟悉有关行业的政策和法律、法规，遵照有关政策和法律开展活动，不可违背政策和法律。

(六) 社会文化环境

社会文化是人类在长期的社会实践中产生和积累的价值观念、道德规范和行为准则及其物化和制度化的表现，它体现着一个国家和地区的社会文明程度，与企业的营销活动有着十分密切的关系，起着潜移默化的作用。具体地看，主要有以下几项因素：

1. 价值观念

价值观念是指生活在某一社会环境下的多数人对事物的普遍态度或看法。生活在不同文化背景下的人们，其价值观念往往是不同的，甚至是截然相反的。因此，对不同地区的顾客进行营销，策略上应有所不同。同时，应注意了解不同的文化及其价值观，进行文化沟通。例如，日本人与多数东方人将群体、团结放在首位，所以，日本企业在管理上强调协作、和谐，强调建立一种亲和的企业文化，在广告宣传上往往突出人们对产品的共识。而美国文化注重个体和个人的创造精神，所以，美国企业在管理上鼓励职工勇于开拓，在产品及其包装上喜欢标新立异。

2. 民族传统

民族传统是指一个国家或地区的民族心理和风俗习惯。企业营销中应注意不同民族的文化传统，在产品设计、投资、渠道选择、销售方式选择和促销等方面都应有针对性地进行，要适应和尊重营销对象的文化传统、民风民俗。企业在营销时节的选择上往往非常重视一些传统的盛大节日，借此进行大规模的营销活动。例如，我国传统的春节、中秋节、端午节期间，往往是人们购物的旺季，许多企业都不会放过这些营销的黄金季节。我国一些少数民族也都有自己的民族节日。前些年,我国一些企业还不惜财力,开展“造节”运动,如“啤酒节”、“中药材节”、“陶瓷节”等,以此促销产品。

研究民族传统,不可忽视各民族的喜好和禁忌,营销人员要做到入境问俗。例如,各国、各民族对颜色、花、数字等有着独特的理解和好恶:墨西哥人视黄花为死亡、红花为晦气,喜爱白花;日本人忌荷花、梅花的图案,也忌用绿色,认为不祥。在我国,民族众多,禁忌也多种多样。仅在食肉方面,壮族忌食牛肉,土家族禁食狗肉,羌族忌食马肉,苗族人不吃羊肉。此外,蒙古族忌食虾、蟹、鱼、海味等。因此,企业营销应考虑不同国家和民族的传统习俗,否则,会给企业营销带来麻烦。例如,美国厂商向日本出售高尔夫球,四个球一套,但很长时间无人问津。后来美国人才发现,日本人打高尔夫球是为了锻炼身体,为了健康,而“4”在日本与“死”同音。于是,厂商改变了包装中的数量,很快就受到了体育爱好者的欢迎。

3. 宗教信仰

宗教信仰对市场营销也有一定影响,特别在一些信奉宗教的国家和民族,其影响力更大,因为各宗教都有自己的清规戒律。据统计,世界上共有基督教徒 10 亿人左右,伊斯兰教徒 7 亿多人,天主教徒 5.8 亿人,印度教徒 4.7 亿人,新教徒 3.4 亿人,佛教徒 3 亿人。经营出口商品的企业必须了解进口国市场商品消费与宗教的关系,不要触犯当地的宗教禁忌,否则就容易失去市场机会。而如果能处理好这种关系,就往往容易获得成功。例如,伊斯兰教主要在亚洲南部、东部和西部有影响。穆斯林每天朝圣,朝圣时必须对着圣城麦加,针对这一特点,比利时一位叫范德维格的地毯商向这些地区推销地毯时,在地毯上装上特殊指南针,它不指南,也不指北,而是正指圣城麦加,因而产品深受欢迎。

社会文化对企业营销的影响还包括其他许多方面,如语言文学、社交礼仪、社会组织及其规范等。经纪人在经纪业务营销过程中,需要充分了解和熟悉目标市场的社会文化特点,在接洽、谈判、公关、服务等方面,都要充分尊重和适应当地的文化习俗,愉快地进行文化沟通,并利用有关习俗来促进业务的开展,正所谓“经商要精商”。

二、经纪业务营销的微观环境

经纪业务营销除了要对宏观环境进行分析外,还要对微观环境进行分析。宏观环境一般是对企业营销有全局性影响的环境,而微观环境则会产生局部性影响,但这并不意味着微观环境不重要。微观环境主要包括竞争者、营销渠道企业和公众三者。

(一) 竞争者

竞争者是相对于某一企业而言的,一般是指与某一企业共同争夺同一个目标的一家或多家企业。由此可以推断:可口可乐公司与百事可乐公司互为竞争者,通用公司与丰田公司互为竞争者。从市场营销角度看,竞争者可分为四类:

1. 首要竞争者

当其他企业以相近的价格向相同的目标市场提供相同的产品或服务时,本企业可视其为首要竞争者。表现在产品定位的“市场空间”上,二者位置非常接近。这类竞争者经营的产品之间具有高度的需求交叉弹性,即密切替代品。这无疑是竞争最为激烈的一类对手。

2. 次要竞争者

当其他企业以不同的价格向相同的目标市场提供类似的产品或服务时,本企业可视其为次要竞争者。例如,生产“凤凰”牌自行车的上海自行车三厂便可将国内其他所有自行车厂家看做自己的次要竞争者。

3. 一般竞争者

当其他企业以不同的价格向相同的目标市场提供同一类产品或服务时,本企业可视其为一般竞争者。企业与这类竞争者经营的产品只属于"一般替代品",其竞争激烈程度也逊于前二者。例如,上述上海自行车三厂便可将摩托车、助力车的生产厂家看做一般竞争者。

4. 潜在竞争者

当其他企业为争夺相同的目标市场的同一笔消费基金而提供产品或服务时,本企业可视其为潜在竞争者。一般消费者的购买力总是有限的,因此,在购物时,总有轻重缓急。假如消费者迫切感到需要购买一辆自行车,不得不暂时放弃购买西服的念头,这样,过去素不相干的自行车生产厂家与西服制造商之间就成了竞争对手。依此推理,小汽车制造商可能会与旅游公司、房地产公司、珠宝首饰公司等成为潜在竞争者。

表现在经纪人市场上,可根据经纪人业务的种类、服务对象、营销市场情况,类似地进行上述分类。

此外,还可根据各竞争者的实力,将竞争者分为市场领导者、市场挑战者、市场追随者和市场弥隙者。市场领导者是指那些在行业中实力最强、市场占有份额最大、在市场竞争中处于优势地位的企业。市场挑战者是指那些市场份额仅次于市场领导者,并且积极地进攻市场领导者的二流企业。市场追随者是在市场占有率、产品开发力、技术力量、销售渠道、资金和人员规模等方面都不如前二者,在营销策略和技巧上模仿前二者的企业。市场弥隙者是指在同行企业中实力最小但又有一定营销特色、有自己的市场生存空间的小型企业。处于不同竞争地位的企业,采取的竞争战略和策略肯定会有所不同。

可见,在现代市场经济中,市场竞争无处不在,市场竞争有时还是残酷无情的。现代经纪人除了要提供适销的产品和服务,满足客户的需要外,还必须分析竞争者市场,以积极的姿态和策略加人竞争,迎接竞争,尽可能在各方面比竞争者胜出一筹,在竞争中求发展。

（二）营销渠道企业

一个企业不是独立存在于市场的,它必然要与许多相关的企业或个人发生联系,市场营销渠道企业就是其中之一。从一个生产型企业或综合性企业来看,营销渠道企业主要包括以下几种:

（1）资源供应商。他们向企业供应原材料、部件、能源、劳动力和资金等,涉及诸多企业或个人。

（2）中间商。包括批发商、零售商、代理商、经纪人等,他们将产品推向市场,实现销售,或者为生产企业寻找买主,推销产品。

（3）辅助商。包括运输企业、公共货栈、金融机构、广告商、市场营销咨询机构等。

为保证企业市场营销工作的顺利、高效,企业必须了解与研究营销渠道并与有关营销渠道企业建立良好的关系。同样,经纪人在开展业务营销时,也有自己的渠道企业,如生产厂家、运输公司、仓储机构、广告商等,经纪人应该分析渠道企业市场,寻找适宜的渠道企业,加强协调与管理,促进经纪业务的开展。

（三）公众

这里所说的公众是指对企业(公司)实现其目标的能力有实际的或潜在的兴趣或影响的任何个人或团体。它主要包括以下7种:

（1）金融组织,即那些关心可能影响企业或公司取得资金的能力的任何组织,其中包括银行、投资公司、证券公司等。

（2）媒介机构,主要指报纸、杂志、电视、广播等有广泛影响的大众媒介机构。

（3）政府机构,即负责管理企业的有关政府机构。

（4）行动公众,包括保护消费者利益的组织、环境保护组织、少数民族组织等。

(5) 社区公众,如企业所在社区的公众、消费者。

(6) 一般公众,即一般消费者。

(7) 企业内部公众,包括企业厂长(经理)、职工或公司董事会、经理、员工。

企业是生存于社会、生存于周围环境之中的,必须与有关公众搞好关系,使自己的活动取得公众的理解和支持。为此,企业应采取适当措施,加强公众关系管理,特别要注意正确处理与消费者的关系。“消费者就是国王”、“顾客就是上帝”,这些商界名言,正是商界人士重视与消费者关系的反映。为了正确处理与各种公众的关系,树立良好的企业形象,企业可设立公共关系部,搞好与消费者、政府部门、媒介机构、企业内部人员的关系。同样,经纪人在从事经纪业务时,也会涉及种种公众,需要正确处理各种关系,妥善处理各种矛盾。

三、经纪业务营销的市场定位

(一) 市场定位

市场定位是指企业根据消费者对某种产品属性的重视程度,为本企业产品创造、培养一定特色,树立一定的市场形象,争取有利的市场地位的活动。它是企业选定目标市场之后,针对消费者的需求特点、竞争者的产品和营销特色而推出的既符合消费需求,又有别于竞争者的产品和服务的营销措施,又称产品定位。

企业在进行市场定位之前,必须准确判断消费者对产品属性或特征主要关心哪些方面,然后针对消费者关心的属性进行产品创新或改良,同时还要考虑竞争者的产品特点,做到既满足市场需要,又在某些方面优于竞争者。产品特征有很多,如产品大小、结构、材料、包装、颜色、形状、价格、生产日期等。对不同产品,消费者所关心的属性肯定有所不同。比如,对于服装,消费者主要关心的是它的款式、面料、颜色等;而对于钻床,用户对其颜色并不在乎，关心的是钻孔的速度、光洁度等。随着时代的发展，对同一产品，消费者所关心的属性是会变化的。例如，瑞士手表长期以来以名贵高档的形象闻名于世，这也是许多瑞士手表的定位。后来日本企业根据调查，对手表进行另一种定位，生产石英表。石英表走时准，且价格便宜，深受消费者欢迎。在这种情况下，瑞士手表制造商重新行动，将手表分为三个档次，根据高收入者讲究身份、一般消费者崇尚流行以及青年人喜爱幻想等特点，把高档手表定位在高雅、尊贵、精致上，把中档手表定位在美观、大方上，把低档手表定位在富有娱乐性、新奇性上，然后与其他营销措施相配合，使产品的市场定位取得了预期效果。

（二）经纪业务营销的市场定位

随着经纪人市场竞争的日益激烈，经纪人的业务营销也应不断适应广大客户和竞争环境的变化，使自己的业务有特色、有创新，不断发展。要达到这一目的，就离不开市场定位。经纪人市场定位是指经纪人根据客户对自己产品或服务属性的重视程度，为自己的业务培养一定的特色，树立一定的市场形象，争取有利的市场地位的活动。

经纪人市场定位首先要弄清客户对自己的业务最关心的是哪几个方面。经纪人的种类不同，所处的行业不同，经营的商品或服务不同，客户对其业务关注的重点也是不同的。比如，对于保险经纪人来说，客户看重的是保险合同条款的内容、经纪人服务的范围以及质量和规范性（包括投保险种、保险公司的选择、索赔与理赔等）。因此，保险经纪人必须在这几方面下功夫，注重信誉和服务，力求创出特色。

其次，分析竞争者的竞争实力和营销问题，确定各竞争者在“市场空间”所处的地位。可针对客户所关心的特征，根据各竞争者的实际情况进行评价、打分或以坐标图形式标示各竞争者的“市场空间”位置，从而明确各竞争者的市场地位。

第三，确定经纪业务的最佳"市场空间"位置。根据上述分析，结合自己的发展战略和自身的优势与不足，确定自己的最佳"市场空间"位置。这一位置应该是既能很好地满足客户的需求，又与各竞争者有所不同、有所创新的位置。这样，经纪人在市场上才有好的发展前景。

第三节 经纪业务营销实务

一、经纪业务营销策略

经纪业务营销是一种以市场为中心，提供满足客户需要的产品和服务，并确立良好的经纪人形象，以赚取长远最大利润，获得长远发展的活动。

（一）寻找市场机会

对经纪人来说，寻找市场机会就是要充分掌握、挖掘各种有用的信息，然后进行分析，去伪存真，去粗存精。在这一过程中，有可能发现市场机会。经纪人需要掌握的信息包括与产品、服务、竞争者有关的市场信息，国家和地方的经济政策信息，国家和地方的社会政策信息，法律法规信息，有关客户的信息，科技发展信息等。为了更好地掌握信息，就必须有获取信息的通畅渠道，包括加入信息网络组织，从信息市场、咨询市场获取信息，通过信息经纪人获取信息，通过新闻媒体获取信息，通过有关政府机构或社会团体获取信息，还可以采取有效的市场调查方法获取信息。

经纪人在充分获取各种信息之后，就可以进行归类、分析，进行市场预测和市场细分，然后结合经纪人自身的发展规划、业务范围和营销优势，选择目标市场、服务重点和服务对象。

（二）经纪业务营销组合

前已述及，一般的产品营销组合主要包括四大策略，即

"4Ps"。经纪业务营销与一般产品营销还有所不同,在营销组合上也有所区别。在此,我们归纳了6条,称之为"6Ps"组合。

1. 产品(Product)

经纪业务营销所说的产品首先是指经纪人在营销中所提供的服务,包括服务范围、服务质量、服务规范和服务水准。这些服务项目都应该是与事先确定的目标市场的需求相吻合的。其次,还包括经纪业务媒介的有形产品和服务,它们应该是能够满足用户的某一特定需要的。在产品策略中,还应注意在营销中强化品牌意识,争取创立名牌经纪人,注意提供售后服务和承诺。

2. 订价(Price)

这里主要是指经纪人在完成业务营销之后,依法或按双方约定向委托人收取的佣金,它是经纪人劳动的报酬。佣金的水平因经纪人所从事的行业不同而不同。在从事某一行业的经纪业务活动时,可在根据这一行业的惯例确定了佣金的基本水平之后,再考虑客户的情况、业务规模、所媒介产品的特点、交货时间和地点、客户在营销过程中配合经纪人所做的工作等,进行上下浮动,制定一套定价体系,定出一个有竞争力的价格。

3. 地点或渠道(Place)

经纪人的渠道策略必须考虑其营业所在地及其客户所在地的经济、交通状况,根据所媒介的产品特点、客户需要和竞争者的渠道策略,选择一个最经济有效的产品流通线路、存货体系及相关的服务措施。如果媒介的是无形产品,则营销地点的选择至关重要,必须选择有足够需求、交通便利的地点作为营销中心,然后选择若干个营销网点。

4. 促销(Promotion)

经纪人业务营销中的促销包括广告、公共关系、销售促进和人员推销等四种方式。根据业务特点和客户情况的不同,可选择若干种方式进行活动。

5. 人(People)

经纪业务营销是一种服务营销,是一种高接触度的营销。因此,经纪业务营销中的人,尤其是直接与客户打交道的人非常重要。正如一位国外服务营销专家所说:"在服务业成功的秘诀在于认清:与顾客接触的工作人员才是公司最关键的角色。"所以,经纪人公司必须高度重视对工作人员的甄选、训练、激励和控制。

6. 有形展示(Physical evidence)

服务营销的"交割物"是无形的服务,经纪业务营销中也有很大一部分是这种无形的服务。无形的服务营销比有形产品的营销更加困难,因为消费者在消费之前很难准确地判断、比较其质量、效果。为了更好地进入市场,吸引目标消费者,无形服务有形化不失为一种有效的服务营销策略,即有形展示。所谓有形展示,在经纪业务营销中就是尽可能将经纪人公司、经纪业务特色等以生动形象的实体环境(包装装潢、颜色、室内陈设、声音、宣传画等)来予以展示,以引起人们的注意,唤起人们的兴趣。

二、经纪业务营销管理

(一) 树立现代市场营销观念,建立现代管理体制

现代社会,信息十分重要而且复杂多变。处于这样一个社会环境中,经纪人除了本身应具备适当的智能结构外,还必须确立现代市场观念,建立现代管理体制。经纪人公司的现代管理体制最明显的特点是系统性和适应性。

系统性是指整个公司各部门之间、战略规划与具体策略之间必须形成一个完整的系统,特别是各部门之间要以营销业务部门为纽带互相衔接、互相配合,共同完成公司的总目标,取得最大的经济效益和社会效益。适应性是指公司管理体制要能适应瞬息万变的市场环境,对各种市场动态和变化能作出迅速、正确的反应和决策,当外界环境发生变化时,管理体制要及时地进行必要的调整

和改组。因此,公司应在调查研究的基础上,根据外界环境的变化和自己的经纪业务范围,确定营销目标,设计营销策略,建立营销组织机构,制定管理制度。

(二)按照市场营销观念,建立营销管理程序

按照市场营销观念,建立营销管理程序,就是要在市场调查、准确把握客户需求的基础上,建立起一套能适应环境变化的管理程序。主要内容包括:

(1)计划,即在市场调查和市场预测的基础上,分析市场状况及其发展变化趋势,进行市场细分,选择目标市场和市场定位,制定经纪业务营销战略和策略,包括战略目标、战略重点、营销对象、资金预算、营销额、营销方案、竞争策略、各部门分工协作等。

(2)执行,即具体贯彻实施上述计划。这是经纪业务营销的重头戏,也是营销管理的重点。决策者或管理部门应按照计划进行周密部署,组织和协调有关各方,充分调动经纪人的积极性,发挥经纪人及其各部门的优势,完成营销计划。

(3)控制,即检查和控制计划的执行过程,若发现问题,应及时纠正解决,并注意总结经验,以利于今后更好地开展活动。

这一管理程序通常不是一成不变的,而是通过市场信息的反馈,可以进行调整、完善的。这样,整个营销系统就既有计划性,又有灵活性。当客观环境发生了变化,或者市场预测和判断不符合客观环境时,就可以根据市场调查获得的信息资料,对营销战略和策略进行及时调整。

第九章　经纪业务运作过程和技巧

经纪人最基本的工作是通过中介业务来促成交易。经纪人的活动是实务性很强的一项工作,需要较高的运作技巧。所以,经纪人要想在市场竞争中求得生存和发展,卓有成效地开展经纪活动,除了努力学习专业知识,完善自己的知识结构外,还须熟练掌握经纪业务运作的技巧。

第一节　经纪业务的运作过程

一、经纪业务运作的准备阶段

经纪业务运作的准备阶段主要是收集相关的信息,并进行整理和分析;寻找合适的客户和签订委托合同。

(一) 信息的收集和整理分析

在现代市场经济条件下,信息是经纪人最重要的资本。经纪人作为市场经济的催化剂和润滑剂,其向社会和买卖双方提供的服务本质上就是信息服务。经纪活动一刻也离不开信息,经纪人拥有的信息量、信息服务的质量以及为交易双方所接受的程度,是决定经纪活动成败的关键。成功的经纪人,他们手中既不拥有大笔资金,也不拥有很多商品,他们获利的秘诀是什么?回答只有一个,即掌握信息。他们善于眼观六路、耳听八方,凭借充分、及时、准确的信息为交易双方牵线搭桥,提供交易机会,促成双方交易,从中赚取佣金。可见,掌握了信息,就意味着掌握了赚取利润的资本。信息就是效益,信息就是金钱。

1. 信息收集的基本要求

为了保证经纪人在资料收集过程中取得高质量的信息，以保证成功地开展经纪活动，收集的信息必须符合以下三个方面的基本要求：

（1）信息的收集面要宽，目的必须明确。经纪人不仅要收集国家有关的法律、法规和政策信息，市场行情和市场趋势，技术信息等宏观信息，而且还要收集和交易标的有关的微观信息。由于各种信息分布在不同的行业、不同部门和不同环节上，因此，信息的收集首先要大面积地“扫描”，并在此基础上进行深入搜寻，以防止重要信息的遗漏。但是，信息的收集又不能漫无边际，必须有明确的目的和对象，要按照有关专题计划进行搜集，使信息的收集有明确清楚的界限，以便于加工整理和分析研究，为经纪活动提供可靠的依据。

（2）原始资料要真实可靠，防止“信息失真”。虚假信息不仅不能促成交易，反而会使经纪人失去信誉。为了保证调查信息的真实性、可靠性，首先要求信息的来源要绝对真实可靠，不能道听途说，人云亦云。特别是通过间接渠道收集信息时，要防止竞争对手有意提供虚假信息。总之，在信息的收集过程中要注意鉴别，去粗取精，由表及里，随时剔除不真实、不可靠的信息资料。

（3）收集的信息要保持系统性和连续性。经纪活动本身就具有空间上的系统性和时间上的连续性。因此，在信息收集过程中，收集的信息也要求能够反映经纪活动的动态变化状况及过程转化的特征。因此，经纪人必须具有敏锐的洞察力和判断力，对于收集的信息资料要按一定的方法和程序进行分类、计算、简录和编写，使之成为一份真实可靠的档案。

2. 收集信息的渠道

（1）文字媒体。文字媒体是指报纸、杂志、内部刊物和专业书籍等，这是资料收集的主要渠道之一，如我国的《市场报》、《经济日报》、《经济参考》、《国际经贸消息》、《国际商报》、《国际贸易》等报刊杂志会不时刊登经纪人所需要的资料。故经纪人应尽可能地多订购有关报刊杂志，并由专人保管和收集、整理。

(2) 电波媒介。电波媒介是指电视、广播等。电波媒介是收集消息的重要渠道之一，它往往比文字媒体要迅速和准确。

(3) 网络媒体。网络媒体主要是指国际互联网(INTERNET)和各专业信息网。一项最新统计调查显示，在中国，网络已经成为第三大信息和新闻的媒体来源，仅次于排在前两位的电视和报纸，而网络媒体对社会生活的影响力已成为一股不可忽视的力量。但使用网络信息时，要注意其可信度。相比而言，成为某专业信息网的会员，共享其信息资源比较可靠。

(4) 各专门机构，如银行、保险公司，各经贸研究机构，咨询公司等信息服务机构，商会、行会等民间机构，地方贸易团体等。

(5) 知情人员，如亲朋好友、同学、老师、老客户等。通过这些人对当事人和实际情况的直接了解，信息就更具有可靠性。当然，所委托的人要可靠和负责才行，否则会适得其反。

(6) 会议，诸如各类商品交易会、展览会、订货会、博览会等。在这些会议上，可以有的放矢地调查有关商品的生产、流通、消费乃至市场趋势和竞争现状及发展前景等，它是收集信息的最好场所和了解商情的最好渠道。所以，有条件的经纪人要尽可能多地参加这类会议。

(7) 公共场所，诸如车站、码头、餐馆、商店、集会场地、娱乐场所等公共场所也是收集信息的渠道之一。

(8) 函电、名片、广告。函电不但是贸易洽谈的主要形式之一，还是日常市场调研的工具，可通过其获取销售信息、生产信息、价格信息等。故人们在商务活动中，往往通过电传、电话、书信、征订单去了解商品的销售情况和价格机制，再结合其他资料就可以得到或预测有关的商务情况。名片也是收集信息的重要渠道，通过名片可以扩大业务、结交朋友、获取资料。广告中一般都载明商品的产地、厂家、电话和电传以及产品的性能、销售价格，有些广告册还登有商品的照片和简单的说明书等。通过对广告的收集，往往能得到一些意想不到的信息。

3. 信息的整理和分析

拥有广泛的信息，仅是经纪人成功的第一步，要最终取得经纪活动的成功，还必须对信息进行整理、分析、判断和充分的利用。

整理即是对收集到的信息进行评价、筛选，去粗取精，去伪存真，然后再进行分类、储存的过程。信息整理一般分三个阶段：

（1）对收集到的信息进行评价。现实中，收集到的各种信息，有些可以马上用，有些到后来才派上用场，也有些则自始至终用不上。如果把收集的信息不加整理地放在一起，以后要查找有用信息时会非常困难。因此，必须对收集到的信息进行评价，没有用的应马上舍去；即使认为日后有用、需要保存的，也要根据其重要性的不同，将其分为三等，即可立即利用的信息、将来肯定可用的信息、将来有可能派上用场的信息。

（2）信息的精选和分类。要不断地对收集的信息进行清理，并对精选后的资料认真地进行分类，具体可按使用目的、用户类别、产业、经营项目、资料的内容、性质等标准来进行分类。

（3）保存资料。可建立一个自己的信息库，把各种有用的信息分门别类地保存起来，以供随时查阅之用。

对信息进行分析、判断，是一项要求很高的工作，它涉及个人的知识结构、经验等多个方面。不同的人可能对同一个信息作出不同甚至完全相反的判断。有这样一个案例：曾经有一家生产鞋子的公司派两名业务员去某海岛进行市场调查。其中一位业务员的调查结论是：本公司的鞋子在该岛根本没有市场，因为该岛的居民都光着脚，不穿鞋。而另一位业务员的结论是：本公司的鞋子在该岛市场潜力非常大，因为该岛居民都还没有鞋子。因此，只有进行科学合理的分析,才能作出正确的判断。在分析、判断各种信息时,一定要注意“五忌”:一忌有假,二忌过时,三忌片面,四忌讹传,五忌迟缓。

在对大量的信息进行整理、分析、判断后,要使信息变成可用资源,经纪人就必须将掌握的信息及时加以利用,为自己带来效益。否则,大量的信息只能被闲置、浪费。

(二) 客户的寻找和委托合同的签订

拥有客户是经纪人获得成功的关键。经纪人可从以下途径寻找客户:

(1) 通过报刊、杂志、电视、广播等得到许多有关客户的信息和资料;

(2) 通过同学、朋友等关系结识新朋友,发掘潜在客户;

(3) 通过老客户的介绍和推荐结识新客户;

(4) 参加交易会、博览会、展览会、发布会等结识新客户;

(5) 加入有关交流或协作组织;

(6) 参加诸如联谊会、恳谈会等社交活动,从中结识新客户;

(7) 利用一定手段和形式对自己的经纪活动进行宣传。

当寻找到合适的客户以后,经纪人首先要对委托方的业务进行有效的、正确的评估。通常委托方在出售一项业务时,对业务的定价都会有一定的情绪化,而不能真正反映出该项业务的实际价值和价格。而经纪人都是某一行业的专家,他们能够理性地评估一项业务。其次,与委托方签订经纪人合同,确立双方的权利和义务。经纪人在进行经纪业务时,应做到“四必须”和“十不能”。

“四必须”是:

(1) 经纪人必须诚实、信用,具有良好的品德;

(2) 经纪人必须忠实保护客户的利益;

(3) 经纪人必须遵章守纪,其经营活动必须符合法律、法规以及行业管理的规定和要求;

(4) 经纪人必须业务精、能力强,具有强烈的事业心和责任感。

“十不能”是:

(1) 经纪人不能从事或参与涉及国家专控商品以及涉及国家机密的经纪活动;

(2) 经纪人不能从事走私、违禁品、假冒伪劣商品的经纪活动;

(3) 经纪人不能明知委托人或合同他方没有履约能力,而为其进行经纪;

(4) 经纪人不能超越客户的委托范围和权限,越权进行有关的经纪活动;

(5) 经纪人不能私自设立和收取账外佣金或索要额外报酬;

(6) 经纪人不能承办或接受能力以外的经纪活动;

(7) 经纪人不能超越中介服务地位,进行实物买卖或私下交易;

(8) 经纪人不能故意提供不实信息或虚构信息,损害合同各方的利益;

(9) 经纪人不能违反国家的有关税法,进行骗税、逃税活动;

(10) 经纪人不能与合同一方串通,损害合同另一方利益。

二、谈判阶段

(一) 谈判的开局

谈判开始时,谈判者之间对谈判尚无实际的感性认识,各项工作千头万绪,无论准备工作做得多么充分,都免不了遇到新情况、新问题,许多资料和信息交流都需要有个了解的过程。因此,在谈判的开局阶段,谈判各方的态度都比较审慎。在这一阶段出一点差错,在下一阶段问题就大了。谈判的开局阶段处理不好,会产生两种弊端:一是使谈判搁浅,陷入僵局;二是轻率让步,达不到预期目的。

谈判是谈判主体间一系列竞争和合作的过程。为能处理好谈判开局阶段的竞争与合作的关系,在谈判开局时要着重防止保守和激进。防止保守是指避免在谈判中竞争不足,合作有余。在谈判的开始阶段,因惟恐失去一个合作伙伴或一次谈判的机会,而一味迁就对方,不敢大胆坚持己方的主张,结果必然处于被动地位。防止激进是指在谈判中,不能把己方的目标建立在损害对方利益的基础上,漫天要价,不切实际。

总之,在谈判的开局阶段,要把握好竞争与合作的分寸。

(二) 导入阶段

导入就是参与谈判的人员通过经纪人的介绍而彼此相识,建立初步印象,其目的是建立一个良好的谈判氛围。良好的谈判氛围是谈判的基础。

要使谈判朝着“达成协议”的方向发展,谈判的氛围应是诚挚、轻松、认真、合作的。而要在极短的时间内形成一种相互合作的氛围是不可能的,需要双方在思路与行动上一步一步适应。为此,理想的做法是在双方刚见面时,经纪人应引导一下,先谈一些与谈判内容没有直接关系的“中性”话题。这些“中性”话题可有下列几种:(1)最近的经历、对方刚出差或旅游过的地方的风景和风俗民情、对方刚见过的人物等。(2)近期新闻、体育比赛、当地气候、当天报纸或电视上某些令大众感兴趣的新闻等。(3)略表关心对方之意,主动询问对方的身体状况等。配合有声语言的接触,还应注意无声语言,即动作语言所表现的内容。每一个人都会有自己的动作语言,有的姿势使人感到自信、轻松;而有的姿势则给人一种缺乏自信、优柔寡断或慢吞吞的感觉。除了姿势、眼光的接触,脸部表情和手的一些动作也会造成初步印象。往往从对方的眼光中,你立即就可以感觉到对方是“坦诚的”或是“值得怀疑的”。握手时,其中一方会感到对方的握手是“有力的”或“适度的"或"柔弱的"。再有,客人走进谈判室的步伐的轻重快慢、主人从座位上站起来或迎上前去的动作的快慢,都会影响"初始印象"的形成。

根据以上的分析,谈判的各方均应注意以下几点:

其一,进谈判室时走路姿势要端正,表情坦率而友好,两肩放松,右手不拿任何东西,以便随时与对方握手,注意衣着整齐干净和大方得体。

其二,握手的动作和握手时的目光给对方的信息应是充满自信,值得信赖。

其三,行动和言谈要有助于形成一种轻松愉快的氛围。

(三)概说阶段

概说阶段主要是指经纪人引导谈判双方把自己的观点和要求向对方阐述清楚,其目的是让双方了解各自的目标和想法,以促成交易。阐述时要力求简要,内容上要有较大余地,不必说得过细过多。对对方的发言要认真聆听、思考。概说就是概略地说明本次谈判的主题,使双方明确并认定谈判的范围和重点,避免在下面的谈判中你说你的、他说他的,浪费时间和精力。概说一般采取先由一方陈述,然后另一方陈述或者补充的方式进行。这种陈述也可以是谈判正式开始的开场白,经过了导入、概说阶段,谈判的双方言归正传,开始了认真的谈判。由一方先作开场白,开场白的内容包括:(1)我方对谈判范围的理解——谈判将会涉及哪些内容。(2)我方的兴趣——希望通过谈判达到什么目的。(3)我方的优先考虑点——对我方最重要的方面。(4)我方的贡献——我方能以什么方法或努力使双方都从这笔交易中获得利益。(5)我方的态度——回顾我方以往和对方交往的情况,对方在我方心目中的信誉的高低及我方有些什么希望和担忧。在开场白中,谈判者应当将自己的想法准确无误地告诉对方。开场白也要力求简要,不要讲与主题无关的话。

在一方作开场白时，另一方一定要：首先聆听，不要分散注意力，去思考如何提出反驳；其次是澄清，如有不清楚的地方，随时提出，弄清楚对方的意思；最后是归纳，把对方的要点逐一确认，务求没有误解。在确认自己对对方的信息理解无误后，根据所达成的程序来作自己的开场白。通常，己方的开场白应是独立的，而不是以对方的开场白为依据的。不过，当对方的开场白的内容是介绍和概括双方的共同点和分歧点时，也就是经过了几轮谈判后，对一些大的背景和常规性的问题都彼此很清楚后。己方的开场白也可以是补充性的，即补充对方开场白中的忽略与疏忽之处。

（四）谈判交锋阶段

当谈判双方已充分表明和列示需求后，此时，谈判双方在立场、利益等多方面的分歧明显暴露。谈判双方都想为己方获得尽可能多的利益，都纷纷列举事实，旁征博引，据理力争，相互之间出现你争我辩、质问与反质问、驳斥与反驳斥的对立竞争状态。交锋的阶段是整个谈判过程中的关键性阶段，是斗智斗勇的角逐。

谈判交锋阶段是谈判的核心，在这个阶段，双方要就谈判的内容或条款进行讨价还价，进行争论，有时还要作出妥协让步。此时，经纪人的协调能力对能否达成交易就起着关键的作用。因此，经纪人应努力培养一个使双方相互信任的氛围。

一个谨慎而老练的谈判者会注意以下三点：职业道德、坦率、可信。

职业道德是谈判中必须重视的因素，在谈判某一产品的价格和质量等因素时，买方为了说明卖方的价格太高，往往要谈到他得到的另一供应商的报价。而卖方为了说明他的产品有竞争力，也往往会谈到其他一些客户愿意出何价格等。这时，对方有时会问所提到的另一供应商或客户的名称，此时就应注意适可而止。

这里的坦率既指对人的坦率，也指业务上的坦率，既不加掩饰地流露自己的感情、愿望和担心，同时也勇于说出本身的业务状况和希望在谈判中达到的目的。当然,坦率的前提条件是必须确认对方应和自己一样,都是本着达成互惠互利的精神,并遵循公认的商业道德来参加谈判的。否则,坦率可能会带来危险。但是,一般来说,一方越能以坦率的姿态出现在谈判桌上,就越有可能吸引对方以同样程度的坦率姿态进行谈判。

为了增加对方对自己的信任度,仅靠坦率远远不够,还必须有"可信"来配合,每一方说的话都必须是可信的。最典型的例子是在出价和还价的时候,如果一方的报价高到不合理的程度,他就会立刻失去信任。

(五) 相持阶段

交锋阶段之后,谈判一般进入相持阶段。双方意见相持不下,坚持自己的立场、观点和要求。在这个阶段,经纪人需要镇定、有耐性和韧性,更需要善于观察,随时注意信息的反馈,寻找谈判的突破口。例如,经纪人可适时提议休息一下。双方离开谈判桌后,可各自总结一下对会谈取得的进展的看法,重新研究一下自己的立场。如有必要有时亦可休会几天,暂停谈判。休息或休会对双方都有利,对谈判能起到积极作用。一般而言,在谈判遇到以下三种情况时,经纪人可提议休息:

(1) 对对方是否有合作意愿把握不准时,宜稍事休息。如在谈判过程中,一方的态度相当强硬,难以合作,尽管另一方反复提供让对方表示合作态度的机会,但对方总是回避表态,或者态度暧昧不清。在这种情况下,应利用休息时间,对对方的行为和目前的形势作一检讨。进行检讨时,最主要的问题是:根据这笔交易的利弊和对方的具体情况,对方有没有理由采取不合作的态度。为此,有必要回想一下对方的各种行为表现。例如:第一,对方在以往的谈判记录中,一般是采取不合作的态度还是合作的态度?第二,在本次谈判的最初几分钟里,对方表现如何?第三,在概说阶段,对方是否试图改变我方提出的条件?第四,对方是否坦率地表明了自己在本次谈判中的立场？经过以上几个方面的分析，就可以拿出应对策略来。

(2) 谈判中遇到难点时，应稍事休息。谈判过程中，常常会因一个问题争论不休，互不相让，双方的态度都变得强硬，氛围也变得紧张起来，人的情绪也容易激动起来。这时，聪明的做法是建议休息。只要双方的共同目标是为了签约成交，就可以利用休息时间来探索解决难题的办法。

(3) 当谈判已进行了很长一段时间，人们的精力开始难以集中，谈判效率明显下降时，应当稍事休息，以恢复精力。

(六) 让步阶段

相持阶段的发展趋势有两种可能：一种可能是僵持不动，谈判中止；另外一种可能是消除僵局，互谅互让。通常，僵持阶段到了一定时候，谈判各方都会出现一些松动，各自都会考虑双方的共同利益，对自己的利益会小心谨慎地作出调整、让步。当然，这种调整、让步都是若隐若现、翻来覆去的，但相互之间的意图和利益已逐渐明晰化，可能达成的结果已有所显示。提出假设性问题是解决让步问题的主要方式，这是一种使谈判保持积极状态的策略，而且在假设性问题中，往往包括建设性建议的成分。

如："假如我们把订单增加两倍，那么你们的价格能否变动呢？"

提出假设性问题的目的让双方共同努力，探索各种各样的可能方案，使谈判最终达成对双方都有利的最佳方案。但是，必须强调的是，这种假设性问题的提出时间，一般是正在讨论某个问题或对某个问题有分歧、悬而未决时，不能在该问题已经不成其为问题时提出。例如，当双方已经报了价，甚至已经在讨论价格问题时，一方突然提出这样的假设性问题："假如我们不购买你们的整机，而只购买散件……"这会使对方感到莫名其妙，也就谈不上进一步合作了。

（七）谈判的结束

当谈判进行到尾声，接近于双方的预期目标时，要见好就收。这是指要及时结束谈判，以巩固前面的成果；否则，再拖下去，有可能前功尽弃。

通常，谈判的结束有两种情况：一种是谈判双方发现保持双方各自的利益和共同利益的最好办法是分道扬镳，此时就是谈判的结束；另一种是谈判双方就共同关心的问题取得了一致意见，达成了双方均感到满意的协议。必须注意的是，谈判协议的签订是谈判各方协商一致、努力争取的结果，且这种协议一般是书面形式的，一旦生效，便对双方有法律约束力，因此一定要把好这一关。

第二节　经纪业务的运作技巧

一、报价的技巧

报价和讲价是谈判的核心，因此必须重视掌握报价和讲价的技巧。因为这些技巧不仅将决定能否成交，而且还将在很大程度上认定赢利的幅度。报价时要考虑两个基本要素：一是对出价者最有利，二是成交的可能性最大。在具体实践中，可多听行家或专家的意见，必要时还可请专家进行调查和计算。

不管是买卖双方谁先报价，都应选择一个合适的开价。以“取得优势”为谈判方针，对于卖方而言，理想的开价自然是“最高可行价格”；对于买方而言，相应的开价自然最好是“最低可行价格”。

报价要坚定而果断，这样才会给人以诚恳而认真的印象。同时报价要清楚，务必使对方准确地了解而不发生误解。报价时不必加上任何解释或说明；既然报价合乎情理，就没必要进行解释，也不必多作说明。

在对方报价时,己方要认真听取并尽力完整、准确、清楚地把握住对方的报价内容。在对方报价结束后,对某些不清楚的地方可以要求对方予以解答。同时,应将己方对对方报价的理解进行归纳总结,并加以复述,以确认自己的理解准确无误。在对方报完价后,己方较为策略的做法是不急于还价,而是要求对方对其报价或交易条件等作出详细的说明和解释,以便己方了解对方报价的实质、态势、意图及其诚意,寻找破绽,从而动摇对方报价的基础。在此基础上,针对一方报价,另一方有两种行动选择:一是要求对方降低其要价或减少、修改条件;一是提出己方的报价或条件。

具体的报价技巧有以下几种:

(一) 低价主义,高价政策,除法报价

低价主义在谈判中是指报出一个合理价格,并公开声明绝无二价,决不讲价的方法。但在采取这种方法时要注意:(1)尽量设法消除对方的敌意;(2)给对方讨论的时间,以适应己方的条件。

高价政策是指在报价时漫天要价。高价政策一般能使开高价者获得更大的利益,而且为以后的讨价还价留有让步的余地。当然,采用高价政策要有一定的理由和限度,否则对方会断然拒绝,使你下不了台。

除法报价是以化整为零的策略为原则的一种报价技巧。它以价格为被除数,以商品的使用时间、商品的数量为除数,得出的价格商极为低廉,使买主的感觉错位。一个本来不很低的价格通过除法报价技术使买主在心理上感到不贵、便宜。

(二) 吹毛求疵,货比三家,故意出假价

吹毛求疵这种方法经常用于讨价还价中。买主通常会利用这种战术来和卖方讨价还价。

货比三家就是通过掌握同类商品的不同价格、同类质量的不同商品的价格,利用价格与质量的差别,利用卖主们相互竞争来迫使对方降价。

故意出假价的目的在于消除竞价，排除其他对手，使自己成为惟一的交易对象。可是，一旦卖主要卖给他时，便开始削价了。

二、还价的技巧

在还价前，先要研究对方报价的特点，找出对方的弱点部位，还需分析历次修改变动价格的情况和特点及对方对本项交易的态度和表现。要详细分析有利于促使对方减价的因素。在讨价还价过程中，一定要注意在我方认为重要的问题上，设法使对方先让步；而在较为次要的问题上，则可根据实际情况，我方可以考虑先作出较小的让步，给对方以较大的满足，并换取对方在我方认为重要问题上的让步。

让步时要遵循适量性原则，即让步不要一下子让得过快、过多。因为一下子让得太快，太多，就会使人感觉我方地位软弱，这样反而增强了对方的自信心，让对方掌握了主动权。但是，让步又必须有足够的速度和数量，使对方得到一些好处，看到最终成交的前景，为在其他重要的交易条件上订立对我方有利的合同条款奠定基础。

三、经纪人拒绝的技巧

经纪人在与委托人或客户打交道时，对方有时会提出一些过于苛求的问题或不合理的要求。对此，经纪人应予拒绝，但如果不注意拒绝的方法，会引起对方的失望和不愉快，严重的还会破坏今后的合作关系。因此，应掌握拒绝的技巧，把因拒绝造成的负面效应控制在最小点。经纪人拒绝的技巧有：

（1）推脱策略，如“此事要和某某商量，现在恐怕难以决定”。

（2）拖延策略，如“此事还须进一步调查，等最后结果出来后我们再讨论怎样处理，如何”。

（3）笑而不语。对于一些难以说清的或不需要多解释的问题可以笑代答。

（4）装聋作哑。对于一些对自己完全不利，任何解释都无法令对方满意的问题可以装作没有听见。

（5）含糊其辞。对于不容易回答的问题，可采取模棱两可的方法作出回答，如："此笔交易的最终效益要视交易是否进展顺利。"

（6）诱导对方自我否定。如："对于你刚才提出的问题，如果换了你是我应该如何回答？"

（7）先同情后拒绝的策略。如果对方提出的要求限于条件一时无法满足，可采取该策略。如："你提的建议很有建设性，我们将加以研究，如果今后条件成熟，我们一定会采纳你的这一建议。"

四、经纪人的交际礼仪

（一）介绍的技巧

介绍是人们在社会活动中相互结识的一种常见形式，它是指把同行者或自己的简要情况和思想性格通过明示或暗示的方式告诉对方。在社交场合把同行者的简要情况和思想性格介绍给他人，这就是人们常说的为他人作介绍；把自己的相关情况告诉对方，就是人们常说的自我介绍。介绍得体能使被介绍者感到高兴，新相识者感到欣喜。因此，准确地掌握介绍的要领，往往可为今后进一步交往奠定基础。

1. 为他人作介绍

在集体介绍中，应先介绍身份高者或地位重要者，也可以按照座位次序或职务次序一一介绍。如果想把一个人介绍给众多的人时，首先应该向大家介绍这个人，然后再把众人逐个介绍给这个人。为了让引见适宜，介绍一般遵循如下次序：先将男士介绍给女士；将年轻的介绍给年长的；将地位低者介绍给地位高的；将客人介绍给主人；将公司同事介绍给客户；将自己公司的同事介绍给别家公司的同行；将非官方人士介绍给官方人士；将本国同事介绍给外籍同事；将资历浅的介绍给资历深的；等等。其规律是尊者具有优先了解权。

介绍要恰到好处，除了掌握一般方法、次序外，还应注意以下事项：

（1）为他人作介绍时要掌握分寸，实事求是，不要把副职说成正职，免得使人难堪，也不可涉及私人生活，如地址、身体状况、年龄等。

（2）介绍要口齿清楚，咬准字音，不要把姓刘说成姓牛，不便双方记准；以手示意时把手掌伸开去，表情大方、自然，不可以用手指指点点。

（3）除了女士和长者外，介绍人和被介绍人都应起立，以示尊重和礼貌；待介绍人介绍完毕后，被介绍双方应微笑着点头示意或握手致意。

（4）在宴会、会议桌、谈判桌上，介绍人和被介绍人可视情况不必起立，被介绍双方可点头微笑致意；如果被介绍双方相隔较远，中间又有障碍物，可举起右手致意，点头微笑致意。

（5）介绍完毕后，被介绍者双方应依照合乎礼仪的顺序握手，并且彼此问候对方。必要时，还可作进一步的自我介绍。

2. 自我介绍

在大型招待会、宴会上，在未被介绍或没有人为之作介绍时；在社交场合，与不相识者相处时；在社交场合，有不相识者表现出对自己感兴趣时；在社交场合，有不相识者要求自己作自我介绍时；在公共聚会上，打算介入陌生人组成的交际圈时；前往陌生单位，进行业务联系时；因业务需要，在公共场合进行业务推广时，都应主动作自我介绍。自我介绍往往能体现出一个人的胆量和气魄，也很容易在社交中处于主动地位。自我介绍时要做到表达清晰、风趣、真实、流畅,尽量包含足够的有关自己的信息以及与接下去的谈话相关的内容。

自我介绍时要注意以下几点:

(1) 实事求是,不可不停地自我表白甚至吹嘘,否则易引起对方的反感和不信任,不利于进一步交往和联系。

(2) 介绍时举止大方、庄重,面带微笑,态度谦逊,讲到自己时可将右手放在自己的左胸上。

(3) 介绍时表情坦然亲切,眼睛应看着对方或是大家,不要显得不知所措,更不能一副随随便便、满不在乎的样子。

(二) 握手的技巧

传统上,伸出手表示没有武器,握手是信任的象征;在现代,握手是在相见、离别、恭贺或致谢时相互表示情谊、致意的一种礼节,双方往往是先打招呼,后握手致意。一般握手的顺序如下:主人、长辈、上司、女士主动伸出手,客人、晚辈、下属、男士再相迎握手。

握手需要掌握如下方法:

(1) 一定要用右手握手。

(2) 要握紧对方的手,时间一般以 1~3 秒为宜。当然,过紧地握手,或是只用手指部分漫不经心地接触对方的手都是不礼貌的。

(3) 被介绍之后,最好不要立即主动伸手。年轻者、职务低者被介绍给年长者、职务高者时,应根据年长者、职务高者的反应行事。即当年长者、职务高者用点头致意代替握手时,年轻者、职务低者也应随之点头致意。和年轻女性或异国女性握手,一般男士不要先伸手。

(4) 握手时,年轻者对年长者、职务低者对职务高者都应稍微欠身相握。有时为表示特别尊敬,可用双手迎握。男士与女士握手时,一般只宜轻轻握女士手指部位。切忌戴手套握手。

(5) 握手时双目应注视对方,微笑致意或问好,多人同时握手时应按顺序进行,切忌交叉握手。

(6) 在任何情况下,拒绝对方主动要求握手的举动都是无礼的,但手上有水或不干净时,应谢绝握手,同时必须解释并致歉。

(三) 使用名片的技巧

名片是经纪人介绍自己、保持联系、进行交际的一种有效方式。名片主要用于自我介绍和建立联系之用,在交际中,经介绍与他人认识之后,如带有名片,应立即取出,双手捧交给对方。收取名片的一方若备有名片,亦应迅速递上自己的名片;若没有,则应道歉。

接受他人名片时,应当恭恭敬敬,双手捧接,并道感谢,这样能使对方感到对他的尊重。接过别人当面递上的名片后,一定要仔细地看一遍,不明白之处当即请教。有时可以有意识地重复一下名片上所列的对方的姓名与职务,以示仰慕。绝不要一只手去接别人递上的名片,看也不看一眼就把它漫不经心地塞入衣袋。如需将他人递上来的名片暂时放在桌子上,千万不要在它上面乱放其他东西。

倘若一次同许多人交换名片,而且都是初交,那么最好依照座次来交换,并核对对方的姓名,以防搞错了。

(四) 打电话的技巧

在日常工作中,打电话的语言很关键,它直接影响经纪人给对方的第一印象。因此,注意打电话的技巧是很有必要的。打电话和接电话时应注意以下事项:

(1) 使用电话一般是预约时间或通知事情,不要在电话中讨论业务或介绍产品和服务。

(2) 用清晰而愉快的声音可以显示说话人的职业风度和可亲的性格,可以影响电话交谈的气氛。

(3) 要报出打电话人的姓名。

(4) 要问对方此时打电话是否方便,如:“可以占用你几分钟的时间吗？我想和你谈谈某某事，大约需要十分钟。现在谈您方不方便？”

(5) 妥善组织通话内容，语言要精练，尽量缩短通话时间，对重点内容可以重复一遍。

(6) 通话时要注意措辞和礼貌，称呼对方要加头衔。无论男女，不可直呼其名。

(7) 结束通话时，要把谈过的内容适当地总结一下，如：“具体情况要过两天才能有结果，到时再找你如何？这个星期五你有时间吗？”不要把问题挂在那里，说了半天等于没说。

(8) 最后应用诸如“很高兴与你交谈”、“谢谢你打来电话”等客气话以示热情。

(9) 放电话的动作要轻，以免对方误以为你摔电话。

(10) 话筒未放稳前，千万不可对刚才的电话内容妄加评论或发牢骚，以免被对方听见。

(五) 赠送礼品的技巧

经纪人在业务交往中，为了联络感情或表达谢意，往往要赠送一些礼品，懂得送礼技巧，不仅能达到大方得体的效果，还可以增进彼此感情。

1. 在赠送礼品前应注意的问题

(1) 有关公司或部门有关赠送礼品的政策或惯例。

(2) 送礼的客观环境。谈判中送礼，会被人误解为行贿。附带条件的送礼是不礼貌的，而且会带来不良的效果。

(3) 受礼人的喜好，如品味、爱好、兴趣、生日等。

(4) 礼品的价值。即使你比较富裕，送礼物给朋友也不宜太过，而送一些有纪念意义的礼物较好。

(5) 礼品的类型。礼品的选择要符合当地的风俗、习惯。

2. 赠送礼品时应注意的问题

(1) 彼此的关系。

(2) 赠送礼品的理由。

(3) 赠送礼品的时机。可选择个人事件，如生日、提升、开业典礼等。

(4) 赠送礼品的场合。可选择家庭场合、私人场合、公司场合、节日场合等。

3. 礼仪卡的赠送

礼仪卡可以很好地表达谢意，是人们长期保持联络和表示思念之情的最佳方式。几乎在任何情况下，都可以送礼仪卡，即使在不方便送礼的情况下也可以。因此，有时送礼仪卡比送礼品更明智。但礼仪卡的赠送应注意下列几点：

(1) 礼仪卡的赠送应及时，否则就将失去意义。

(2) 受卡人的姓名、称呼要正确。

(3) 礼仪卡上的附言要本人书写并签名。

第十章　经纪人与合同法

合同法是规范市场交易的基本法律，是民商法的重要组成部分。在现实生活中，合同涉及人们生产、生活的各个方面，小到公民的衣食住行，大到国家建设和对外经济的交往与合作，都离不开合同。经纪人在具体经营活动中，也必须借助合同这一法律形式与委托人及第三人建立联系。1999 年 3 月 15 日，第九届全国人大第二次会议审议通过了《中华人民共和国合同法》（以下简称《合同法》），这是一部调整市场经济关系的重要法律。它的制定和颁布，对于调整民事合同关系，完善适应市场经济需要的法律体系，规范经纪人的行为，具有重要的意义。

第一节　合同概述

一、合同的概念

合同又称契约。从合同的适用范围看，人们对合同概念的理解有所不同。广义上的合同是指确定权利、义务内容的协议，既包括民法中的合同，又包括行政法中的行政合同、劳动法中的劳动合同、国际法中的国家合同等。狭义上的合同即指民事合同，即设立、变更、终止民事权利义务关系的协议。我国《合同法》基本上采纳了狭义说。该法第二条规定："本法所称合同是平等主体的自然人、法人、其他组织之间设立、变更、终止民事权利义务关系的协议。"根据这一定义，合同具有以下法律特征：

（一）合同是当事人之间在自愿基础上达成的协议，是双方或多方的民事法律行为

首先，合同是建立在自由基础之上的，是当事人自愿协商订立的，合同自由原则是合同法的重要原则。其次，合同是一种民事法律行为，只有在当事人所作出的意思表示是合法的、符合法律要求的情况下，合同才具有法律约束力，并受到国家法律的保护。相反，如果当事人作出了违法的意思表示，即使达成了协议，也不能产生合同的效力。再次，合同是双方或多方的法律行为，至少必须有双方当事人参加，并且当事人之间还必须在自愿的基础上，通过协商达成一致的协议，作出完全一致的表示，合同才能成立。

（二）合同当事人的法律地位平等

合同当事人，不论是公民、法人还是其他组织，不论其经济实力和所有制形式如何，也不论其在行政上有无上下级隶属关系，法律地位一律平等，没有高低之分、上下之别。只有当事人的法律地位平等，才能保障当事人自由地表达自己的意志，使合同内容充分体现当事人的意志和经济利益。

（三）合同所确立的关系是民事法律关系

合同是当事人之间设立、变更、终止民事法律关系的协议，当事人可以通过订立合同设立民事法律关系，也可以变更或终止民事法律关系。由于民事法律关系有财产关系和身份关系之分，因此，合同也可分为财产关系的合同和身份关系的合同。这两类合同在内容方面各有特点，因此，《合同法》第二条第2款规定："婚姻、收养、监护等有关身份关系的协议，适用其他法律的规定。"从而将合同视为交易的法律形式，凡不以交易关系为内容的协议不是我国《合同法》规定的合同。

二、合同的形式和内容

（一）合同的形式

所谓合同的形式，又称合同的方式，是体现合同内容、明确合同当事人权利义务的方式，是合同内容的外在表现。《民法通则》第五十六条规定："民事法律行为可以采取书面形式、口头形式或其他形式。"《合同法》第十条第1款规定："当事人订立合同，有书面形式、口头形式和其他形式。"

1. 书面形式

书面形式，是指以文字的方式表现当事人之间所订合同内容的形式。《合同法》第十一条规定："书面形式是指合同书、信件和数据电文（包括电报、电传、传真、电子数据交换和电子邮件）等可以有形地表现所载内容的形式。"采用书面形式订立合同的最大特点是便于保存，有据可查，发生纠纷时方便举证，有利于当事人主张权利，也便于人民法院或者仲裁机构依法审判或裁决。因此，对于关系复杂的合同、价格或者酬金数额较大的合同，当事人应当采用书面形式。

书面形式又可以分为一般书面形式和特殊书面形式。所谓一般书面形式，也就是通常意义上的书面形式，即用文字方式来表现合同的形式。大部分的书面形式合同都是一般书面形式。所谓特殊书面形式，是指除了用文字方式表现合同内容外，还必须对合同进行公证、鉴证等。这种形式主要有四种：一是公证形式，由公证机关对合同的真实性与合法性进行审查，并以公证文书加以确认和证明的形式。二是鉴证形式，是指由工商行政管理机关对合同的真实性与合法性进行审查、鉴定和证明的形式。三是审核形式，是指作为合同当事人的上级主管部门对合同的合法性进行审查并予以批准的形式。四是登记形式，是指有关的国家管理机关对合同的合法性进行审查，并对该合同涉及到的财产流转进行登记。

还有一些合同须在主管机关备案，如注册商标的使用许可合同应当报商标局备案。

《合同法》第十条第2款规定："法律、行政法规规定采用书面形式的，应当采用书面形式。当事人约定采用书面形式的，应当采用书面形式。"所谓法律规定应当采用书面形式订立的合同，是指其他法律中明确规定应当采用书面形式订立的合同。所谓当事人约定采用书面形式订立的合同，是指当事人在订立合同时明确约定采用书面形式订立的合同。应当采取书面形式的合同，当事人未采用书面形式的，《合同法》第三十六条规定："法律、行政法规规定或者当事人约定采用书面形式订立合同，当事人未采用书面形式但一方已经履行主要义务，对方接受的，该合同成立。"如果当事人未履行主要义务，该合同不成立，应当采取补救措施加以解决。

2. 口头形式

口头形式是指当事人只以口头的意思表示达成协议的合同，如当面交谈、电话联系等。以口头形式订立合同在日常生活中采用较多，如公民为满足生活需要而与他人订立的买卖、互易、借贷、承揽、保管等合同，一般都采用口头形式。口头形式的优点是简便易行、直接迅速。其不足是无文字依据，一旦发生纠纷，当事人举证比较困难，不易分清责任。对于不能即时清结的和较重要的合同，不宜采用口头形式。

3. 其他形式

其他形式是指采用除书面形式、口头形式以外的方式来表现合同内容的形式。从实践来看，主要应指默示形式。默示形式可分为作为的默示形式和不作为的默示形式两种。作为的默示形式，是指当事人进行某种积极行为，据此可以推定当事人真实意思的形式。例如，在房屋租赁合同期满时，承租人和出租人都不提出合同终止的问题，而且承租人继续支付租金，出租人也继续接受租金,从这种行为中可以推断出租人已经同意延长房屋租赁合同的租期。不作为的默示形式,是指当事人采用消极的沉默,据此可以推定当事人内在意思表示的形式。不作为的默示形式一般只在法律有明确规定或者当事人双方有约定的情况下方可适用。

（二）合同的内容

这里所说的合同内容,是指据以确定合同当事人权利、义务和责任的合同条款。订立合同应当包括的内容,要根据合同的种类、标的的大小等多种因素确定,很难有一个统一的规定。所以,《合同法》第十二条规定,“合同的内容由当事人约定”,并规定合同“一般包括”以下条款:

1. 当事人的名称或者姓名和住所

这是关于合同主体的规定,只有明确主体,才能确定合同约定的权利、义务的享有者和承担者。一旦发生纠纷,才能准确地确定责任人。当事人的住所则与合同的履行、法院的管辖等有密切关系。

2. 标的

标的,也就是合同确定的权利义务指向的对象。这是一切合同都要具备的条款,否则,就失去了订立合同的必要性。标的可以是物,如买卖合同;也可以是行为,如服务合同、委托合同等。

3. 数量

这是合同当中最重要的条款之一,尤其是在购销、定作、承揽等合同中,明确约定数量,无疑是非常重要的。否则,难免会出现合同纠纷。

4. 质量

质量,即合同所指向对象的性质、规格、样式、标准等,如订立购买家具合同,就应当对所购家具的原料、样式、质量标准等作出明确的约定。

5. 价款或者报酬

这也是合同的一个重要内容。合同关系是当事人为了确定权利、义务而进行的经济活动，既然是经济活动，就必然有经济利益。必须约定商品的价格，服务合同也必须约定报酬。

6. 履行期限

当事人在订立合同时对履行期限作出约定，对于合同的顺利履行有重要意义，可避免拖延履行合同。

7. 履行的地点和方式

如交货地点、付款方式等。当事人在异地订立合同时，明确这一点非常重要，可避免履行合同时出现争议。。

8. 违约责任

这也是合同的一个重要条款。在订立合同时约定违约责任，对于纠纷的处理，可以提供依据，也可以督促当事人尽力履行合同。

9. 解决争议的方法

在合同中约定解决争议的方法，可以避免出现合同争议以后各执一词、互不相让，有利于争议的顺利解决。当事人可以在合同中约定是否提交仲裁、由哪个仲裁机构仲裁等。

《合同法》第十二条第2款还规定："当事人可以参照各类合同的示范文本订立合同。""合同的示范文本"，是指由一定机关事先拟定的对当事人订立合同起示范作用的合同文本。此类合同文本上的合同条款有些内容是拟定好的，有些内容没有拟定，需要当事人自己商定填入。合同的示范文本不是格式合同，也不要求当事人必须采用该文本，它只是对当事人订立合同起指导、参考作用。

三、合同的订立

当事人订立合同的过程也就是对合同内容协商的过程。《合同法》第十三条规定："当事人订立合同，采取要约、承诺方式。"不管订立合同的方式有何不同，都必须经过两个步骤，即要约和承诺。

（一）要约

要约又称为报价、发价、发盘、出盘等。依照《合同法》第十四条的规定，要约是希望和他人订立合同的意思表示。发出要约的当事人称为要约人，要约所指向的人称为受要约人。意思表示是指把内心旨在发生一定效果的意思对外表示出来的行为。一项要约若要取得法律效力，必须具备以下两个条件：（1）内容具体确定。要约内容的所谓“具体确定”，是指要约的内容表达必须具体明确，不能含糊不清。同时，该内容具有足以使合同成立的基本条件，即包含要约人所希望订立合同的基本条款。（2）表明经受要约人承诺，要约人即受该意思表示约束。也就是说，要约必须向受要约人表明，该要约一旦由受要约人承诺，合同即告成立，要约人就要受到约束。在实践中，由于许多合同往往不一定以固定的词语直截了当地表达这一条件，所以受要约人应当仔细分析要约中是否包含有一经承诺即受约束的意思。

要约邀请不同于要约。要约是要约人向他人发出的希望订立合同的意思表示，要约一经承诺，合同即告成立，双方都要受合同内容的约束，违反了合同的约定，应承担相应的法律责任。要约邀请又称要约引诱，是希望他人向自己发出要约的意思表示。要约邀请只是引诱他人向自己发出要约，在法律上没有意义，不可能产生合同成立与否的法律后果，对要约邀请人和相对人都没有约束力。对此，《合同法》第十五条第1、第2款规定：“寄送的价目表、拍卖公告、招标公告、招股说明书、商业广告等为要约邀请。”“商业广告的内容符合要约规定的，视为要约。”

关于要约生效的时间，各国法律规定并不一致，大体有两种情况：一是发信主义，即要约人发出要约后，即产生法律效力，对要约人具有法律约束力；二是到达主义，又称受信主义，指要约必须到达受要约人时才能产生法律效力。我国《合同法》采用了“到达主义”。该法第十六条第1款规定：“要约到达受要约人时生效。”至于到达的时间，在口头对话的情况下，应以相对人了解要约内容为标准来确定；在非口头对话的情况下，只要要约送到受要约人的控制范围即为到达，如受要约人的信箱、电子信箱等。对此，《合同法》第十六条第2款规定：“采用数据电文形式订立合同，收件人指定特定系统接收数据电文的，该数据电文进入该特定系统的时间，视为到达时间，未指定特定系统的，该数据电文进入收件人的任何系统的首次时间，视为到达时间。”

要约发出以后，可以要求撤回，但必须符合法定的条件。《合同法》第十七条规定：“要约可以撤回。撤回要约的通知应当在要约到达受要约人之前或者与要约同时到达受要约人。”要约在到达受要约人后，也允许撤销，但应加以严格限制，否则会影响受要约人的利益。《合同法》第十八条规定：“要约可以撤销。撤销要约的通知应当在受要约人发出承诺通知之前到达受要约人。”要约的撤销与要约的撤回的不同之处在于，要约的撤销发生在要约生效以后，要约的撤回发生在要约生效之前。

根据《合同法》第十九条的规定，有下列情形之一的，要约不得撤销：一是要约人确定了承诺期限或者以其他形式明示要约不撤销；二是受要约人有理由认为要约是不可撤销的，并已经为履行合同作了准备工作。

（二）承诺

所谓承诺，是指受要约人同意要约的意思表示。一项有效的承诺，必须符合以下条件：（1）承诺必须由受要约人向要约人作出；（2）承诺必须是对要约明确表示同意的意思表示；（3）承诺必须在要约有效的期限内作出；（4）承诺的内容必须与要约的内容相一致，主要指与要约实质内容的一致。

关于承诺的方式，《合同法》第二十二条规定：“承诺应当以通知的方式作出,但根据交易习惯或者要约表明可以通过行为作出承诺的除外。”该规定明确了承诺的表示应当以通知的方式作出。所谓“通知的方式”,是指受要约人以口头形式或者书面形式明确告诉要约人同意要约内容。通知的方式是承诺方式中采用最多的方式,其优点在于受要约人是否同意要约的内容很明确,不容易发生争议。除了通知的方式以外,承诺的表示还可以通过“行为”作出行为必须是人们依照交易习惯或者要约的规定能判断受要约人作出承诺的行为。

根据《合同法》第二十三条的精神,如果要约确定了承诺期限的,受要约人应当在要约确定的承诺期限内作出承诺并使该承诺到达要约人,否则,承诺为过时的承诺,不发生合同成立的效力。如果要约没有明确规定承诺期限,要约是以对话的方式作出的,应当即时作出承诺,但当事人另有约定的除外;要约以非对话的方式作出的,承诺应当在合理的期限内到达。关于承诺期限的计算,《合同法》第二十四条规定:“要约以信件或者电报作出的,承诺期限自信件载明的日期或者电报交发之日开始计算。信件未载明日期的,自投寄该信件的邮戳日期开始计算。要约以电话、传真等快速通讯方式作出的,承诺期限自要约到达受要约人时开始计算。”如果受要约人超过承诺期限发出承诺的,除要约人及时通知受要约人该承诺有效的以外,则为新要约。若要约人在承诺期限内发出承诺,按照通常情形能够及时到达要约人,但因其他原因承诺到达要约人时超过承诺期限的,除要约人及时通知受要约人因承诺超过期限不接收该承诺的以外,该承诺有效。

承诺生效是合同成立的标志,承诺生效的时间直接决定了合同成立的时间。我国《合同法》对承诺生效的时间采用到达主义,即承诺通知到达要约人时生效。“到达”应理解为承诺的通知到达要约人支配的范围内,如要约人的专用信箱、营业场所等,至于要约人是否阅读和了解承诺的内容,并不影响承诺的生效。在承诺不需要以通知的方式作出的情况下，如根据交易习惯或要约人提出的要求作出承诺的行为，就应以行为的作出作为承诺生效的时间。采取数据电文形式作出承诺，其到达时间的确定标准为：要约人指定系统接收承诺的，该承诺进入该特定系统的时间，视为到达时间；未指定特定系统的，该承诺进入要约人的任何系统的首次时间，视为到达时间。此外，《合同法》第二十二条、第二十三条规定，当事人采用合同书形式订立合同的，自双方当事人签字或盖章时合同成立；当事人采用信件、数据电文等形式订立合同的，可以在合同成立之前要求签订确认书，签订确认书时合同成立。

承诺可以撤回。所谓承诺的撤回，是指受要约人对要约作出承诺后，又撤回了承诺。但承诺的撤回是有条件的，即撤回承诺的通知应当在承诺生效之前或者与承诺通知同时到达要约人。在此种情况下，要约人由于在接到承诺的同时也已经知道承诺人撤回了承诺，因此，要约人不可能对承诺加以信赖而遭受什么经济损失。

四、格式条款

格式条款，又称定式条款、标准条款，它是指当事人为了重复使用而预先拟定，并在订立合同时未与对方协商的条款。由此可见，格式条款是由一方当事人事先拟定的，而不是双方在反复协商的基础上订立的；格式条款是为了重复使用而向不特定的相对人提出的；格式条款在订立合同时未与对方协商。

由于格式条款的预先拟定及不与对方协商，在用格式条款订立合同时，双方当事人的地位往往不是完全平等的，对方当事人只有订不订合同的自由，而没有选择合同条款的自由。为了协调这一矛盾，更好地保护对方当事人的合法权益，尤其是广大消费者的权益，《合同法》对提供格式条款的一方作了限制，即该法第三十九条规定："采用格式条款订立合同的，提供格式条款的一方应当遵循公平原则确定当事人之间的权利和义务,并采取合理的方式提请对方注意免除或者限制其责任的条款,按照对方的要求,对该条款予以说明。”同时,《合同法》第四十条还规定了格式条款无效的若干情形:本法第五十二条规定的无效合同的情形;本法第五十三条规定的无效条款的情形;格式条款中含有免除提供格式条款一方当事人责任、加重对方责任、排除对方主要权利的。

当合同当事人对格式条款的理解发生争议时,就涉及合同的解释问题。根据《合同法》第四十一条之精神,提供格式条款的一方首先应当按照通常理解予以解释,即按照合同所使用的词句、合同的有关条款、订立合同的目的、交易习惯以及诚实信用原则予以解释,以确定该条款的真实意思。若按照上述原则对格式条款的解释仍有两种以上的解释时,则应遵循不利于条款制作人的原则,即应作出不利于提供格式条款一方的解释。在实践中,有时格式条款和非格式条款同载于一个合同中,也可能在合同的附件中,这就可能出现格式条款与非格式条款相矛盾的情况,此时,应遵循非格式条款优于格式条款的原则,即格式条款和非格式条款不一致的,应当采用非格式条款。

五、缔约上过失责任

所谓缔约上过失责任,是指一方当事人在订立合同的过程中,因为过错而给对方当事人造成损失所应承担的责任。

根据《合同法》第四十二条之规定,缔约上过失责任主要有三种情况:

1. 假意订立合同,恶意进行磋商

在这种情况下,一方当事人并没有订立合同的意思,只是为了损害对方利益,如故意与对方谈判,让对方丧失与他人交易的时机;又如,假借与对方谈判,故意增加对方的缔约成本。

2. 故意隐瞒与订立合同有关的重要事实或者提供虚假情况

所谓故意隐瞒，是指一方在缔约过程中有意识不将有关情况向对方通报。所谓重要事实，是指足以影响对方当事人决定是否与该当事人订立合同的情况。所谓虚假情况，是指客观上不存在或者与事实不符的资料、信息。

3. 有其他违背诚实信用原则的行为

主要是指一方未尽通知、协助、告知、照顾、保护等义务，而造成他方财产或人身的损害。

缔约过失行为损害的是一种信赖利益，是由于对方当事人信赖有过错的一方有订立合同的诚意，并为合同的成立和履行做了一些先期的准备工作等原因而造成的实际损失，因此，恶意谈判或违反诚实信用原则的当事人所应承担的责任以给对方造成的实际损失为限。

第二节 合同的效力及履行

一、合同的效力

合同的效力又称合同的法律效力，是指法律赋予依法成立的合同具有拘束当事人各方乃至第三人的强制力。合同本身不是法律，而只是当事人之间的合意，因此不能具有与法律一样的效力。换言之，合同的法律拘束力并非直接来源于当事人约定，而是由法律赋予的。

合同成立后是否一律都有效，这应根据具体情况而定。依法成立的合同是有效合同，此外，还有无效合同、可撤销合同、合同效力待定等情况。对此，我国《合同法》作了具体规定。

（一）有效合同

《合同法》第四十四条规定：“依法成立的合同，自成立时生效。”由于合同属于民事法律行为，合同是否有效就要看是否符合

《民法通则》关于民事法律行为的有关规定。《民法通则》第五十五条规定,民事法律行为应当具备下列三个条件:(1)行为人具有相应的民事行为能力,也就是主体要合法,签订合同的当事人应具有相应的民事权利能力和民事行为能力;(2)意思表示真实;(3)不违反法律或者社会公共利益。

关于合同生效的时间,在通常情况下,依法成立的合同,自成立时生效。因此,在大多数情况下,合同成立与合同生效是同时发生的。也就是说,合同在成立之时也就生效了。但也有例外情况,如法律、行政法规规定应当办理批准、登记等手续生效的,自登记、批准时生效。目前涉及合同审批、登记的有关法律、行政法规主要有《中外合资经营企业法》、《中外合作经营企业法》、《城市房地产》、《担保法》、《城镇国有土地使用权出让和转让暂行条例》等。又如,当事人对合同的效力可以约定附生效条件或者附生效期限,那么自条件成熟或者期限届至时生效。

合同生效后,对合同当事人就具有法律约束力,当事人应当按合同的约定全面履行自己的义务,任何一方不得擅自变更或解除合同,如果不履行合同义务或者履行合同义务不符合约定,应当承担违约责任。受损害方可以通过法院寻求法律保护,合同条款成为处理合同纠纷的重要依据。

(二)无效合同

无效合同是相对于有效合同而言的,它欠缺合同的生效要件,当然不会发生法律效力。

根据《合同法》第五十二条之规定,有下列情形之一的,合同无效:

(1)一方以欺诈、胁迫的手段订立合同,损害国家利益。按《民法通则》规定,欺诈、胁迫行为属于无效行为,《合同法》对此增加了限制条件,即只有该类行为损害国家利益时才无效;损害非国家利益的,则按《合同法》第五十四条之规定,属于可撤销行为。

(2) 恶意串通,损害国家、集体或者第三人利益。

(3) 以合法形式掩盖非法目的。

(4) 损害社会公共利益。

(5) 违反法律、行政法规的强制性规定。该项规定有两点内容:一是违反的法律、行政法规的规定必须是法律的禁止性规定,非禁止性的规定由当事人自由选择,不属于违法行为;二是"强制性的规定"由法律、行政法规来作出,排除了地方性法规和行政规章对于无效事由规定的可能性。

合同无效分为整个合同无效和部分无效。合同部分无效的,不影响其他部分的效力,其他部分仍然有效。根据《合同法》第五十三条的规定,合同中的下列免责条款无效:造成对方人身伤害的;因故意或重大过失造成对方财产损失的。上述两种条款的无效,并不影响其他条款的效力。无效合同自始没有法律约束力。合同无效,不影响合同中独立存在的有关解决争议方法条款的效力。

(三) 可撤销合同

可撤销合同是指欠缺生效要件,但一方当事人可依照自己的意思使合同的内容变更或者使合同的效力归于消灭的合同。

根据《合同法》第五十四条之规定,下列合同可以变更或撤销:

(1) 因重大误解订立的。

(2) 在订立合同时显失公平的。

(3) 一方以欺诈、胁迫的手段或者乘人之危,使对方在违背真实意思的情况下订立的合同,受损害方有权请求人民法院或者仲裁机构变更或者撤销。这种合同受害的只是受欺诈、受胁迫、被乘人之危的一方当事人,根据意思自治原则,受害方享有选择合同效力的权利。

可撤销的合同具有自身的特点:

（1）可撤销合同必须由撤销权人提出，当事人可以选择变更还是撤销。

（2）由人民法院或者仲裁机构作出裁决。当事人请求变更的，人民法院或者仲裁机构不得撤销。

（3）可撤销合同在未被撤销之前是有效的。即使合同具有可撤销的因素，但撤销权人未行使撤销行为，合同仍然有效。

（4）撤销权一旦行使，可撤销合同原则上溯及其成立之时的效力消灭。

（5）撤销权的行使有一定期限。具有撤销权的当事人自知道或者应当知道撤销事由之日起一年内没有行使撤销权，或者知道撤销事由后明确表示或者以自己的行为放弃撤销权的，撤销权消灭。

（四）合同效力待定

效力待定的合同是合同的效力取决于第三人同意的合同。这类合同已经成立，但因其不完全符合相关合同生效要件的规定，因此，其效力能否发生尚未确定，一般须经有权人表示承认才能生效。这类合同主要有三种：

（1）限制民事行为能力人订立的合同，经法定代理人追认有效，但纯获利的合同或者与其年龄、智力、精神健康状况适合而订立的合同，不必经法定代理人追认，相对人可以催告法定代理人在一个月内予以追认。法定代理人未作表示的，视为拒绝追认。合同被追认之前，善意相对人有撤销的权利。

（2）行为人没有代理权、超越代理权或者代理权终止后以被代理人名义订立的合同，未经被代理人追认，对被代理人不发生效力，由行为人承担责任。相对人可以催告被代理人在一个月内予以追认，被代理人未作表示的，视为拒绝追认。

（3）无处分权的人处分他人财产，经权利人追认，或者无处分权的人订立合同后取得处分权的，该合同有效。

二、合同的履行

(一) 合同履行的原则

所谓合同履行的原则,是指履行合同中应当遵守的基本准则。《合同法》第六十条第1、第2款规定:"当事人应当按照约定全面履行自己的义务。""当事人应当遵循诚实信用原则,根据合同的性质、目的和交易习惯履行通知、协助、保密等义务。"

1. 按约履行原则

所谓按约履行原则,又称全面履行原则,指当事人依照合同规定的标的、质量、数量、履行期限、履行地点、履行方式等内容完成自己应尽的义务。按照约定履行,既要全面地履行合同义务,又要正确适当地履行合同义务。

按约履行原则是判断合同当事人是否全面履行合同义务、当事人是否存在违约事实以及是否承担违约责任的重要法律准则。

2. 诚实信用履行原则

诚实信用履行原则,是指当事人在履行合同义务时,秉承诚实、守信、善意、不滥用权利或者规避义务的原则。诚信履行原则除应履行法律和合同规定的义务外,还应履行依此原则产生的附随义务,即当事人依据合同的性质、目的和交易习惯履行通知、协助、保密等义务。

(二) 合同条款存在缺陷时的履行规则

《合同法》第六十一条规定:"合同生效后,当事人就质量、价款或者报酬、履行地点等内容没有约定或者约定不明确的,可以协议补充;不能达成补充协议的,按照合同有关条款或者交易习惯确定。"此处所指的"协议补充",是指当事人对没有约定或者约定不明确的合同内容通过协商的办法订立补充协议,该协议是对原合同内容的补充,因而是原合同的组成部分。"不能达成补充协议的,按照合同有关条款或者交易习惯确定",是指合同当事人在不能达成补充协议的情况下，可以结合合同的其他方面的内容确定，或者按照人们在同样的交易中通常采用的合同内容来确定。

当事人就有关合同内容约定不明确，依照《合同法》第六十一条的规定仍不能确定的，适用下列规定：

(1) 质量要求不明确的，按照国家标准、行业标准履行；没有国家标准、行业标准的，按照通常标准或者符合合同目的的特定标准履行。

(2) 价款或者报酬不明确的，按照订立合同时履行地的市场价格履行；依法应当执行政府定价或者政府指导价的，按照规定履行。

(3) 履行地点不明确，给付货币的，在接受货币一方所在地履行；交付不动产的，在不动产所在地履行；其他标的，在履行义务一方所在地履行。

(4) 履行期限不明确的，债务人可以随时履行，债权人也可以随时要求履行，但应当给对方必要的准备时间。

(5) 履行方式不明确的，按照有利于实现合同目的的方式履行。

(6) 履行费用的负担不明确的，由履行义务一方负担。

(三) 双方合同履行中的抗辩权

1. 同时履行抗辩权

同时履行抗辩权是指双务合同的当事人一方在他方未对待给付以前，有权拒绝自己履行。同时履行抗辩权主要适用于双务合同关系，其法律依据在于双务合同的牵连性，即双方所负债务在成立上同时发生，一方债务不成立或者不生效，他方债务也不成立或不生效。由此，原则上要求双方当事人同时履行自己所负债务，一方当事人只有在已履行或者已提出履行给付的条件下，才可以要求双方当事人履行给付。《合同法》第六十六条规定："当事人互负债务，没有先后履行顺序的，应当同时履行。一方在对方履行之前有权拒绝其履行要求。一方在对方履行债务不符合约定时，有权拒绝其相应的履行要求。”

同时履行抗辩权制度的价值在于：一是平衡当事人之间的权益，一方不履行自己的债务或者履行债务不符合约定而要求对方履行，有悖于公平原则；二是维护交易秩序；三是有助于增进合同当事人的协作。

2. 顺序履行抗辩权

顺序履行抗辩权，又称后履行抗辩权，是指双务合同中应当先履行的一方当事人未履行或者不适当履行，到履行期限对方当事人享有不履行或者部分履行的权利。《合同法》第六十七条规定：“当事人互负债务，有先后履行顺序，先履行一方未履行的，后履行一方有权拒绝其履行要求。先履行一方履行债务不符合约定的，后履行一方有权拒绝其相应的履行要求。”

3. 不安抗辩权

不安抗辩权是指双务合同成立后，应当先履行债务的当事人有确切证据证明对方不能履行义务，或者不可能履行合同义务时，在对方没有履行或者提供担保之前，有权中止履行合同义务。大陆法系国家创建不安抗辩权制度，旨在全面贯彻民法基本原则，平衡经济利益，防止合同欺诈，保障交易安全。我国《合同法》第六十八条规定，应当先履行债务的当事人，有确切证据证明对方有下列情形之一的，可以中止履行：(1) 经营状况严重恶化；(2) 转移财产、抽逃资金，以逃避债务；(3) 丧失商业信誉；(4) 有丧失或者可能丧失履行债务能力的其他情形。当事人没有确切证据中止履行的，应当承担违约责任。《合同法》第六十九条规定：当事人依照《合同法》第六十八条的规定中止履行的，应当及时通知对方。对方提供适当担保时，应当恢复履行。中止履行后，对方在合同期限内未恢复履行能力并且未提供适当担保的，中止履行的一方可以解除合同。

（四）债权人的代位权和撤销权

1. 债权人代位权

所谓代位权，是指当债务人怠于行使其对第三人享有的到期债权而损害债权人的利益时，债权人为保全自己的债权，可以自己的名义代位行使债务人现有债权的权利。《合同法》第七十三条对此作了规定。

代位权的成立要件有：(1) 债务人对第三人享有债权，且该债权非专属于债务人自身；(2) 债务人怠于行使其债权；(3) 债务人怠于行使自己的债权，已对债权人的债权造成损害；(4) 债务人债务已陷于迟延。

2. 债权人撤销权

所谓撤销权，是指债权人对于债务人所为的危害债权的行为，请求人民法院予以撤销的权利。《合同法》第七十四条规定："因债务人放弃其到期债权或者无偿转让财产，对债权人造成损害的，债权人可以请求人民法院撤销债务人的行为。债务人以明显不合理的低价转让财产，对债权人造成损害，并且受让人知道该情形的，债权人也可以请求人民法院撤销债务人的行为。撤销权的行使范围以债权人的债权为限。债权人行使撤销权的必要费用，由债务人负担。"另外，《合同法》第七十五条还规定，撤销权应在法定期间内行使，即撤销权自债权人知道或者应当知道撤销事由之日起一年内行使。自债务人的行为发生之日起五年内没有行使撤销权的，该撤销权消灭。

第三节 违约责任

一、违约责任的概念

违约责任，是指合同当事人违反合同义务所应承担的民事责任，即合同当事人不履行合同义务或者履行合同义务不符合约定时应承担的民事法律后果。

根据《合同法》第一百零七条的精神，只要“不履行合同义务或者履行合同义务不符合约定”，就要承担违约责任。也就是说，不管主观上是否有过错，除不可抗力可以免责外，都要承担违约责任，这种责任是严格责任。至于缔约过失、无效合同或可撤销合同，《合同法》分则中特别规定了过错责任的，适用过错责任。

《合同法》之所以采取严格责任，是因为目前合同履行率不高，一些债务人总是绞尽脑汁，寻找借口，开脱“过错”，如“不是我不付，因为别人欠我的钱不还，我没钱付不是我的过错”。采用严格责任后，不论何种原因，只要债务人没有全面履行合同，存在违约行为，就应该承担违约责任。至于债务人与第三人之间的债权债务关系，则属于另一法律关系，不能成为债务人违约免责的依据。这样，有利于合同当事人认真履行合同。同时，采用严格责任，有利于保护受害人的合法权益。过去采取过错责任，对于违约方的过错，守约方作为原告应当承担大量的举证责任，不利于保护受害人合法权益。采取严格责任，守约方无须举证违约方主观上具有过错。此外，采取严格责任，也符合国际上的一般做法，各国都采取严格责任。

二、违约责任的承担方式

（一）继续履行

继续履行是指当事人一方不履行合同义务或者履行合同义务不符合约定时，另一方当事人可要求其对原合同未履行的部分继续履行。《合同法》第一百零九条规定：“当事人一方未支付价款或者报酬的，对方可以要求其支付价款或者报酬。”这说明，金钱债务不能免除继续履行义务。至于非金钱债务，如提供货物、提供劳务、完成工作等，《合同法》第一百一十条规定：当事人一方不履行非金钱债务或者履行非金钱债务不符合约定的,对方可以要求履行,但有下列情形之一的除外:(1)法律上或者事实上不能履行;(2)债务的标的不适于强制履行或者履行费用过高;(3)债权人在合理期限内未要求履行。

（二）采取补救措施

采取补救措施,是指违约方所采取的旨在消除违约后果的除继续履行、支付赔偿金、支付违约金、支付定金方式以外的其他措施,如质量不符合约定的,可以要求修理、重换、重作、退货、减少价款或者报酬等。

（三）赔偿损失

当事人一方不履行合同义务或者履行合同义务不符合约定的,在履行义务或者采取补救措施后,对方还有其他损失的,应当赔偿损失。损失赔偿额应当相当于因违约所造成的损失,包括合同履行后可以获得的利益,但不得超过违反合同一方订立合同时预见到或者应当预见到的因违反合同可能造成的损失。经营者对消费者提供商品或者服务有欺诈行为的,依照《中华人民共和国消费者权益保护法》的规定承担损害赔偿责任。

（四）违约金

所谓违约金,是指当事人在合同中约定的或者由法律规定的,一方违约时应向对方支付的一定数量的货币。根据《合同法》的规定:当事人可以约定一方违约时应当根据违约情况向对方支付一定数额的违约金,也可以约定因违约产生的损失赔偿额的计算方法。约定的违约金低于造成的损失的,当事人可以请求人民法院或者仲裁机构予以增加;约定的违约金过分高于造成的损失的,当事人可以请求人民法院或者仲裁机构予以适当减少。当事人就迟延履行约定违约金的,违约方支付违约金后,还应当履行债务。如果违约金有强制性规定时,应当依照法律规定。

（五）定金罚则

当事人可以依照《担保法》,约定一方向对方给付定金作为债权的担保。债务人履行债务后,定金应当抵作价款或者收回。给付定金的一方不履行约定的债务的,无权要求返还定金;收受定金的一方不履行约定的债务的,应当双倍返还定金。当事人既约定违约金,又约定定金的,一方违约时,对方可以选择适用违约金或者定金条款。

第四节　经纪合同的种类

一、委托合同

（一）委托合同的概念和特征

委托合同又称委任合同,是委托人和受托人约定,由受托人处理委托人事务的合同。委托合同是公民、法人在经济生活、日常生活中常用的一种合同。有的公民、法人由于身体、专业知识、地点等原因,不能亲自处理某些事务,不得不将有关事务交他人处理,这就涉及到委托合同。委托合同具有以下法律特征:

1. 委托合同是以处理委托人事务为目的的合同

所谓处理事务,即给付劳务而使一定的事项得到安排和处理。委托事务的范围是广泛的,可以是买卖、借贷、保证等民事法律行为以及诉讼、申请登记等公法上的行为,也可以是记账、清点货物、代写家书等非法律的事务;可以特别委托受托人处理一项或数项事务,也可以概括委托受托人处理一切事务。

2. 委托合同的订立以委托人与受托人的相互信任为前提

彼此相互信任是委托合同赖以订立和存续的基础。基于此,法律要求受托人应当亲自处理委托事务,非经委托人同意不得将委托事务转交他人处理。如果当事人之间的这种信任关系发生动摇,任何一方当事人均可单方解除合同。

3. 委托合同为诺成合同、不要式合同

委托合同自双方当事人意思表示一致起生效,不以物的交付或一定行为的完成为要件,因此,委托合同是诺成合同。委托合同原则上为不要式合同,当事人可以根据实际情况选择口头、书面或其他形式,但法律规定应采取书面形式的,此书面形式的委托合同为要式委托合同。

4. 委托合同可以是有偿的,也可以是无偿的

委托合同究竟是有偿还是无偿,视法律的规定或者双方的约定而定。委托合同为无偿的,委托人仍应承担受托人办理委托事务所支出的必要费出。

(二) 委托合同当事人的义务

1. 受托人的义务

(1) 按照委托人的指示处理委托事务。需要变更委托人指示的,应当经委托人同意;因情况紧急,难以和委托人取得联系的,受托人应妥善处理委托事务,但事后应当将该情况及时报告委托人。受托人超越权限给委托人造成损失的,应当赔偿损失。

(2) 亲自处理委托事务。受托人应当亲自处理委托事务。经委托人同意,受托人可以转委托。转委托经同意的,委托人可以就委托事务直接指示转委托的第三人,受托人仅就第三人的选任及其对第三人的指示承担责任。转委托未经同意的,受托人应当对转委托的第三人的行为承担责任,但在紧急情况下,受托人为维护委托人的利益需要转委托的除外。

(3) 应尽力办理委托事务。有偿的委托合同,因受托人的过错造成损失的,委托人可以要求赔偿损失。无偿的委托合同,因受托人的故意或者重大过失给委托人造成损失的,委托人也可以要求赔偿损失。

(4) 报告委托事务的处理情况。受托人应当按照委托人的要

求,报告委托事务的处理情况。委托合同终止时,受托人应报告委托事务的结果。

(5) 转交委托事务处理中获得的财产。受托人处理委托事务取得的财产,应当转交给委托人。

2. 委托人的义务

(1) 预付处理委托事务的费用。委托人应当预付处理委托事务的费用。受托人为处理委托事务垫付的必要费用,委托人应当偿还该费用及其利息。

(2) 支付报酬。受托人完成委托事务的,委托人应当向其支付报酬。因不可归责于受托人的事由,委托合同解除或者委托事务不能完成的,委托人应当向受托人支付相应的报酬。当事人另有约定的,按照其约定处理。

(3) 赔偿委托人的有关损失。受托人处理委托事务时,因不可归责于自己的事由而受到损失的,可以向委托人要求赔偿损失。委托人经受托人同意,可以在受托人之外委托第三人处理委托事务。因此给受托人造成损失的,受托人可以向委托人要求赔偿损失。

二、行纪合同

(一) 行纪合同的概念和特征

行纪合同是行纪人以自己的名义为委托人从事贸易活动,委托人支付报酬的合同。此类合同又称为信托合同,其中行纪人又称为信托人。行纪合同是随着信托业务的发展,出现了独立从事行纪业务的行纪组织而产生的。在我国,曾有国有信托公司、集体贸易货栈从事行纪业务,但行纪合同的适用范围比较狭小,仅限于代购、代销、寄售等业务。改革开放以来,行纪业又兴盛起来,适用范围日益扩大,已从原来的商品代购、代销、寄售,扩展到保险市场、期货市场、证券市场等,行纪合同已成为一种重要的合同类型。

行纪合同具有以下特征：

1. 行纪人以自己的名义为委托人进行活动

依行纪合同，行纪人以自己的名义办理行纪事务，如代购、代销、寄售等。行纪人与第三人之间的权利、义务由行纪人自己享有或承担。委托人原则上不直接与第三人发生法律关系，不直接就行纪人对第三人的行为承担责任。

2. 行纪人为委托人的利益办理事务

行纪人虽以自己的名义对外活动，但并非为自己的利益而活动。行纪人之行为所生之权利、义务最终应属于委托人，其经济上的损益最终由委托人承受。

3. 行纪合同的标的是行纪人为委托人进行贸易活动

行纪合同是由行纪人为委托人提供劳务的合同，但能成为行纪合同标的的劳务须是向第三人实施的法律行为，而非事实行为。所谓贸易活动，通常指以动产、有价证券的买卖以及其他商业上具有交易性质的行为，身份行为、不涉及商品交易的财产转移、民间少量消费品的买卖等均不属于贸易活动。

4. 行纪合同是双务有偿合同、诺成合同和不要式合同

行纪人负有为委托人办理买卖或其他商业上交易的义务，而委托人负有给付报酬的义务，二者互为对应，因此，行纪合同是双务有偿合同。行纪合同只需双方当事人之间的意思表示一致即告成立，而无需为实际履行，也无需履行特别的方式，故为诺成合同、不要式合同。

（二）行纪人的权利和义务

行纪人的权利有：（1）报酬请求权。行纪人完成或者部分完成委托事务的，委托人应当向其支付相应的报酬。（2）依约增加报酬请求权。《合同法》第四百一十八条第 2 款规定："行纪人高于委托人指定的价格卖出或者低于委托人指定的价格买入的，可以按照约定增加报酬。没有约定或者约定不明确，依照本法第六

十一条的规定仍不能确定的,该利益属于委托人。"(3)对委托物的处置权。委托物交付给行纪人时有瑕疵或者容易腐烂、变质的,经委托人同意,行纪人可以处分该物;和委托人不能及时取得联系的,行纪人可以合理处分。行纪人按照约定买入委托物,委托人应当及时受领。经行纪人催告,委托人无正当理由拒绝受领的,行纪人依法可以提存委托物。委托物不能卖出或者委托人撤回出卖,经行纪人催告,委托人不取回或者不处分该物的,行纪人亦可以提存委托物。(4)介入权。行纪人卖出或者买入具有市场定价的商品,除委托人有相反的意思表示的以外,行纪人自己可以作为买受人或者出卖人。此时,行纪人仍然可以要求委托人支付报酬。(5)留置权。当委托人无故拒绝给付报酬或偿付费用时,行纪人有权将其占有的委托物予以留置,并从其折价或变卖所得价款中优先受偿。

行纪人的义务主要有:(1)负担行纪费用。行纪人处理委托事务支出的费用,由行纪人负担,但当事人另有约定的除外。(2)妥善保管委托物。行纪人占有委托物的,应当妥善保管委托物。(3)委托人的指示处理事务。委托人对价格有特别指示的,行纪人不得违背该指示卖出或买入。行纪人以低于委托人指定的价格卖出或者高于委托人指定的价格买入的,应当经委托人同意。未经委托人同意,行纪人补偿其差额的,该买卖对委托人发生效力。(4)损害赔偿义务,第三人不履行义务,致使委托人受到损害的,行纪人应当承担损害赔偿责任,但行纪人与委托人另有约定的除外。

(三)委托人的权利和义务

委托人的权利有:(1)指示权,委托人有权向行纪人进行指示。(2)交付请求权。委托人有权要求行纪人按照合同约定的时间、地点交付行纪行为的成果,包括交付实物或货币或转移应得的权利。(3)验收权。对于行纪人交付的行纪行为的成果,委托人有权进行验收。

委托人的义务有:(1)支付报酬的义务。(2)及时接受行纪人交付的行纪行为的成果。

三、居间合同

(一)居间合同的概念和特征

居间合同是居间人向委托人报告订立合同的机会或者提供订立合同的媒介服务,委托人支付报酬的合同。

居间合同适用的范围也相当广泛。居间人利用自己对各方当事人情况的了解以及对经济、社会信息的掌握,通过提供信息,为第三人和委托人之间进行交易和从事某种民事活动提供居间服务。在这种居间活动中,为了明确居间人与委托人之间的权利义务关系,应采用居间合同的形式加以规范。

居间合同具有以下特征:

(1)居间合同的客体是居间人依合同约定实施的中介服务行为。该中介服务行为具体表现为两种情况:一是报告订约机会,二是介绍委托人与第三人订约。

(2)居间人在居间合同中处于介绍人的地位,不介入委托人和第三人所签订的合同关系之中。

(3)居间合同是诺成、双务、有偿合同。居间合同经双方当事人意思表示一致即可成立;在该类合同中,双方当事人均享有权利,承担义务,且互相对应;居间人进行居间活动而产生具体结果时,可请求委托人支付报酬。

(二)居间合同当事人的义务

1. 居间人的义务

(1)忠实义务。居间人应当遵守诚实信用原则,忠实地履行居间职责,保持其居间服务的客观性。

(2)据实介绍的义务。居间人应当就有关订立合同的事项向委托人如实报告。居间人故意隐瞒与订立合同有关的重要事实或者提供虚假情况,损害委托人利益的,不得要求支付报酬并应当承担损害赔偿责任。

(3) 不告知义务。如果委托人指示居间人不得将其姓名、名称、商业秘密等事项告知第三人的,居间人就负有相应的不告知义务。

2. 委托人的义务

(1) 支付报酬的义务。居间人促成合同成立的,委托人应当按照约定支付报酬。对居间人的报酬没有约定或者约定不明确,依照《合同法》第六十一条的规定仍不能确定的,根据居间人的劳务合理确定。因居间人提供订立合同的媒介服务而促成合同成立的,由该合同的当事人平均负担居间人的报酬。

(2) 偿付费用的义务。居间人未促成合同成立的,不得要求支付报酬,但可以要求委托人支付从事居间活动支出的必要费用。

第十一章　经纪人应遵守的相关法律

第一节　反不正当竞争法

竞争是市场经济最基本的运行机制。竞争的过程中会出现正当的竞争行为和不正当的竞争行为。不正当竞争行为会窒息市场活力，破坏贸易秩序，阻碍经济的发展，因此，中国社会主义市场经济的有效运行必须建立完善的竞争保护机制。1993 年 9 月颁布的《中华人民共和国反不正当竞争法》（以下简称《反不正当竞争法》）是一部保护公平竞争、制止不正当竞争、保障社会主义市场经济健康发展的重要法律。经纪人作为市场主体，也应自觉地遵守《反不正当竞争法》的规定。

一、反不正当竞争法概述

（一）不正当竞争行为的概念

《反不正当竞争法》第二条第 2 款规定："本法所称的不正当竞争，是指经营者违反本法规定，损害其他经营者的合法权益，扰乱社会经济秩序的行为。"根据这一定义，不正当竞争行为具有以下特征：

1．主体的特定性

不正当竞争行为的实施主体是市场交易中的各类经营者。所谓经营者，是指从事商品经营或者营利性服务的法人、其他经济组织和个人。显然，经纪人属于经营者的范畴。在市场经济条件下，竞争总是受利益机制驱动的。经营者的独立利益为国家法律所确认,各类经营者可以通过市场竞争扩大自身的利益,但有的经营者则为了获取最大利益而采取不正当竞争手段。除少数非竞争性行业外,绝大多数经营者都要在竞争中求生存。因此,不正当竞争行为的主体范围是极为广泛的,既可能是大中型企业,也可能是小型企业;既可能是国有企业、集体企业,也可能是个体工商户、私营企业、合伙企业;即使不具有经营资格,但实施了限制竞争行为的政府及其所属部门,也可成为不正当竞争行为的特殊主体。

2. 行为的违法性

不正当竞争行为是经营者实施的违法行为,是违背商业道德的行为,属于《反不正当竞争法》明令禁止的行为。这是不正当竞争行为的本质特征,也是分析辨别具体市场交易行为属于正当竞争还是不正当竞争的主要标志。不正当竞争行为的违法性应作广义的理解,既包括违反了我国《反不正当竞争法》第二章第五条至第十五条规定的禁止性规定,也包括违反了《反不正当竞争法》第二条第1款所作的概括性、抽象性规定。《反不正当竞争法》第二条第1款规定:"经营者在市场交易中,应当遵循自愿、平等、公平、诚实信用原则,遵守公认的商业道德。"根据该条的精神,有的行为即便不属于《反不正当竞争法》第二章规定的禁止性行为,但违背了竞争的基本原则和公认的商业道德,也属于不正当竞争行为。

3. 后果的危害性

不正当竞争行为会造成侵害其他经营者的财产权、名誉权、知识产权、公平竞争权等合法权益,给其他经营者造成财产损失或名誉损害,甚至导致其严重亏损或破产倒闭。不正当竞争行为的受害者不仅是与其有竞争关系的经营者,而且还有潜在的竞争者,以及一般的竞争者,同时还直接或间接地连带侵害广大的消费者、国家以及社会的利益,如虚假广告、商业混同行为等都会直接导致消费者上当受骗。不正当竞争可以破坏整个竞争机制,助长恶劣的经营作风,毒化社会风气,影响对外贸易,使社会经济秩序陷入混乱。

（二）制定《反不正当竞争法》的作用和意义

市场经济是相对自由和开放的经济体制,在这种经济体制下从事商品经营或营利性服务的法人、其他经济组织和个人都允许进入市场,为追求自身的利益而进行多视角、多层次和全方位的竞争。而市场竞争应当依法有序地进行,缺乏竞争规则和交易秩序的市场竞争,会成为混乱的无政府经济。因此,制定《反不正当竞争法》的目的在于利用法律的强制力引导、规范和保护正当竞争,限制和取缔各种不正当竞争行为,以促进社会主义市场经济健康有序的发展。概括起来,制定《反不正当竞争法》的作用及意义主要表现在以下几个方面:

1. 为竞争行为提供行为规范和价值判断标准

《反不正当竞争法》为市场主体的竞争活动提供了基本的标准,用以区分正当经营与正当竞争的界限,从而使经营主体懂得进入市场应履行的义务,并将其作为一种价值判断标准,迫使经营主体不实施法律规定的不当竞争行为,防止各种不正当竞争行为的发生。即使个别主体实施这些行为,也能使行为人受到应有的制裁,受害者得到及时的救济,这样,竞争才能依法有序地进行。

2. 保护公平竞争,维护市场秩序

所谓公平竞争,是指商品生产者、经营者在地位平等、机会均等和公平交易的状态下竞争。公平竞争是市场经济的本质要求。公平不仅是指竞争各方的法律地位平等,而且也指竞争者所采取的竞争手段、竞争方法和通过竞争所追求的目标应符合市场自然法则的要求,并蕴含有竞争者公平地接受竞争结果和优胜劣汰的含义。《反不正当竞争法》的重要作用之一,在于鼓励经营者采用先进的技术、上乘的管理和优质的服务,以质优价廉、适销对路的商品去赢得市场,而不论企业的大小强弱,是公营或私营,在市场中均处于平等的地位。这必然会大大激励守法生产经营者的积极性，使市场机能得以正常发挥。

3. 明确法律责任，保护诚实经营者和消费者的合法权益

不正当竞争行为在社会生活中所侵害的对象是十分广泛的，既损害了多数竞争对手的合法权益，不利于良好的竞争秩序和经济秩序的建立，又会侵害消费者的合法权益。从实践来看，侵害消费者合法权益的行为尽管很多，但是其中最为严重的几乎都与不正当竞争有关，假冒伪劣商品的泛滥，受害最深的是消费者。而《反不正当竞争法》对不正当竞争者应承担的法律责任（包括民事责任、行政责任和刑事责任）的规定，就能为正当经营者和广大消费者的合法权益提供强有力的法律保护。

二、不正当竞争行为的类型

现实经济生活中存在的不正当竞争行为是复杂多样的，我国《反不正当竞争法》一方面在总则中对不正当竞争的含义作了解释，另一方面又专章列举常见的不正当竞争行为。这些典型的不正当竞争行为主要有：

（一）混淆行为

混淆行为是指经营者采用假冒、仿冒、伪造等欺骗手段，不真实地告诉购买者有关商品的制造者、商标、产地、质量等信息，导致或足以导致购买者误认误购的不正当竞争行为。我国《反不正当竞争法》第五条规定，经营者不得采用下列不正当手段从事市场交易，损害竞争对手：（1）假冒他人的注册商标；（2）擅自使用知名商品特有的名称、包装、装潢，或者使用与知名商品近似的名称、包装、装潢，造成和他人的知名商品相混淆，使购买者误认为是该知名商品；（3）擅自使用他人的企业名称或姓名，引人误认为是他人的商品；（4）在商品上伪造或者冒用认证标志、名优标志等质量标志，伪造产地，对商品质量作引人误解的虚假表示。

我国《反不正当竞争法》之所以将上述诸种行为作为首类不正当竞争行为推出,是因为此类行为是我国目前经济生活中最常见、最普遍存在的经营者的违法行为。这些行为都是经营者通过假冒等欺诈手段,窃取其他经营者的经济优势,将他人通过诚实劳动和正常合法经营所获得的劳动成果直接占为己有并擅自使用的行为,目的都是企图以次充好,以假乱真,凭借他人的良好声誉来谋取非法利益。

(二) 经济垄断行为

经济垄断行为是指公用企业或者其他依法具有独占地位的经营者,限定他人购买其指定的经营者的商品,排挤其他经营者公平竞争的不正当竞争行为。《反不正当竞争法》第六条对此作了规定。所谓"公用企业",通常是指城镇中为适应公众生活需要而经营的具有公共利益性质的企业组织,如经营自来水、煤气、电力、通信的企业。"其他依法具有独占地位的经营者",是指除上述公用企业外,法律、行政法规规定的某些特殊行业具有独占地位的经营者,如根据烟草专卖法和药品方面的法律、行政法规的规定而具有独占地位的企业。

在我国,公用企业长期以来承担着诸多社会性的责任而享有特殊的地位,今后仍将继续发挥为公众服务的重大作用,但也有部分公用企业凭借自己的特殊地位,限定他人购买自己指定的经营者的商品。这实际上是利用独占地位安排他人之间进行交易,使他人不与其他经营者进行交易,或阻碍他人之间建立正常的交易关系。这必然损害其他经营者的权益。

(三) 行政垄断行为

行政垄断行为是指政府及其所属部门滥用行政权力,限定他人购买其指定的经营者的商品,或限制商品的交易地域的不正当竞争行为。《反不正当竞争法》第七条第 1、第 2 款规定:"政府及其所属部门不得滥用行政权力,限定他人购买其指定的经营者的商品,限制其他经营者正当的经营活动。""政府及其所属部门不得滥用行政权力,限制外地商品进入本地市场,或者本地商品流向外地市场。"

上述规定可以概括为两种情况:第1款指的是"权力经商",第2款指的是"地区封锁"。"权力经商"前几年是一种比较普遍的现象,由于有些政府部门开办了许多"服务公司"、"经营部"等经济实体,这些企业与政府部门有着某种特殊的关系,政府部门便凭借行政权力,指定他人购买自己所指定的经营者的商品,这不仅会滋生腐败现象,而且破坏了公平竞争的市场秩序。至于"地区封锁",往往是地方政府及其所属部门为了本地区的利益,采取行政的、经济的手段,对本地区与其他地区的经贸活动加以限制,如不准外地商品进入本地区销售,禁止本地企业向外地先进单位购货,禁止本地原材料流入外地等。"地区封锁"虽然暂时维护了本地区的利益,但对正常的商品流通秩序与公平竞争环境具有极大的破坏作用。

(四)行贿受贿行为

行贿受贿行为是指经营者为了推销或购买商品,以金钱、物品或其他不正当利益为诱饵进行贿赂的行为。《反不正当竞争法》第八条第1款规定:"经营者不得采用财物或者其他手段进行贿赂以销售或者购买商品。在账外暗中给予对方单位或者个人回扣的,以行贿论处;对方单位或者个人在账外暗中收受回扣的,以受贿论处。"经营者采用贿赂手段推销商品或购买商品,违背了诚实信用的商业道德,对于正派、老实的经营者来说是一种打击,而且也侵害了国家的利益,败坏了社会风气。

《反不正当竞争法》第八条第2款规定:"经营者销售或者购买商品,可以以明示方式给对方折扣,可以给中间人佣金。经营者给对方折扣、给中间人佣金的,必须如实入账。接受折扣、佣金的经营者必须如实入账。"这一规定表明,交易活动中的买卖双方均可以给对方折扣和中间人佣金，但必须公开进行，并如实入账，以便进行会计监督和审计监督，杜绝损公肥私的商业贿赂行为。

（五）虚假广告行为

虚假广告行为是指经营者利用广告或其他方法对商品或服务作不真实的公开宣传以及广告经营者经营虚假广告的行为。

这里所讲的广告专指商业广告，即为了商业目的，通过报刊、广播、电视等媒介对商品或服务所进行的公开宣传。广告的功能在于通过一定的媒介，向用户和消费者介绍某种商品或服务项目的存在，诱发人们的需求欲望并产生商业交易的行为，以达到促进生产、扩大流通、指导消费的目的。这就要求广告应当真实、合法，不得含有虚假的内容，不得欺骗和误导消费者。但在现实生活中，各种夸大失实、语意模糊、令人误解的虚假广告大量存在，不仅妨碍广告业自身的健康发展，还严重破坏公平竞争的秩序，损害消费者利益。《反不正当竞争法》第九条第1、第2款规定："经营者不得利用广告或者其他方法，对商品的质量、制作成分、性能、用途、生产者、有效期限、产地等作引人误解的虚假宣传。""广告的经营者不得在明知或者应知的情况下，代理、设计、制作、发布虚假广告。"该条包括两种情况：前者是针对一般经营者，后者专门针对广告业的经营者。广告业经营者实施虚假广告行为的认定，应考虑其主观上是否是"明知"或"应知"；如果不是明知的或根本无法得知的，则不能认定为实施了虚假广告的行为。

（六）侵犯商业秘密行为

侵犯商业秘密行为是指以不正当的手段获取、披露、使用他人商业秘密或允许他人使用通过不正当手段获取的商业秘密的行为。

所谓商业秘密，是指不为公众所知悉、能为权利人带来经济利益、具有实用性并经权利人采取保密措施的技术信息和经营信息。商业秘密作为一种无形的财产权，可以给权利人带来经济利益，形成经济优势。侵犯商业秘密的行为,不仅会给权利人造成经济损失,而且会给整个市场竞争环境、社会经济秩序造成严重的破坏。根据《反不正当竞争法》第十条的规定,侵犯商业秘密的行为包括:以盗窃、利诱、胁迫等不正当手段获取他人的商业秘密;披露、使用或允许他人使用以前项手段获取的他人秘密;违反保密协议,批露、使用或允许他人使用其掌握的商业秘密;第三人明知或应知前述所列违法行为,获取、使用或披露他人的商业秘密;等等。

(七) 不正当亏本销售行为

不正当亏本销售行为是指经营者以排挤竞争对手为目的,以低于成本的价格销售商品的行为。

以低于成本的价格销售商品,属亏损性经营。从表面上看,这种销售方法对消费者是有利的,但其本质是经济实力雄厚的经营者为了霸占市场,以牺牲自身的暂时经济利益为代价,搞垮竞争对手,等到其他竞争者被迫退出市场后再抬高商品价格,以获取更高的垄断利润,最终损害消费者利益的行为。当然,在有些情况下,经营者实施了以低于成本的价格销售商品的行为,但因其目的不是排挤竞争对手,而是解决自身的经济困难,属合理降价,不应视为不正当竞争行为。根据《反不正当竞争法》第十一条第2款之规定,下列行为不属于不正当竞争行为:销售鲜活商品;处理有效期限即将到期的商品或者其他积压的商品;季节性降价;因清偿债务、转产、歇业而降价销售商品。

(八) 搭售和附加不合理条件的交易行为

搭售和附加不合理条件的交易行为是指经营者销售商品时,违背购买者的意愿,强行搭售商品或者附加其他不合理条件的行为。对此行为,《反不正当竞争法》第十二条作出了禁止性规定。

实施搭售行为的经营者,往往手中掌握着某些市场上短缺的紧俏商品,正是利用这一优势把一些市场地位低、销路差、不受欢迎的商品推销出去,从而扩大销售量。此类行为不仅违背了消费者的意愿，侵害了消费者的权益，而且破坏了公平竞争的市场秩序，构成了不正当竞争行为。

（九）不正当有奖销售行为

不正当有奖销售行为是指经营者采用巨额奖金或奖品促销商品，或者进行欺骗性有奖销售，或者利用有奖销售推销假冒商品、质次价高商品的行为。

有奖销售作为一种促销手段，本无可非议。它确能在一定程度上激发购买者的购买欲望，刺激消费。但有些经营者却利用有奖销售，利用消费者的盲目性和投机心理促销，甚至弄虚作假，从而损害消费者和其他经营者的合法权益，制造不公平竞争，败坏商业风气和社会风气。为此，我国《反不正当竞争法》第十三条规定，经营者不得从事下列有奖销售：(1) 采用谎称有奖或者故意让内定人员中奖的欺骗方式进行有奖销售；(2) 利用有奖销售的手段推销质差价高的商品；(3) 抽奖式的有奖销售，最高奖的金额超过5 000元。

（十）商业诽谤行为

商业诽谤行为是指经营者捏造、散布虚伪事实，损害竞争对手的商业信誉、商品声誉的不正当竞争行为。对此行为，《反不正当竞争法》第十四条作出了禁止性规定。

商品信誉和商品声誉是经营者的生命，商誉是通过经营者参与市场竞争的连续性活动而逐渐形成的，它会给经营者带来交易伙伴，带来消费者的信任和欢迎，带来巨大的经济利益，形成市场竞争中的优势地位。而对经营者商誉的任何诋毁或贬低，都可能给该经营者的正常经营活动造成消极的影响，甚至可能使其遭受严重的经济损失，最终必然破坏市场公平竞争的正常秩序。

（十一）不正当招标投标行为

不正当招标投标行为是指投标者串通投标，以抬高或压低标价，或招标者和投标者相互勾结，排挤竞争对手的不正当竞争行为。对此行为,《反不正当竞争法》第十五条作了规定。

招标投标是国际贸易中一种通用的交易方式。而投标者之间串通投标的行为不仅破坏了投标者之间应展开的竞争,而且也破坏了招标者的经济利益,不利于生产技术水平和劳动生产率的提高。投标者和招标者为排挤竞争对手进行相互勾结的行为,不仅会助长腐败现象,也必然使国家、集体遭受巨大损失。

三、不正当竞争行为的法律责任

根据《反不正当竞争法》第四章的规定,不正当竞争行为的法律责任包括民事责任、行政责任和刑事责任三个方面。

(一) 民事责任

民事责任是指当事人违反民事义务而应依法承担的民事法律后果,不正当竞争行为的民事责任主要有赔偿损失和消除影响两种。

1. 赔偿损失

经营者违反《反不正当竞争法》,实施不正当竞争行为给被侵害的经营者造成损害的,应当承担损害赔偿责任,被侵害的经营者的损失难以计算的,赔偿额为侵权人在侵权期间因侵权所获得的利润。侵权人应当承担被侵害的经营者因调查该侵权人侵害其合法权益的不正当竞争行为所支付的必要费用。另外,为了便于经营者行使索赔的权利,《反不正当竞争法》在规定侵权方承担损害赔偿责任的同时,也规定了被侵权方享有的诉讼权,即“被侵害的经营者的合法权益受到不正当竞争行为损害的,可以向人民法院提起诉讼”。

2. 消除影响

经营者捏造、散布虚假事实,损害他人的商业信誉、商品声誉,或者利用广告或其他方法对商品作使人误解的虚假宣传,或者实施假冒商标的不正当竞争行为损害了他人的信誉的,应承担消除影响的法律责任。

（二）行政责任

经营者实施的不正当竞争行为，一经监督检查部门查出，所应承担的行政责任包括：行为无效，即行为在法律上被宣告无效，该行为所产生的法律后果也被确认无效，如投标者和招标者相互勾结而中标，其中标无效；责令停止违法行为；改正行为；没收违法所得，如商标侵权、经济垄断、贿赂购物、虚假广告等不正当竞争行为；罚款，罚款的数额有违法所得的 1～3 倍的规定，也有 1 万元至 10 万元、1 万元至 20 万元的数额规定；吊销营业执照；等等。

被处罚的经营者对监督检查部门作出的处罚决定不服的，可以自收到处罚决定书之日起 15 日内向上一级主管机关申请复议；对复议决定不服的，可以自收到复议决定书之日起 15 日内向人民法院提起诉讼；也可以直接向人民法院提起诉讼。

此外，监督检查不正当竞争行为的国家机关工作人员滥用职权、玩忽职守，不构成犯罪的，给予行政处分。

（三）刑事责任

经营者实施不正当竞争行为，如商标侵权、贿赂销售采购、商业诽谤、虚假广告等，以及监督检查不正当竞争行为的国家工作人员滥用职权、玩忽职守、徇私舞弊、包庇罪犯构成犯罪的，应依法追究刑事责任。

第二节 消费者权益保护法

在市场经济条件下，生产者、经营者和消费者之间存在着利益上的对立，消费者总是处于弱者地位。损害消费者利益日益成为一个社会问题，导致消费者运动的高涨。1993 年 10 月颁布的《中华人民共和国消费者权益保护法》，标志着我国消费者保护法制建设发展到了一个新阶段，是在市场经济条件下保护消费者，规制经营者行为的重要手段。经纪人作为经营主体，在经营活动中应该严格遵守该法的规定。

一、消费者权益保护法概述

（一）消费者问题和消费者运动

消费者问题是指消费者在购买商品和接受服务过程中，财产、人身等利益受到提供商品和消费服务的经营者损害而发生的问题。这一问题是商品经济（市场经济）条件下的必然现象。经营者与消费者代表着不同的经济利益，消费者通过支付货币获得消费资料，而经营者通过提供消费资料而获得货币。双方利益上的差异必然导致双方利益上的尖锐冲突。对于经营者来说，投入某一商品的劳动很少，而该商品又能以很高的价格出售，此时对他最有利。为了追求自身利益的最大化，经营者往往牺牲消费者的利益，尽可能减少生产消费品的劳动投入，甚至不惜采用偷工减料、掺杂使假、短斤缺两、坑蒙欺诈等手段来达到自己的营利目的，这就必然对消费者的利益造成损害。

消费者运动是指消费者为维护自身权益，争取社会公正，自发或有组织地同损害消费者利益的行为进行斗争的社会运动。消费者运动发端于美国。1891 年，世界上第一个保护消费者利益的组织——纽约消费者协会在美国纽约市成立。1898 年，美国各种消费者组织联合组成了一个全国性的消费者联盟，这也是世界上第一个全国性的消费者组织。“二战”后，各资本主义国家的消费者运动蓬勃发展，世界性的消费者运动日益兴起。至 20 世纪 50 年代，各国都成立了全国性消费者组织。1960 年，在美国、英国、澳大利亚、比利时、荷兰等五国消费者组织的发起下，国际消费者组织联盟（IOCU）宣布成立，这标志着消费者运动已成为世界性的潮流。

伴随着消费者运动，消费者立法开始出现。1906 年，美国颁布了《联邦食品和药品法》;加拿大于同年颁布了《食品药物条例》;1968 年,日本颁布了《保护消费者基本法》,这是世界上最早的消费者保护基本法;1985 年,西班牙颁布了《消费者和使用者利益保护法》;1987 年,英国颁布了《消费者利益保护法》;新加坡、泰国也分别颁布了《消费者保护法》。各国消费者立法运动的兴起,必然带动消费者保护的国际立法。目前的国际立法有:1972 年海牙国际私法会议通过的《关于产品责任法律适用的公约》("海牙公约"),1976 年欧洲理事会通过的《关于人身伤亡产品责任的欧洲公约》("斯特拉斯堡公约"),1985 年欧共体《使成员国产品责任法相应接近的指令》以及同年的联合国《保护消费者准则》。

（二）消费者权益的概念

1. 消费者

"消费"一词具有多种含义。从广义上看,消费是指人类生产、生活领域的一切物质消耗,包括生产消费和生活消费。而消费者权益保护法中所指的消费,是指消费者为了满足个人或家庭生活需要,通过市场而获得使用消费资料和消费服务的活动。关于消费者的概念,我国《消费者权益保护法》第二条规定:"消费者为生活消费需要购买、使用商品或者接受服务,其权益受本法保护;本法未作规定的,受其他有关法律、法规保护。"根据该规定,所谓消费者,是指为满足生活消费需要而购买或使用经营者提供的商品或服务的人。这一定义包括以下含义:（1）消费者的消费性质属于生活消费。消费者是为了个人生活需要而购买商品或接受服务的,其目的是为了满足个人或家庭的生活需要,而不是为了经营的需要,这是经营者与消费者的根本区别。《消费者权益保护法》第五十四条规定:"农民购买、使用直接用于农业生产的生产资料,参照本法执行。"该规定肯定了购买使用农业生产资料的农民不属于消费者,同时规定农民在购买使用农业生产资料时,享有消费者的各种权利。（2）消费者的消费客体是商品和服务,即与生活消费有关的可以用于生活消费的那部分商品和服务，但应限制在法律允许的范围内。（3）消费者购买使用的商品和接受的服务是由经营者提供的，如果某一消费者消费的商品是其自己生产、制造的，则这一消费者不属于这一商品的消费者，如农民自己生产的蔬菜自己食用，这时，该农民就不属于这种蔬菜的消费者。（4）消费者的主体主要是公民个人，法人及其他社会团体则不属于消费者的范畴。但在特殊情况下，有的单位专门为个人购买生活消费品，也可列入消费者的范围。

2. 消费者权益

消费者权益包括消费者的利益与权利。消费者利益即消费者在购买商品和接受服务时所应得到的正当利益，包括安全、经济、省时、方便等。消费者权利即消费者利益在法律上的表现。通常认为，“消费者权利”一词最初由美国总统肯尼迪提出。1962 年 3 月 15 日，肯尼迪总统向美国国会提出了一份关于保护消费者利益的总统特别国情咨文，文中提出了消费者的四种权利，即安全保障权、获得正确的信息资料权、自由决定选择权、提出消费意见权。1969 年，美国总统尼克松又提出消费者在其人身或财产遭受损害时具有要求获得适当补偿的权利。我国《消费者权益保护法》规定消费者有 9 项权利，包括安全权、知悉权、自主选择权、公平交易权、获得赔偿权、结社权、获得有关知识权、受尊重权、监督权。

（三）保护消费者权益的必要性

1. 现代社会使消费者对商品的识别能力产生了极大的困难

随着我国经济的发展和科技的进步，商品和服务日益丰富和多样化，商品的成分和构造极为复杂；包装技术的提高，使消费者难以判断商品的真正价值；商品宣传与销售方式的日益复杂化，使消费者在选择商品、了解商品方面增加了难度，仅凭自己的知识很难作出正确的消费决策。

2. 消费者在与经营者的交易关系中处于弱者地位

在现代社会中,经营者不再是单个自然人,而是庞大的企业或企业集团。而企业拥有强大的经济实力,掌握生产技术,控制市场。此时,势单力薄的消费者再也不能像在传统的交易中那样与经营者在平等的地位上讨价还价;纵有不公,也只能忍气吞声,自认倒霉。

3. 消费者问题日趋恶化

近年来,侵害消费者权益的现象越来越严重,表现为:假冒伪劣商品横行;因产品质量问题造成消费者人身财产安全的损害十分突出,如从1985年至1989年,四川、广西、贵州等地先后发生11起用工业酒精兑制假酒的案件,造成4 966人中毒,129人死亡,33人双目失明;有的经营者对消费者进行搜身、辱骂,侵犯消费者的人格尊严。因此,国家必须以法律手段来保护消费者的合法权益。

4. 保护消费者权益有利于促进市场经济的健康发展

市场经济的基本要素是生产和消费。消费是生产的前提和归宿,没有消费,就没有市场,也没有社会主义市场经济。因此,完善对消费者权益的保障制度,既是对社会经济秩序的维护,又是对经济发展的促进和保障。

二、消费者的权利

消费者权利,是指在法律保障下,消费者有权作出一定的行为或者要求他人作出或不作出一定的行为。我国《消费者权益保护法》规定了消费者的9项权利。

(一) 安全权

安全权是指消费者在购买和使用商品或接受服务时所享有的人身和财产安全不受侵害的权利。这是消费者最重要的权利,包括人身安全权和财产安全权两方面的内容。《消费者权益保护法》第七条对此作出了规定。

（二）知情权

知情权又称知悉权，是指消费者享有知悉其购买、使用的商品或者接受的服务的真实情况的权利。知情权包括两方面的内容：其一，消费者有了解商品和服务的真实情况的权利，即经营者向消费者提供的情况应为客观的而不是虚假的；其二，消费者有充分了解有关情况的权利，消费者有权根据商品或者服务的不同情况，要求经营者提供商品的价格、产地、生产者、用途、性能、规格、等级、主要成分、生产日期、有效期限、检验合格证明、使用方法说明书、售后服务或服务的内容、规格、费用等有关情况。

（三）自主选择权

自主选择权是指消费者根据自己的意愿自主地选择其购买的商品及接受的服务的权利。该项权利表明，消费者有权自主选择提供商品或者服务的经营者，自主选择商品品种或者服务方式，自主决定购买或者不购买任何一种商品，接受或不接受任何一项服务。消费者在自主选择商品或者服务时，有权进行比较、鉴别和挑选。

（四）公平交易权

公平交易权是指消费者在购买商品或者接受服务时，有权获得质量保证、价格合理、计量准确等公平交易的条件，有权拒绝经营者的强制交易行为。在现实生活中，侵犯公平交易权的行为主要有：质量以次充好、价格不合理、计量不准确、强制交易等。

（五）求偿权

求偿权是指消费者对其在购买、使用商品或接受服务过程中受到人身或财产损害时，所享有的依法获得赔偿的权利。人身损害包括消费者的生命健康及其他人格权的侵害。财产损害指财产的实际损失，包括直接损失和间接损失。对于因人身权利受侵害而给消费者造成精神痛苦的，消费者有权主张精神损害赔偿。

（六）结社权

结社权是指消费者享有依法成立维护自身合法权益的社会团体的权利。为了与强大的经营者及经营者集团相抗衡，实现与经营者之间的真正平等，消费者可以团结起来，组织社会团体，以谋求保护自己的权益。

（七）获得有关知识权

获得有关知识权是指消费者享有获得有关消费者和消费者权益保护方面的知识的权利。这些知识包括消费知识和权益保护知识两方面。只有具备了消费知识，才能指导正常消费；只有具备了权益保护知识，消费者的合法权益才能得到保障。

（八）受尊重权

受尊重权是指消费者在购买、使用商品和接受服务时，享有人格尊严、民族风俗习惯受到尊重的权利。人格尊严受到尊重，是消费者应享有的最起码的权利之一。在现实生活中，消费者人格尊严受侵犯的事件时有发生，诸如消费者被无端侮辱、殴打、扣留等，此类行为必须加以禁止。我国是统一的多民族的国家，在消费领域尊重少数民族的风俗习惯，既涉及消费者权益的具体保护，又关系到坚持民族平等、加强民族团结、处理好民族关系的大局。

（九）监督权

监督权是指消费者有对商品和服务以及保护消费者权益工作进行监督的权利。监督权主要包括两个方面：一是对商品和服务进行监督。在发现经营者实施损害消费者权益的不法行为时，消费者有权向有关部门反映，并要求处理。二是对消费者保护工作的监督，主要是对国家机关及其工作人员在消费者保护工作中的违法失职行为进行监督，并有权予以检举控告。

三、侵害消费者权益的法律责任

消费者保护法中的法律责任是指经营者违反保护消费者的法

律规定或者与消费者约定的义务而应依法承担的法律后果。它是保证经营者依法履行义务的措施，是保护消费者权益的重要手段。根据侵害消费者权益的不同情况，不法经营者应承担的法律责任包括民事责任、行政责任和刑事责任三种。

(一) 民事责任

民事责任是经营者违反民事义务应承担的法律后果。民事义务包括法律直接规定的义务，也包括消费者与经营者约定的义务。

1. 经营者提供商品或服务应承担民事责任的情形

(1) 商品存在缺陷的；

(2) 不具备商品应具备的使用性能而出售时未作说明的；

(3) 不符合在商品或者其包装上注明采用的商品标准的；

(4) 不符合商品说明、实物样品等方式表明的质量状况的；

(5) 生产国家明令淘汰的商品或者销售失效、变质的商品的；

(6) 销售的商品数量不足的；

(7) 服务内容和费用违反约定的；

(8) 对消费者提出的修理、重作、更换、退货、补足商品数量、退还货款和服务费用或者赔偿损失，故意拖延或者无理拒绝的；

(9) 法律、法规规定的其他损害消费者权益的情形。

2. 赔偿主体和赔偿顺序

(1) 消费者在购买、使用商品时，其权益受到损害的，可以向销售者要求赔偿。销售者赔偿后，属于生产者的责任或者属于向销售者提供商品的其他销售者的责任的，销售者有权向生产者或者其他销售者追偿。消费者或者其他受害人因商品缺陷造成人身、财产损害的，可以向销售者或者生产者要求赔偿，然后再向责任者追偿。服务过程中，致使消费者合法权益受到损害的，由服务者赔偿。

(2) 致使消费者合法权益受到损害的原企业分立、合并的，由变更后承受其权利义务的企业承担赔偿责任。

(3) 使用他人营业执照的违法经营者致使消费者合法权益受到损害的,由经营者或营业执照的持有人赔偿。

(4) 在展销会、租赁柜台购买商品或者接受服务,致使消费者权利受到损害的,可以向销售者或服务者要求赔偿。展销会结束或者柜台租赁期满后,也可以向展销会的举办者、柜台的出租者要求赔偿,然后再向销售者或服务者追偿。

(5) 经营者利用虚假广告提供商品或者服务致使消费者的合法权益受到损害的,由经营者赔偿。广告的经营者不能提供经营者的真实名称、地址的,应承担赔偿责任。

3. 民事责任的形式

不法经营者应承担的民事责任形式有修理、重作、更换、退货、补足商品数量、退还货款和服务费用或者赔偿损失、停止侵害,恢复名誉、消除影响、赔礼道歉等。另外,经营者有欺诈行为的,还应承担惩罚性赔偿金。《消费者权益保护法》第四十九条规定:"经营者提供商品或者服务有欺诈行为的,应当按照消费者的要求增加赔偿其受到的损失,增加赔偿的金额为消费者购买商品或者接受服务的费用的一倍。"

(二) 行政责任

根据《消费者权益保护法》第五十条的规定,经营者违反行政管理法,实施损害消费者利益的行为,《产品质量法》和其他法律、法规对处罚的机关和处罚方式有规定的,依照法律、法规的规定执行;法律、法规未作规定的,由工商行政管理部门责令改正,可以根据不同情况单处或者并处警告、没收非法所得、处以违法所得一倍以上五倍以下的罚款,没有违法所得的,处以一万元以下的罚款;情节严重的,责令停业整顿、吊销营业执照。

经营者对行政处罚决定不服的,可以自收到处罚决定之日起15 日内向上一级机关申请复议;对复议决定不服的,可以自收到复议决定书之日起 15 日内向人民法院提起诉讼,也可以直接向人民法院提起诉讼。

国家机关工作人员玩忽职守或者有包庇经营者侵害消费者合法权益的行为的，由其所在单位或者上级机关给予行政处分。

(三) 刑事责任

违反法律，损害消费者权益的行为，不仅可能承担民事责任和行政责任，而且可能承担刑事责任。经营者有下列行为之一的，应承担刑事责任：

(1) 造成消费者或者其他受害人人身伤害，构成犯罪的；

(2) 造成消费者或者其他受害人死亡，构成犯罪的；

(3) 以暴力、威胁等方法阻碍有关行政部门工作人员依法执行职务的。

此外，国家机关工作人员玩忽职守或者包庇经营者侵害消费者合法权益的行为，情节严重，构成犯罪的，也应依法追究刑事责任。

附录一

经纪人管理办法

中华人民共和国国家工商行政管理总局令第14号

第一条 为维护市场秩序,规范经纪活动,促进经纪业发展,保障经纪活动当事人的合法权益,根据有关法律法规,制定本办法。

第二条 本办法所称经纪人,是指在经济活动中,以收取佣金为目的,为促成他人交易而从事居间、行纪或者代理等经纪业务的自然人、法人和其他经济组织。

第三条 经纪人从事经纪活动,应当遵守国家法律法规,遵循平等、自愿、公平和诚实信用的原则。

第四条 经纪人的合法权益受国家法律法规保护,任何单位和个人不得侵犯。

第五条 各级工商行政管理机关负责对经纪人进行监督管理。其主要职责是:

(一) 经纪人的登记管理;

(二) 依照有关法律、法规和本办法的规定,规范管理经纪行为,对经纪活动进行监督管理,保护合法经营,查处违法经营;

(三) 指导经纪人自律组织的工作;

(四) 国家赋予的其他职责。

第六条 符合《城乡个体工商户管理暂行条例》规定条件的人员,应当向工商行政管理机关申请领取个体工商户营业执照,成为个体经纪人。

第七条 符合《中华人民共和国个人独资企业法》规定条件

的人员,应当向工商行政管理机关申请,设立个人独资经纪企业。

第八条 符合《中华人民共和国合伙企业法》规定条件的人员,应当向工商行政管理机关申请,设立合伙经纪企业。

第九条 符合《中华人民共和国公司法》规定条件的,应当向工商行政管理机关申请,设立经纪公司。

第十条 经营经纪业务的各类经济组织应当具备有关法律法规规定的条件。法律、行政法规规定经纪执业人员执业资格的,经纪执业人员应当取得资格。

第十一条 经纪人名称中的行业应当表述为“经纪”字样;经纪人的经营范围应当明确经纪方式和经纪项目。

第十二条 经纪人领取营业执照、聘用或解聘经纪执业人员后,应当自聘用或解聘之日起20日内,将聘用合同及聘用的经纪执业人员的姓名、照片、住所、执业的经纪项目、执业记录及解聘合同等资料提交给当地工商行政管理机关备案。

第十三条 经纪人应当将所聘用的经纪执业人员的姓名、照片、执业的经纪项目、联系电话等在经营场所明示。

第十四条 经纪人依法从事经纪活动所得佣金是其合法收入。经纪人收取佣金不得违反国家法律法规。

第十五条 凡国家允许进入市场流通的商品和服务项目,经纪人均可进行经纪活动;凡国家限制自由买卖的商品和服务,经纪人应当遵守国家有关规定,在核准的范围内进行经纪活动;凡国家禁止流通的商品和服务,经纪人不得进行经纪活动。

第十六条 经纪人承办经纪业务,除即时清结者外,应当根据业务性质与当事人签订居间、行纪、委托等合同,并载明主要事项。

经纪人和委托人签订经纪合同,应当附有执行该项经纪业务的经纪执业人员的签名。

第十七条 经纪人在经纪活动中,应当遵守以下规则:

(一) 提供客观、准确、高效的服务;

（二）经纪的商品或服务及佣金应明码标价；

（三）将定约机会和交易情况如实、及时报告委托人；

（四）妥善保管当事人交付的样品、保证金、预付款等财物；

（五）按照委托人的要求保守商业秘密；

（六）如实记录经纪业务情况，并按有关规定保存原始凭证、业务记录、账簿和经纪合同等资料；

（七）收取佣金和费用应当向当事人开具发票，并依法缴纳税费；

（八）法律法规规定的其他行为规则。

第十八条 经纪人不得有下列行为：

（一）未经登记注册擅自开展经纪活动；

（二）超越经核准的经营范围从事经纪活动；

（三）对委托人隐瞒与委托人有关的重要事项；

（四）伪造、涂改交易文件和凭证；

（五）违反约定或者违反委托人有关保守商业秘密的要求，泄露委托人的商业秘密；

（六）利用虚假信息，诱人签订合同，骗取中介费；

（七）采取欺诈、胁迫、贿赂、恶意串通等手段损害当事人利益；

（八）通过诋毁其他经纪人或者支付介绍费等不正当手段承揽业务；

（九）对经纪的商品或者服务作引人误解的虚假宣传；

（十）参与倒卖国家禁止或者限制自由买卖的物资、物品；

（十一）法律法规禁止的其他行为。

第十九条 工商行政管理机关应当依据有关法律法规及本办法的规定，对经纪人提供的信息及服务进行监督检查。

工商行政管理机关依据有关法律法规及本办法对其管辖的经纪人进行监督检查时，经纪人应当接受检查，提供检查所需要的文件、账册、报表及其他有关资料。

第二十条 工商行政管理机关应当建立经纪人及经纪执业人员的档案并予以公示;建立经纪人及经纪执业人员的信用记录;对经纪人及经纪执业人员实施信用分类监管;对有违法违规行为或参与违法违规活动的经纪人及经纪执业人员应当向社会公示。

工商行政管理机关应当建立健全经纪执业人员备案制度,并将经纪执业人员备案情况作为经纪人及经纪执业人员档案、信用记录、信用分类管理的重要依据。

工商行政管理机关应当加强对农业经纪人、房地产经纪人、文化经纪人、体育经纪人及其他经纪人的监督管理。

工商行政管理机关可会同经纪人自律组织开展经纪人及经纪执业人员的资质信用管理。

第二十一条 经纪人有下列行为,由工商行政管理机关视情节轻重,分别给予警告、处一万元以下罚款:

(一)在经纪合同中未附有执行该项经纪合同业务的经纪执业人员的签名;

(二)未按本办法第十三条规定将聘用的经纪执业人员的情况在经营场所明示;

(三)向工商行政管理机关提交或在经营场所明示虚假经纪执业人员材料。

第二十二条 经纪人违反本办法第十八条第(一)、(二)、(五)、(七)、(九)、(十)项规定,由工商行政管理机关按照有关法律法规及行政规章予以处罚。

第二十三条 经纪人违反本办法第十八条第(三)、(四)、(六)、(八)项规定,由工商行政管理机关视其情节轻重,分别给予警告、处以违法所得额三倍以下的罚款,但最高不超过三万元,没有违法所得的,处以一万元以下的罚款。

第二十四条 本办法由国家工商行政管理总局负责解释。

第二十五条 本办法自公布之日起实施。原《经纪人管理办法》(国家工商行政管理局第36号令)同时废止。

附录二

中华人民共和国合同法

（1999 年 3 月 15 日第九届全国人民代表大会第二次会议通过）

总　则

第一章　一般规定

第一条　为了保护合同当事人的合法权益，维护社会经济秩序，促进社会主义现代化建设，制定本法。

第二条　本法所称合同是平等主体的自然人、法人、其他组织之间设立、变更、终止民事权利义务关系的协议。

婚姻、收养、监护等有关身份关系的协议，适用其他法律的规定。

第三条　合同当事人的法律地位平等，一方不得将自己的意志强加给另一方。

第四条　当事人依法享有自愿订立合同的权利，任何单位和个人不得非法干预。

第五条　当事人应当遵循公平原则确定各方的权利和义务。

第六条　当事人行使权利、履行义务应当遵循诚实信用原则。

第七条　当事人订立、履行合同，应当遵守法律、行政法规，尊重社会公德，不得扰乱社会经济秩序，损害社会公共利益。

第八条　依法成立的合同，对当事人具有法律约束力。当事人应当按照约定履行自己的义务，不得擅自变更或者解除合同。

依法成立的合同,受法律保护。

第二章 合同的订立

第九条 当事人订立合同,应当具有相应的民事权利能力和民事行为能力。

当事人依法可以委托代理人订立合同。

第十条 当事人订立合同,有书面形式、口头形式和其他形式。

法律、行政法规规定采用书面形式的,应当采用书面形式。当事人约定采用书面形式的,应当采用书面形式。

第十一条 书面形式是指合同书、信件和数据电文(包括电报、电传、传真、电子数据交换和电子邮件)等可以有形地表现所载内容的形式。

第十二条 合同的内容由当事人约定,一般包括以下条款:

(一)当事人的名称或者姓名和住所;

(二)标的;

(三)数量;

(四)质量;

(五)价款或者报酬;

(六)履行期限、地点和方式;

(七)违约责任;

(八)解决争议的方法。

当事人可以参照各类合同的示范文本订立合同。

第十三条 当事人订立合同,采取要约、承诺方式。

第十四条 要约是希望和他人订立合同的意思表示,该意思表示应当符合下列规定:

(一)内容具体确定;

（二）表明经受要约人承诺，要约人即受该意思表示约束。

第十五条 要约邀请是希望他人向自己发出要约的意思表示。寄送的价目表、拍卖公告、招标公告、招股说明书、商业广告等为要约邀请。

商业广告的内容符合要约规定的，视为要约。

第十六条 要约到达受要约人时生效。

采用数据电文形式订立合同，收件人指定特定系统接收数据电文的，该数据电文进入该特定系统的时间，视为到达时间；未指定特定系统的，该数据电文进入收件人的任何系统的首次时间，视为到达时间。

第十七条 要约可以撤回。撤回要约的通知应当在要约到达受要约人之前或者与要约同时到达受要约人。

第十八条 要约可以撤销。撤销要约的通知应当在受要约人发出承诺通知之前到达受要约人。

第十九条 有下列情形之一的，要约不得撤销：

（一）要约人确定了承诺期限或者以其他形式明示要约不可撤销；

（二）受要约人有理由认为要约是不可撤销的，并已经为履行合同作了准备工作。

第二十条 有下列情形之一的，要约失效：

（一）拒绝要约的通知到达要约人；

（二）要约人依法撤销要约；

（三）承诺期限届满，受要约人未作出承诺；

（四）受要约人对要约的内容作出实质性变更。

第二十一条 承诺是受要约人同意要约的意思表示。

第二十二条 承诺应当以通知的方式作出，但根据交易习惯或者要约表明可以通过行为作出承诺的除外。

第二十三条 承诺应当在要约确定的期限内到达要约人。

要约没有确定承诺期限的,承诺应当依照下列规定到达:

(一)要约以对话方式作出的,应当即时作出承诺,但当事人另有约定的除外;

(二)要约以非对话方式作出的,承诺应当在合理期限内到达。

第二十四条 要约以信件或者电报作出的,承诺期限自信件载明的日期或者电报交发之日开始计算。信件未载明日期的,自投寄该信件的邮戳日期开始计算。要约以电话、传真等快速通讯方式作出的,承诺期限自要约到达受要约人时开始计算。

第二十五条 承诺生效时合同成立。

第二十六条 承诺通知到达要约人时生效。承诺不需要通知的,根据交易习惯或者要约的要求作出承诺的行为时生效。

采用数据电文形式订立合同的,承诺到达的时间适用本法第十六条第二款的规定。

第二十七条 承诺可以撤回。撤回承诺的通知应当在承诺通知到达要约人之前或者与承诺通知同时到达要约人。

第二十八条 受要约人超过承诺期限发出承诺的,除要约人及时通知受要约人该承诺有效的以外,为新要约。

第二十九条 受要约人在承诺期限内发出承诺,按照通常情形能够及时到达要约人,但因其他原因承诺到达要约人时超过承诺期限的,除要约人及时通知受要约人因承诺超过期限不接受该承诺的以外,该承诺有效。

第三十条 承诺的内容应当与要约的内容一致。受要约人对要约的内容作出实质性变更的,为新要约。有关合同标的、数量、质量、价款或者报酬、履行期限、履行地点和方式、违约责任和解决争议方法等的变更,是对要约内容的实质性变更。

第三十一条 承诺对要约的内容作出非实质性变更的,除要约人及时表示反对或者要约表明承诺不得对要约的内容作出任何变更的以外,该承诺有效,合同的内容以承诺的内容为准。

第三十二条 当事人采用合同书形式订立合同的,自双方当事人签字或者盖章时合同成立。

第三十三条 当事人采用信件、数据电文等形式订立合同的,可以在合同成立之前要求签订确认书。签订确认书时合同成立。

第三十四条 承诺生效的地点为合同成立的地点。

采用数据电文形式订立合同的,收件人的主营业地为合同成立的地点;没有主营业地的,其经常居住地为合同成立的地点。当事人另有约定的,按照其约定。

第三十五条 当事人采用合同书形式订立合同的,双方当事人签字或者盖章的地点为合同成立的地点。

第三十六条 法律、行政法规规定或者当事人约定采用书面形式订立合同,当事人未采用书面形式但一方已经履行主要义务,对方接受的,该合同成立。

第三十七条 采用合同书形式订立合同,在签字或者盖章之前,当事人一方已经履行主要义务,对方接受的,该合同成立。

第三十八条 国家根据需要下达指令性任务或者国家订货任务的,有关法人、其他组织之间应当依照有关法律、行政法规规定的权利和义务订立合同。

第三十九条 采用格式条款订立合同的,提供格式条款的一方应当遵循公平原则确定当事人之间的权利和义务,并采取合理的方式提请对方注意免除或者限制其责任的条款,按照对方的要求,对该条款予以说明。

格式条款是当事人为了重复使用而预先拟定,并在订立合同时未与对方协商的条款。

第四十条 格式条款具有本法第五十二条和第五十三条规定情形的,或者提供格式条款一方免除其责任、加重对方责任、排除对方主要权利的,该条款无效。

第四十一条 对格式条款的理解发生争议的,应当按通常理解予以解释。对格式条款有两种以上解释的,应当作出不利于提供格式条款一方的解释。格式条款和非格条式款不一致的,应当采用非格式条款。

第四十二条 当事人在订立合同过程中有下列情形之一,给对方造成损失的,应当承担损害赔偿责任:

(一)假借订立合同,恶意进行磋商;

(二)故意隐瞒与订立合同有关的重要事实或者提供虚假情况;

(三)有其他违背诚实信用原则的行为。

第四十三条 当事人在订立合同过程中知悉的商业秘密,无论合同是否成立,不得泄露或者不正当地使用。泄露或者不正当地使用该商业秘密给对方造成损失的,应当承担损害赔偿责任。

第三章 合同的效力

第四十四条 依法成立的合同,自成立时生效。

法律、行政法规规定应当办理批准、登记等手续生效的,依照其规定。

第四十五条 当事人对合同的效力可以约定附条件。附生效条件的合同,自条件成就时生效。附解除条件的合同,自条件成就时失效。

当事人为自己的利益不正当地阻止条件成就的,视为条件已成就;不正当地促成条件成就的,视为条件不成就。

第四十六条 当事人对合同的效力可以约定附期限。附生效期限的合同,自期限届至时生效。附终止期限的合同,自期限届满时失效。

第四十七条 限制民事行为能力人订立的合同,经法定代理人追认后，该合同有效，但纯获利益的合同或者与其年龄、智力、精神健康状况相适应而订立的合同，不必经法定代理人追认。

相对人可以催告法定代理人在一个月内予以追认。法定代理人未作表示的，视为拒绝追认。合同被追认之前，善意相对人有撤销的权利。撤销应当以通知的方式作出。

第四十八条 行为人没有代理权、超越代理权或者代理权终止后以被代理人名义订立的合同，未经被代理人追认，对被代理人不发生效力，由行为人承担责任。

相对人可以催告被代理人在一个月内予以追认。被代理人未作表示的，视为拒绝追认。合同被追认之前，善意相对人有撤销的权利。撤销应当以通知的方式作出。

第四十九条 行为人没有代理权、超越代理权或者代理权终止后以被代理人名义订立合同，相对人有理由相信行为人有代理权的，该代理行为有效。

第五十条 法人或者其他组织的法定代表人、负责人超越权限订立的合同，除相对人知道或者应当知道其超越权限的以外，该代表行为有效。

第五十一条 无处分权的人处分他人财产，经权利人追认或者无处分权的人订立合同后取得处分权的，该合同有效。

第五十二条 有下列情形之一的，合同无效：

（一）一方以欺诈、胁迫的手段订立合同，损害国家利益；

（二）恶意串通，损害国家、集体或者第三人利益；

（三）以合法形式掩盖非法目的；

（四）损害社会公共利益；

（五）违反法律、行政法规的强制性规定。

第五十三条 合同中的下列免责条款无效：

（一）造成对方人身伤害的；

（二）因故意或者重大过失造成对方财产损失的。

第五十四条 下列合同，当事人一方有权请求人民法院或者仲裁机构变更或者撤销：

（一）因重大误解订立的；

（二）在订立合同时显失公平的。

一方以欺诈、胁迫的手段或者乘人之危，使对方在违背真实意思的情况下订立的合同，受损害方有权请求人民法院或者仲裁机构变更或者撤销。

当事人请求变更的，人民法院或者仲裁机构不得撤销。

第五十五条 有下列情形之一的，撤销权消灭：

（一）具有撤销权的当事人自知道或者应当知道撤销事由之日起一年内没有行使撤销权；

（二）具有撤销权的当事人知道撤销事由后明确表示或者以自己的行为放弃撤销权。

第五十六条 无效的合同或者被撤销的合同自始没有法律约束力。合同部分无效，不影响其他部分效力的，其他部分仍然有效。

第五十七条 合同无效、被撤销或者终止的，不影响合同中独立存在的有关解决争议方法的条款的效力。

第五十八条 合同无效或者被撤销后，因该合同取得的财产，应当予以返还；不能返还或者没有必要返还的，应当折价补偿。有过错的一方应当赔偿对方因此所受到的损失，双方都有过错的，应当各自承担相应的责任。

第五十九条 当事人恶意串通，损害国家、集体或者第三人利益的，因此取得的财产收归国家所有或者返还集体、第三人。

第四章 合同的履行

第六十条 当事人应当按照约定全面履行自己的义务。

当事人应当遵循诚实信用原则，根据合同的性质、目的和交易习惯履行通知、协助、保密等义务。

第六十一条 合同生效后，当事人就质量、价款或者报酬、履行地点等内容没有约定或者约定不明确的，可以协议补充；不能达成补充协议的，按照合同有关条款或者交易习惯确定。

第六十二条 当事人就有关合同内容约定不明确，依照本法第六十一条的规定仍不能确定的，适用下列规定：

（一）质量要求不明确的，按照国家标准、行业标准履行；没有国家标准、行业标准的，按照通常标准或者符合合同目的的特定标准履行。

（二）价款或者报酬不明确的，按照订立合同时履行地的市场价格履行；依法应当执行政府定价或者政府指导价的，按照规定履行。

（三）履行地点不明确，给付货币的，在接受货币一方所在地履行；交付不动产的，在不动产所在地履行；其他标的，在履行义务一方所在地履行。

（四）履行期限不明确的，债务人可以随时履行，债权人也可以随时要求履行，但应当给对方必要的准备时间。

（五）履行方式不明确的，按照有利于实现合同目的的方式履行。

（六）履行费用的负担不明确的，由履行义务一方负担。

第六十三条 执行政府定价或者政府指导价的，在合同约定的交付期限内政府价格调整时，按照交付时的价格计价。逾期交付标的物的，遇价格上涨时，按照原价格执行；价格下降时，按照新价格执行。逾期提取标的物或者逾期付款的，遇价格上涨时，按照新价格执行；价格下降时，按照原价格执行。

第六十四条 当事人约定由债务人向第三人履行债务的，债务人未向第三人履行债务或者履行债务不符合约定，应当向债权人承担违约责任。

第六十五条 当事人约定由第三人向债权人履行债务的，第三人不履行债务或者履行债务不符合约定，债务人应当向债权人承担违约责任。

第六十六条 当事人互负债务，没有先后履行顺序的，应当同时履行。一方在对方履行之前有权拒绝其履行要求。一方在对方履行债务不符合约定时，有权拒绝其相应的履行要求。

第六十七条 当事人互负债务，有先后履行顺序，先履行一方未履行的，后履行一方有权拒绝其履行要求。先履行一方履行债务不符合约定的，后履行一方有权拒绝其相应的履行要求。

第六十八条 应当先履行债务的当事人，有确切证据证明对方有下列情形之一的，可以中止履行：

（一）经营状况严重恶化；

（二）转移财产、抽逃资金，以逃避债务；

（三）丧失商业信誉；

（四）有丧失或者可能丧失履行债务能力的其他情形。

当事人没有确切证据中止履行的，应当承担违约责任。

第六十九条 当事人依照本法第六十八条的规定中止履行的，应当及时通知对方。对方提供适当担保时，应当恢复履行。中止履行后，对方在合理期限内未恢复履行能力并且未提供适当担保的，中止履行的一方可以解除合同。

第七十条 债权人分立、合并或者变更住所没有通知债务人，致使履行债务发生困难的，债务人可以中止履行或者将标的物提存。

第七十一条 债权人可以拒绝债务人提前履行债务，但提前履行不损害债权人利益的除外。

债务人提前履行债务给债权人增加的费用，由债务人负担。

第七十二条 债权人可以拒绝债务人部分履行债务，但部分履行不损害债权人利益的除外。

债务人部分履行债务给债权人增加的费用,由债务人负担。

第七十三条 因债务人怠于行使其到期债权,对债权人造成损害的,债权人可以向人民法院请求以自己的名义代位行使债务人的债权,但该债权专属于债务人自身的除外。

代位权的行使范围以债权人的债权为限。债权人行使代位权的必要费用,由债务人负担。

第七十四条 因债务人放弃其到期债权或者无偿转让财产,对债权人造成损害的,债权人可以请求人民法院撤销债务人的行为。债务人以明显不合理的低价转让财产,对债权人造成损害,并且受让人知道该情形的,债权人也可以请求人民法院撤销债务人的行为。

撤销权的行使范围以债权人的债权为限。债权人行使撤销权的必要费用,由债务人负担。

第七十五条 撤销权自债权人知道或者应当知道撤销事由之日起一年内行使。自债务人的行为发生之日起五年内没有行使撤销权的,该撤销权消灭。

第七十六条 合同生效后,当事人不得因姓名、名称的变更或者法定代表人、负责人、承办人的变动而不履行合同义务。

第五章 合同的变更和转让

第七十七条 当事人协商一致,可以变更合同。

法律、行政法规规定变更合同应当办理批准、登记等手续的,依照其规定。

第七十八条 当事人对合同变更的内容约定不明确的,推定为未变更。

第七十九条 债权人可以将合同的权利全部或者部分转让给

第三人，但有下列情形之一的除外：

（一）根据合同性质不得转让；

（二）按照当事人约定不得转让；

（三）依照法律规定不得转让。

第八十条 债权人转让权利的，应当通知债务人。未经通知，该转让对债务人不发生效力。

债权人转让权利的通知不得撤销，但经受让人同意的除外。

第八十一条 债权人转让权利的，受让人取得与债权有关的从权利，但该从权利专属于债权人自身的除外。

第八十二条 债务人接到债权转让通知后，债务人对让与人的抗辩，可以向受让人主张。

第八十三条 债务人接到债权转让通知时，债务人对让与人享有债权，并且债务人的债权先于转让的债权到期或者同时到期的，债务人可以向受让人主张抵销。

第八十四条 债务人将合同的义务全部或者部分转移给第三人的，应当经债权人同意。

第八十五条 债务人转移义务的，新债务人可以主张原债务人对债权人的抗辩。

第八十六条 债务人转移义务的，新债务人应当承担与主债务有关的从债务，但该从债务专属于原债务人自身的除外。

第八十七条 法律、行政法规规定转让权利或者转移义务应当办理批准、登记等手续的，依照其规定。

第八十八条 当事人一方经对方同意，可以将自己在合同中的权利和义务一并转让给第三人。

第八十九条 权利和义务一并转让的，适用本法第七十九条、第八十一条至第八十三条、第八十五条至第八十七条的规定。

第九十条 当事人订立合同后合并的，由合并后的法人或者其他组织行使合同权利，履行合同义务。当事人订立合同后分立的，除债权人和债务人另有约定的以外，由分立的法人或者其他组织对合同的权利和义务享有连带债权，承担连带债务。

第六章　合同的权利义务终止

第九十一条　有下列情形之一的，合同的权利义务终止：

（一）债务已经按照约定履行；

（二）合同解除；

（三）债务相互抵销；

（四）债务人依法将标的物提存；

（五）债权人免除债务；

（六）债权债务同归于一人；

（七）法律规定或者当事人约定终止的其他情形。

第九十二条　合同的权利义务终止后，当事人应当遵循诚实信用原则，根据交易习惯履行通知、协助、保密等义务。

第九十三条　当事人协商一致，可以解除合同。

当事人可以约定一方解除合同的条件。解除合同的条件成就时，解除权人可以解除合同。

第九十四条　有下列情形之一的，当事人可以解除合同：

（一）因不可抗力致使不能实现合同目的；

（二）在履行期限届满之前，当事人一方明确表示或者以自己的行为表明不履行主要债务；

（三）当事人一方迟延履行主要债务，经催告后在合理期限内仍未履行；

（四）当事人一方迟延履行债务或者有其他违约行为致使不能实现合同目的；

（五）法律规定的其他情形。

第九十五条　法律规定或者当事人约定解除权行使期限，期限届满当事人不行使的，该权利消灭。

法律没有规定或者当事人没有约定解除权行使期限，经对方催告后在合理期限内不行使的，该权利消灭。

第九十六条 当事人一方依照本法第九十三条第二款、第九十四条的规定主张解除合同的，应当通知对方。合同自通知到达对方时解除。对方有异议的，可以请求人民法院或者仲裁机构确认解除合同的效力。

法律、行政法规规定解除合同应当办理批准、登记等手续的，依照其规定。

第九十七条 合同解除后，尚未履行的，终止履行；已经履行的，根据履行情况和合同性质，当事人可以要求恢复原状、采取其他补救措施，并有权要求赔偿损失。

第九十八条 合同的权利义务终止，不影响合同中结算和清理条款的效力。

第九十九条 当事人互负到期债务，该债务的标的物种类、品质相同的，任何一方可以将自己的债务与对方的债务抵销，但依照法律规定或者按照合同性质不得抵销的除外。

当事人主张抵销的，应当通知对方。通知自到达对方时生效。抵销不得附条件或者附期限。

第一百条 当事人互负债务，标的物种类、品质不相同的，经双方协商一致，也可以抵销。

第一百零一条 有下列情形之一，难以履行债务的，债务人可以将标的物提存：

（一）债权人无正当理由拒绝受领；

（二）债权人下落不明；

（三）债权人死亡未确定继承人或者丧失民事行为能力未确定监护人；

（四）法律规定的其他情形。

标的物不适于提存或者提存费用过高的，债务人依法可以拍卖或者变卖标的物，提存所得的价款。

第一百零二条 标的物提存后，除债权人下落不明的以外，债务人应当及时通知债权人或者债权人的继承人、监护人。

第一百零三条 标的物提存后，毁损、灭失的风险由债权人承担。提存期间，标的物的孳息归债权人所有。提存费用由债权人负担。

第一百零四条 债权人可以随时领取提存物，但债权人对债务人负有到期债务的，在债权人未履行债务或者提供担保之前，提存部门根据债务人的要求应当拒绝其领取提存物。

债权人领取提存物的权利，自提存之日起五年内不行使而消灭，提存物扣除提存费用后归国家所有。

第一百零五条 债权人免除债务人部分或者全部债务的，合同的权利义务部分或者全部终止。

第一百零六条 债权和债务同归于一人的，合同的权利义务终止，但涉及第三人利益的除外。

第七章 违约责任

第一百零七条 当事人一方不履行合同义务或者履行合同义务不符合约定的，应当承担继续履行、采取补救措施或者赔偿损失等违约责任。

第一百零八条 当事人一方明确表示或者以自己的行为表明不履行合同义务的，对方可以在履行期限届满之前要求其承担违约责任。

第一百零九条 当事人一方未支付价款或者报酬的，对方可以要求其支付价款或者报酬。

第一百一十条 当事人一方不履行非金钱债务或者履行非金

钱债务不符合约定的，对方可以要求履行，但有下列情形之一的除外：

（一）法律上或者事实上不能履行；

（二）债务的标的不适于强制履行或者履行费用过高；

（三）债权人在合理期限内未要求履行。

第一百一十一条 质量不符合约定的，应当按照当事人的约定承担违约责任。对违约责任没有约定或者约定不明确，依照本法第六十一条的规定仍不能确定的，受损害方根据标的的性质以及损失的大小，可以合理选择要求对方承担修理、更换、重作、退货、减少价款或者报酬等违约责任。

第一百一十二条 当事人一方不履行合同义务或者履行合同义务不符合约定的，在履行义务或者采取补救措施后，对方还有其他损失的，应当赔偿损失。

第一百一十三条 当事人一方不履行合同义务或者履行合同义务不符合约定，给对方造成损失的，损失赔偿额应当相当于因违约所造成的损失，包括合同履行后可以获得的利益，但不得超过违反合同一方订立合同时预见到或者应当预见到的因违反合同可能造成的损失。

经营者对消费者提供商品或者服务有欺诈行为的，依照《中华人民共和国消费者权益保护法》的规定承担损害赔偿责任。

第一百一十四条 当事人可以约定一方违约时应当根据违约情况向对方支付一定数额的违约金，也可以约定因违约产生的损失赔偿额的计算方法。

约定的违约金低于造成的损失的，当事人可以请求人民法院或者仲裁机构予以增加；约定的违约金过分高于造成的损失的，当事人可以请求人民法院或者仲裁机构予以适当减少。

当事人就迟延履行约定违约金的，违约方支付违约金后，还应当履行债务。

第一百一十五条 当事人可以依照《中华人民共和国担保法》约定一方向对方给付定金作为债权的担保。债务人履行债务后,定金应当抵作价款或者收回。给付定金的一方不履行约定的债务的,无权要求返还定金;收受定金的一方不履行约定的债务的,应当双倍返还定金。

第一百一十六条 当事人既约定违约金,又约定定金的,一方违约时,对方可以选择适用违约金或者定金条款。

第一百一十七条 因不可抗力不能履行合同的,根据不可抗力的影响,部分或者全部免除责任,但法律另有规定的除外。当事人迟延履行后发生不可抗力的,不能免除责任。

本法所称不可抗力,是指不能预见、不能避免并不能克服的客观情况。

第一百一十八条 当事人一方因不可抗力不能履行合同的,应当及时通知对方,以减轻可能给对方造成的损失,并应当在合理期限内提供证明。

第一百一十九条 当事人一方违约后,对方应当采取适当措施防止损失的扩大;没有采取适当措施致使损失扩大的,不得就扩大的损失要求赔偿。

当事人因防止损失扩大而支出的合理费用,由违约方承担。

第一百二十条 当事人双方都违反合同的,应当各自承担相应的责任。

第一百二十一条 当事人一方因第三人的原因造成违约的,应当向对方承担违约责任。当事人一方和第三人之间的纠纷,依照法律规定或者按照约定解决。

第一百二十二条 因当事人一方的违约行为,侵害对方人身、财产权益的,受损害方有权选择依照本法要求其承担违约责任或者依照其他法律要求其承担侵权责任。

第八章 其他规定

第一百二十三条 其他法律对合同另有规定的，依照其规定。

第一百二十四条 本法分则或者其他法律没有明文规定的合同，适用本法总则的规定，并可以参照本法分则或者其他法律最相类似的规定。

第一百二十五条 当事人对合同条款的理解有争议的，应当按照合同所使用的词句、合同的有关条款、合同的目的、交易习惯以及诚实信用原则，确定该条款的真实意思。

合同文本采用两种以上文字订立并约定具有同等效力的，对各文本使用的词句推定具有相同含义。各文本使用的词句不一致的，应当根据合同的目的予以解释。

第一百二十六条 涉外合同的当事人可以选择处理合同争议所适用的法律，但法律另有规定的除外。涉外合同的当事人没有选择的，适用与合同有最密切联系的国家的法律。

在中华人民共和国境内履行的中外合资经营企业合同、中外合作经营企业合同、中外合作勘探开发自然资源合同，适用中华人民共和国法律。

第一百二十七条 工商行政管理部门和其他有关行政主管部门在各自的职权范围内，依照法律、行政法规的规定，对利用合同危害国家利益、社会公共利益的违法行为，负责监督处理；构成犯罪的，依法追究刑事责任。

第一百二十八条 当事人可以通过和解或者调解解决合同争议。

当事人不愿和解、调解或者和解、调解不成的，可以根据仲裁协议向仲裁机构申请仲裁。涉外合同的当事人可以根据仲裁协议向中国仲裁机构或者其他仲裁机构申请仲裁。当事人没有订立仲裁协议或者仲裁协议无效的,可以向人民法院起诉。当事人应当履行发生法律效力的判决、仲裁裁决、调解书;拒不履行的,对方可以请求人民法院执行。

第一百二十九条 因国际货物买卖合同和技术进出口合同争议提起诉讼或者申请仲裁的期限为四年,自当事人知道或者应当知道其权利受到侵害之日起计算。因其他合同争议提起诉讼或者申请仲裁的期限,依照有关法律的规定。

分 则

第九章 买卖合同

第一百三十条 买卖合同是出卖人转移标的物的所有权于买受人,买受人支付价款的合同。

第一百三十一条 买卖合同的内容除依照本法第十二条的规定以外,还可以包括包装方式、检验标准和方法、结算方式、合同使用的文字及其效力等条款。

第一百三十二条 出卖的标的物,应当属于出卖人所有或者出卖人有权处分。

法律、行政法规禁止或者限制转让的标的物,依照其规定。

第一百三十三条 标的物的所有权自标的物交付时起转移,但法律另有规定或者当事人另有约定的除外。

第一百三十四条 当事人可以在买卖合同中约定买受人未履行支付价款或者其他义务的,标的物的所有权属于出卖人。

第一百三十五条 出卖人应当履行向买受人交付标的物或者交付提取标的物的单证,并转移标的物所有权的义务。

第一百三十六条 出卖人应当按照约定或者交易习惯向买受人交付提取标的物单证以外的有关单证和资料。

第一百三十七条 出卖具有知识产权的计算机软件等标的物的,除法律另有规定或者当事人另有约定的以外,该标的物的知识产权不属于买受人。

第一百三十八条 出卖人应当按照约定的期限交付标的物。约定交付期间的,出卖人可以在该交付期间内的任何时间交付。

第一百三十九条 当事人没有约定标的物的交付期限或者约定不明确的,适用本法第六十一条、第六十二条第四项的规定。

第一百四十条 标的物在订立合同之前已为买受人占有的,合同生效的时间为交付时间。

第一百四十一条 出卖人应当按照约定的地点交付标的物。

当事人没有约定交付地点或者约定不明确,依照本法第六十一条的规定仍不能确定的,适用下列规定:

(一) 标的物需要运输的,出卖人应当将标的物交付给第一承运人以运交给买受人;

(二) 标的物不需要运输,出卖人和买受人订立合同时知道标的物在某一地点的,出卖人应当在该地点交付标的物;不知道标的物在某一地点的,应当在出卖人订立合同时的营业地交付标的物。

第一百四十二条 标的物毁损、灭失的风险,在标的物交付之前由出卖人承担,交付之后由买受人承担,但法律另有规定或者当事人另有约定的除外。

第一百四十三条 因买受人的原因致使标的物不能按照约定的期限交付的,买受人应当自违反约定之日起承担标的物毁损、灭失的风险。

第一百四十四条 出卖人出卖交由承运人运输的在途标的物,除当事人另有约定的以外,毁损、灭失的风险自合同成立时起由买受人承担。

第一百四十五条 当事人没有约定交付地点或者约定不明确,依照本法第一百四十一条第二款第一项的规定标的物需要运输的，出卖人将标的物交付给第一承运人后，标的物毁损、灭失的风险由买受人承担。

第一百四十六条 出卖人按照约定或者依照本法第一百四十一条第二款第二项的规定将标的物置于交付地点，买受人违反约定没有收取的，标的物毁损、灭失的风险自违反约定之日起由买受人承担。

第一百四十七条 出卖人按照约定未交付有关标的物的单证和资料的，不影响标的物毁损、灭失风险的转移。

第一百四十八条 因标的物质量不符合质量要求，致使不能实现合同目的的，买受人可以拒绝接受标的物或者解除合同。买受人拒绝接受标的物或者解除合同的，标的物毁损、灭失的风险由出卖人承担。

第一百四十九条 标的物毁损、灭失的风险由买受人承担的，不影响因出卖人履行债务不符合约定，买受人要求其承担违约责任的权利。

第一百五十条 出卖人就交付的标的物，负有保证第三人不得向买受人主张任何权利的义务，但法律另有规定的除外。

第一百五十一条 买受人订立合同时知道或者应当知道第三人对买卖的标的物享有权利的，出卖人不承担本法第一百五十条规定的义务。

第一百五十二条 买受人有确切证据证明第三人可能就标的物主张权利的，可以中止支付相应的价款，但出卖人提供适当担保的除外。

第一百五十三条 出卖人应当按照约定的质量要求交付标的物。出卖人提供有关标的物质量说明的，交付的标的物应当符合该说明的质量要求。

第一百五十四条 当事人对标的物的质量要求没有约定或者约定不明确，依照本法第六十一条的规定仍不能确定的，适用本法

第六十二条第一项的规定。

第一百五十五条 出卖人交付的标的物不符合质量要求的，买受人可以依照本法第一百一十一条的规定要求承担违约责任。

第一百五十六条 出卖人应当按照约定的包装方式交付标的物。对包装方式没有约定或者约定不明确，依照本法第六十一条的规定仍不能确定的，应当按照通用的方式包装，没有通用方式的，应当采取足以保护标的物的包装方式。

第一百五十七条 买受人收到标的物时应当在约定的检验期间内检验。没有约定检验期间的，应当及时检验。

第一百五十八条 当事人约定检验期间的，买受人应当在检验期间内将标的物的数量或者质量不符合约定的情形通知出卖人。买受人怠于通知的，视为标的物的数量或者质量符合约定。

当事人没有约定检验期间的，买受人应当在发现或者应当发现标的物的数量或者质量不符合约定的合理期间内通知出卖人。买受人在合理期间内未通知或者自标的物收到之日起两年内未通知出卖人的，视为标的物的数量或者质量符合约定，但对标的物有质量保证期的，适用质量保证期，不适用该两年的规定。

出卖人知道或者应当知道提供的标的物不符合约定的，买受人不受前两款规定的通知时间的限制。

第一百五十九条 买受人应当按照约定的数额支付价款。对价款没有约定或者约定不明确的，适用本法第六十一条、第六十二条第二项的规定。

第一百六十条 买受人应当按照约定的地点支付价款。对支付地点没有约定或者约定不明确，依照本法第六十一条的规定仍不能确定的，买受人应当在出卖人的营业地支付，但约定支付价款以交付标的物或者交付提取标的物单证为条件的，在交付标的物或者交付提取标的物单证的所在地支付。

第一百六十一条 买受人应当按照约定的时间支付价款。对支付时间没有约定或者约定不明确,依照本法第六十一条的规定仍不能确定的,买受人应当在收到标的物或者提取标的物单证的同时支付。

第一百六十二条 出卖人多交标的物的,买受人可以接收或者拒绝接收多交的部分。买受人接收多交部分的,按照合同的价格支付价款;买受人拒绝接收多交部分的,应当及时通知出卖人。

第一百六十三条 标的物在交付之前产生的孳息,归出卖人所有,交付之后产生的孳息,归买受人所有。

第一百六十四条 因标的物的主物不符合约定而解除合同的,解除合同的效力及于从物。因标的物的从物不符合约定被解除的,解除的效力不及于主物。

第一百六十五条 标的物为数物,其中一物不符合约定的,买受人可以就该物解除,但该物与他物分离使标的物的价值显受损害的,当事人可以就数物解除合同。

第一百六十六条 出卖人分批交付标的物的,出卖人对其中一批标的物不交付或者交付不符合约定,致使该批标的物不能实现合同目的的,买受人可以就该批标的物解除。

出卖人不交付其中一批标的物或者交付不符合约定,致使今后其他各批标的物的交付不能实现合同目的的,买受人可以就该批以及今后其他各批标的物解除。

买受人如果就其中一批标的物解除,该批标的物与其他各批标的物相互依存的,可以就已经交付和未交付的各批标的物解除。

第一百六十七条 分期付款的买受人未支付到期价款的金额达到全部价款的五分之一的,出卖人可以要求买受人支付全部价款或者解除合同。

出卖人解除合同的,可以向买受人要求支付该标的物的使用费。

第一百六十八条 凭样品买卖的当事人应当封存样品,并可以对样品质量予以说明。出卖人交付的标的物应当与样品及其说明的质量相同。

第一百六十九条 凭样品买卖的买受人不知道样品有隐蔽瑕疵的,即使交付的标的物与样品相同,出卖人交付的标的物的质量仍然应当符合同种物的通常标准。

第一百七十条 试用买卖的当事人可以约定标的物的试用期间。对试用期间没有约定或者约定不明确,依照本法第六十一条的规定仍不能确定的,由出卖人确定。

第一百七十一条 试用买卖的买受人在试用期内可以购买标的物,也可以拒绝购买。试用期间届满,买受人对是否购买标的物未作表示的,视为购买。

第一百七十二条 招标投标买卖的当事人的权利和义务以及招标投标程序等,依照有关法律、行政法规的规定。

第一百七十三条 拍卖的当事人的权利和义务以及拍卖程序等,依照有关法律、行政法规的规定。

第一百七十四条 法律对其他有偿合同有规定的,依照其规定;没有规定的,参照买卖合同的有关规定。

第一百七十五条 当事人约定易货交易,转移标的物的所有权的,参照买卖合同的有关规定。

第十章 供用电、水、气、热力合同

第一百七十六条 供用电合同是供电人向用电人供电,用电人支付电费的合同。

第一百七十七条 供用电合同的内容包括供电的方式、质量、时间,用电容量、地址、性质,计量方式,电价、电费的结算方式,供用电设施的维护责任等条款。

第一百七十八条 供用电合同的履行地点,按照当事人约定;

当事人没有约定或者约定不明确的，供电设施的产权分界处为履行地点。

第一百七十九条 供电人应当按照国家规定的供电质量标准和约定安全供电。供电人未按照国家规定的供电质量标准和约定安全供电，造成用电人损失的，应当承担损害赔偿责任。

第一百八十条 供电人因供电设施计划检修、临时检修、依法限电或者用电人违法用电等原因，需要中断供电时，应当按照国家有关规定事先通知用电人。未事先通知用电人中断供电，造成用电人损失的，应当承担损害赔偿责任。

第一百八十一条 因自然灾害等原因断电，供电人应当按照国家有关规定及时抢修。未及时抢修，造成用电人损失的，应当承担损害赔偿责任。

第一百八十二条 用电人应当按照国家有关规定和当事人的约定及时交付电费。用电人逾期不交付电费的，应当按照约定支付违约金。经催告用电人在合理期限内仍不交付电费和违约金的，供电人可以按照国家规定的程序中止供电。

第一百八十三条 用电人应当按照国家有关规定和当事人的约定安全用电。用电人未按照国家有关规定和当事人的约定安全用电，造成供电人损失的，应当承担损害赔偿责任。

第一百八十四条 供用水、供用气、供用热力合同，参照供用电合同的有关规定。

第十一章　赠与合同

第一百八十五条 赠与合同是赠与人将自己的财产无偿给予受赠人，受赠人表示接受赠与的合同。

第一百八十六条 赠与人在赠与财产的权利转移之前可以撤销赠与。

具有救灾、扶贫等社会公益、道德义务性质的赠与合同或者经过公证的赠与合同，不适用前款规定。

第一百八十七条 赠与的财产依法需要办理登记等手续的，应当办理有关手续。

第一百八十八条 具有救灾、扶贫等社会公益、道德义务性质的赠与合同或者经过公证的赠与合同，赠与人不交付赠与的财产的，受赠人可以要求交付。

第一百八十九条 因赠与人故意或者重大过失致使赠与的财产毁损、灭失的，赠与人应当承担损害赔偿责任。

第一百九十条 赠与可以附义务。

赠与附义务的，受赠人应当按照约定履行义务。

第一百九十一条 赠与的财产有瑕疵的，赠与人不承担责任。附义务的赠与，赠与的财产有瑕疵的，赠与人在附义务的限度内承担与出卖人相同的责任。

赠与人故意不告知瑕疵或者保证无瑕疵，造成受赠人损失的，应当承担损害赔偿责任。

第一百九十二条 受赠人有下列情形之一的，赠与人可以撤销赠与：

（一）严重侵害赠与人或者赠与人的近亲属；

（二）对赠与人有扶养义务而不履行；

（三）不履行赠与合同约定的义务。

赠与人的撤销权，自知道或者应当知道撤销原因之日起一年内行使。

第一百九十三条 因受赠人的违法行为致使赠与人死亡或者丧失民事行为能力的，赠与人的继承人或者法定代理人可以撤销赠与。

赠与人的继承人或者法定代理人的撤销权，自知道或者应当知道撤销原因之日起六个月内行使。

第一百九十四条 撤销权人撤销赠与的,可以向受赠人要求返还赠与的财产。

第一百九十五条 赠与人的经济状况显著恶化,严重影响其生产经营或者家庭生活的,可以不再履行赠与义务。

第十二章 借款合同

第一百九十六条 借款合同是借款人向贷款人借款,到期返还借款并支付利息的合同。

第一百九十七条 借款合同采用书面形式,但自然人之间借款另有约定的除外。

借款合同的内容包括借款种类、币种、用途、数额、利率、期限和还款方式等条款。

第一百九十八条 订立借款合同,贷款人可以要求借款人提供担保。担保依照《中华人民共和国担保法》的规定。

第一百九十九条 订立借款合同,借款人应当按照贷款人的要求提供与借款有关的业务活动和财务状况的真实情况。

第二百条 借款的利息不得预先在本金中扣除。利息预先在本金中扣除的,应当按照实际借款数额返还借款并计算利息。

第二百零一条 贷款人未按照约定的日期、数额提供借款,造成借款人损失的,应当赔偿损失。

借款人未按照约定的日期、数额收取借款的,应当按照约定的日期、数额支付利息。

第二百零二条 贷款人按照约定可以检查、监督借款的使用情况。借款人应当按照约定向贷款人定期提供有关财务会计报表等资料。

第二百零三条 借款人未按照约定的借款用途使用借款的,贷款人可以停止发放借款、提前收回借款或者解除合同。

第二百零四条 办理贷款业务的金融机构贷款的利率，应当按照中国人民银行规定的贷款利率的上下限确定。

第二百零五条 借款人应当按照约定的期限支付利息。对支付利息的期限没有约定或者约定不明确，依照本法第六十一条的规定仍不能确定，借款期间不满一年的，应当在返还借款时一并支付；借款期间一年以上的，应当在每届满一年时支付，剩余期间不满一年的，应当在返还借款时一并支付。

第二百零六条 借款人应当按照约定的期限返还借款。对借款期限没有约定或者约定不明确，依照本法第六十一条的规定仍不能确定的，借款人可以随时返还；贷款人可以催告借款人在合理期限内返还。

第二百零七条 借款人未按照约定的期限返还借款的，应当按照约定或者国家有关规定支付逾期利息。

第二百零八条 借款人提前偿还借款的，除当事人另有约定的以外，应当按照实际借款的期间计算利息。

第二百零九条 借款人可以在还款期限届满之前向贷款人申请展期。贷款人同意的，可以展期。

第二百一十条 自然人之间的借款合同，自贷款人提供借款时生效。

第二百一十一条 自然人之间的借款合同对支付利息没有约定或者约定不明确的，视为不支付利息。自然人之间的借款合同约定支付利息的，借款的利率不得违反国家有关限制借款利率的规定。

第十三章 租赁合同

第二百一十二条 租赁合同是出租人将租赁物交付承租人使用、收益，承租人支付租金的合同。

第二百一十三条 租赁合同的内容包括租赁物的名称、数量、用途、租赁期限、租金及其支付期限和方式、租赁物维修等条款。

第二百一十四条 租赁期限不得超过二十年。超过二十年的,超过部分无效。

租赁期间届满,当事人可以续订租赁合同,但约定的租赁期限自续订之日起不得超过二十年。

第二百一十五条 租赁期限六个月以上的,应当采用书面形式。当事人未采用书面形式的,视为不定期租赁。

第二百一十六条 出租人应当按照约定将租赁物交付承租人,并在租赁期间保持租赁物符合约定的用途。

第二百一十七条 承租人应当按照约定的方法使用租赁物。对租赁物的使用方法没有约定或者约定不明确,依照本法第六十一条的规定仍不能确定的,应当按照租赁物的性质使用。

第二百一十八条 承租人按照约定的方法或者租赁物的性质使用租赁物,致使租赁物受到损耗的,不承担损害赔偿责任。

第二百一十九条 承租人未按照约定的方法或者租赁物的性质使用租赁物,致使租赁物受到损失的,出租人可以解除合同并要求赔偿损失。

第二百二十条 出租人应当履行租赁物的维修义务,但当事人另有约定的除外。

第二百二十一条 承租人在租赁物需要维修时可以要求出租人在合理期限内维修。出租人未履行维修义务的,承租人可以自行维修,维修费用由出租人负担。因维修租赁物影响承租人使用的,应当相应减少租金或者延长租期。

第二百二十二条 承租人应当妥善保管租赁物,因保管不善造成租赁物毁损、灭失的,应当承担损害赔偿责任。

第二百二十三条 承租人经出租人同意,可以对租赁物进行改善或者增设他物。

承租人未经出租人同意，对租赁物进行改善或者增设他物的，出租人可以要求承租人恢复原状或者赔偿损失。

第二百二十四条 承租人经出租人同意，可以将租赁物转租给第三人。承租人转租的，承租人与出租人之间的租赁合同继续有效，第三人对租赁物造成损失的，承租人应当赔偿损失。

承租人未经出租人同意转租的，出租人可以解除合同。

第二百二十五条 在租赁期间因占有、使用租赁物获得的收益，归承租人所有，但当事人另有约定的除外。

第二百二十六条 承租人应当按照约定的期限支付租金。对支付期限没有约定或者约定不明确，依照本法第六十一条的规定仍不能确定，租赁期间不满一年的，应当在租赁期间届满时支付；租赁期间一年以上的，应当在每届满一年时支付，剩余期间不满一年的，应当在租赁期间届满时支付。

第二百二十七条 承租人无正当理由未支付或者迟延支付租金的，出租人可以要求承租人在合理期限内支付。承租人逾期不支付的，出租人可以解除合同。

第二百二十八条 因第三人主张权利，致使承租人不能对租赁物使用、收益的，承租人可以要求减少租金或者不支付租金。

第三人主张权利的，承租人应当及时通知出租人。

第二百二十九条 租赁物在租赁期间发生所有权变动的，不影响租赁合同的效力。

第二百三十条 出租人出卖租赁房屋的，应当在出卖之前的合理期限内通知承租人，承租人享有以同等条件优先购买的权利。

第二百三十一条 因不可归责于承租人的事由，致使租赁物部分或者全部毁损、灭失的，承租人可以要求减少租金或者不支付租金；因租赁物部分或者全部毁损、灭失，致使不能实现合同目的的，承租人可以解除合同。

第二百三十二条 当事人对租赁期限没有约定或者约定不明

确,依照本法第六十一条的规定仍不能确定的,视为不定期租赁。当事人可以随时解除合同,但出租人解除合同应当在合理期限之前通知承租人。

第二百三十三条 租赁物危及承租人的安全或者健康的,即使承租人订立合同时明知该租赁物质量不合格,承租人仍然可以随时解除合同。

第二百三十四条 承租人在房屋租赁期间死亡的,与其生前共同居住的人可以按照原租赁合同租赁该房屋。

第二百三十五条 租赁期间届满,承租人应当返还租赁物。返还的租赁物应当符合按照约定或者租赁物的性质使用后的状态。

第二百三十六条 租赁期间届满,承租人继续使用租赁物,出租人没有提出异议的,原租赁合同继续有效,但租赁期限为不定期。

第十四章 融资租赁合同

第二百三十七条 融资租赁合同是出租人根据承租人对出卖人、租赁物的选择,向出卖人购买租赁物,提供给承租人使用,承租人支付租金的合同。

第二百三十八条 融资租赁合同的内容包括租赁物名称、数量、规格、技术性能、检验方法、租赁期限、租金构成及其支付期限和方式、币种、租赁期间届满租赁物的归属等条款。

融资租赁合同应当采用书面形式。

第二百三十九条 出租人根据承租人对出卖人、租赁物的选择订立的买卖合同,出卖人应当按照约定向承租人交付标的物,承租人享有与受领标的物有关的买受人的权利。

第二百四十条 出租人、出卖人、承租人可以约定,出卖人不履行买卖合同义务的，由承租人行使索赔的权利。承租人行使索赔权利的，出租人应当协助。

第二百四十一条 出租人根据承租人对出卖人、租赁物的选择订立的买卖合同，未经承租人同意，出租人不得变更与承租人有关的合同内容。

第二百四十二条 出租人享有租赁物的所有权。承租人破产的，租赁物不属于破产财产。

第二百四十三条 融资租赁合同的租金，除当事人另有约定的以外，应当根据购买租赁物的大部分或者全部成本以及出租人的合理利润确定。

第二百四十四条 租赁物不符合约定或者不符合使用目的的，出租人不承担责任，但承租人依赖出租人的技能确定租赁物或者出租人干预选择租赁物的除外。

第二百四十五条 出租人应当保证承租人对租赁物的占有和使用。

第二百四十六条 承租人占有租赁物期间，租赁物造成第三人的人身伤害或者财产损害的，出租人不承担责任。

第二百四十七条 承租人应当妥善保管、使用租赁物。

承租人应当履行占有租赁物期间的维修义务。

第二百四十八条 承租人应当按照约定支付租金。承租人经催告后在合理期限内仍不支付租金的，出租人可以要求支付全部租金；也可以解除合同，收回租赁物。

第二百四十九条 当事人约定租赁期间届满租赁物归承租人所有，承租人已经支付大部分租金，但无力支付剩余租金，出租人因此解除合同收回租赁物的，收回的租赁物的价值超过承租人欠付的租金以及其他费用的，承租人可以要求部分返还。

第二百五十条 出租人和承租人可以约定租赁期间届满租赁物的归属。对租赁物的归属没有约定或者约定不明确，依照本法

第六十一条的规定仍不能确定的，租赁物的所有权归出租人。

第十五章　承揽合同

第二百五十一条　承揽合同是承揽人按照定作人的要求完成工作，交付工作成果，定作人给付报酬的合同。

承揽包括加工、定作、修理、复制、测试、检验等工作。

第二百五十二条　承揽合同的内容包括承揽的标的、数量、质量、报酬、承揽方式、材料的提供、履行期限、验收标准和方法等条款。

第二百五十三条　承揽人应当以自己的设备、技术和劳力，完成主要工作，但当事人另有约定的除外。

承揽人将其承揽的主要工作交由第三人完成的，应当就该第三人完成的工作成果向定作人负责；未经定作人同意的，定作人也可以解除合同。

第二百五十四条　承揽人可以将其承揽的辅助工作交由第三人完成。承揽人将其承揽的辅助工作交由第三人完成的，应当就该第三人完成的工作成果向定作人负责。

第二百五十五条　承揽人提供材料的，承揽人应当按照约定选用材料，并接受定作人检验。

第二百五十六条　定作人提供材料的，定作人应当按照约定提供材料。承揽人对定作人提供的材料，应当及时检验，发现不符合约定时，应当及时通知定作人更换、补齐或者采取其他补救措施。

承揽人不得擅自更换定作人提供的材料，不得更换不需要修理的零部件。

第二百五十七条　承揽人发现定作人提供的图纸或者技术要求不合理的，应当及时通知定作人。因定作人怠于答复等原因造成承揽人损失的,应当赔偿损失。

第二百五十八条 定作人中途变更承揽工作的要求,造成承揽人损失的,应当赔偿损失。

第二百五十九条 承揽工作需要定作人协助的,定作人有协助的义务。定作人不履行协助义务致使承揽工作不能完成的,承揽人可以催告定作人在合理期限内履行义务,并可以顺延履行期限;定作人逾期不履行的,承揽人可以解除合同。

第二百六十条 承揽人在工作期间,应当接受定作人必要的监督检验。定作人不得因监督检验妨碍承揽人的正常工作。

第二百六十一条 承揽人完成工作的,应当向定作人交付工作成果,并提交必要的技术资料和有关质量证明。定作人应当验收该工作成果。

第二百六十二条 承揽人交付的工作成果不符合质量要求的,定作人可以要求承揽人承担修理、重作、减少报酬、赔偿损失等违约责任。

第二百六十三条 定作人应当按照约定的期限支付报酬。对支付报酬的期限没有约定或者约定不明确,依照本法第六十一条的规定仍不能确定的,定作人应当在承揽人交付工作成果时支付;工作成果部分交付的,定作人应当相应支付。

第二百六十四条 定作人未向承揽人支付报酬或者材料费等价款的,承揽人对完成的工作成果享有留置权,但当事人另有约定的除外。

第二百六十五条 承揽人应当妥善保管定作人提供的材料以及完成的工作成果,因保管不善造成毁损、灭失的,应当承担损害赔偿责任。

第二百六十六条 承揽人应当按照定作人的要求保守秘密,未经定作人许可,不得留存复制品或者技术资料。

第二百六十七条 共同承揽人对定作人承担连带责任,但当事人另有约定的除外。

第二百六十八条 定作人可以随时解除承揽合同，造成承揽人损失的，应当赔偿损失。

第十六章 建设工程合同

第二百六十九条 建设工程合同是承包人进行工程建设，发包人支付价款的合同。

建设工程合同包括工程勘察、设计、施工合同。

第二百七十条 建设工程合同应当采用书面形式。

第二百七十一条 建设工程的招标投标活动，应当依照有关法律的规定公开、公平、公正进行。

第二百七十二条 发包人可以与总承包人订立建设工程合同，也可以分别与勘察人、设计人、施工人订立勘察、设计、施工承包合同。发包人不得将应当由一个承包人完成的建设工程肢解成若干部分发包给几个承包人。

总承包人或者勘察、设计、施工承包人经发包人同意，可以将自己承包的部分工作交由第三人完成。第三人就其完成的工作成果与总承包人或者勘察、设计、施工承包人向发包人承担连带责任。承包人不得将其承包的全部建设工程转包给第三人或者将其承包的全部建设工程肢解以后以分包的名义分别转包给第三人。

禁止承包人将工程分包给不具备相应资质条件的单位。禁止分包单位将其承包的工程再分包。建设工程主体结构的施工必须由承包人自行完成。

第二百七十三条 国家重大建设工程合同，应当按照国家规定的程序和国家批准的投资计划、可行性研究报告等文件订立。

第二百七十四条 勘察、设计合同的内容包括提交有关基础资料和文件（包括概预算）的期限、质量要求、费用以及其他协作条件等条款。

第二百七十五条 施工合同的内容包括工程范围、建设工期、中间交工工程的开工和竣工时间、工程质量、工程造价、技术资料交付时间、材料和设备供应责任、拨款和结算、竣工验收、质量保修范围和质量保证期、双方相互协作等条款。

第二百七十六条 建设工程实行监理的，发包人应当与监理人采用书面形式订立委托监理合同。发包人与监理人的权利和义务以及法律责任，应当依照本法委托合同以及其他有关法律、行政法规的规定。

第二百七十七条 发包人在不妨碍承包人正常作业的情况下，可以随时对作业进度、质量进行检查。

第二百七十八条 隐蔽工程在隐蔽以前，承包人应当通知发包人检查。发包人没有及时检查的，承包人可以顺延工程日期，并有权要求赔偿停工、窝工等损失。

第二百七十九条 建设工程竣工后，发包人应当根据施工图纸及说明书、国家颁发的施工验收规范和质量检验标准及时进行验收。验收合格的，发包人应当按照约定支付价款，并接收该建设工程。建设工程竣工经验收合格后，方可交付使用；未经验收或者验收不合格的，不得交付使用。

第二百八十条 勘察、设计的质量不符合要求或者未按照期限提交勘察、设计文件拖延工期，造成发包人损失的，勘察人、设计人应当继续完善勘察、设计，减收或者免收勘察、设计费并赔偿损失。

第二百八十一条 因施工人的原因致使建设工程质量不符合约定的，发包人有权要求施工人在合理期限内无偿修理或者返工、改建。经过修理或者返工、改建后，造成逾期交付的，施工人应当承担违约责任。

第二百八十二条 因承包人的原因致使建设工程在合理使用

期限内造成人身和财产损害的，承包人应当承担损害赔偿责任。

第二百八十三条 发包人未按照约定的时间和要求提供原材料、设备、场地、资金、技术资料的，承包人可以顺延工程日期，并有权要求赔偿停工、窝工等损失。

第二百八十四条 因发包人的原因致使工程中途停建、缓建的，发包人应当采取措施弥补或者减少损失，赔偿承包人因此造成的停工、窝工、倒运、机械设备调迁、材料和构件积压等损失和实际费用。

第二百八十五条 因发包人变更计划，提供的资料不准确，或者未按照期限提供必需的勘察、设计工作条件而造成勘察、设计的返工、停工或者修改设计，发包人应当按照勘察人、设计人实际消耗的工作量增付费用。

第二百八十六条 发包人未按照约定支付价款的，承包人可以催告发包人在合理期限内支付价款。发包人逾期不支付的，除按照建设工程的性质不宜折价、拍卖的以外，承包人可以与发包人协议将该工程折价，也可以申请人民法院将该工程依法拍卖。建设工程的价款就该工程折价或者拍卖的价款优先受偿。

第二百八十七条 本章没有规定的，适用承揽合同的有关规定。

第十七章 运输合同

第一节 一般规定

第二百八十八条 运输合同是承运人将旅客或者货物从起运地点运输到约定地点，旅客、托运人或者收货人支付票款或者运输费用的合同。

第二百八十九条 从事公共运输的承运人不得拒绝旅客、托运人通常、合理的运输要求。

第二百九十条 承运人应当在约定期间或者合理期间内将旅客、货物安全运输到约定地点。

第二百九十一条 承运人应当按照约定的或者通常的运输路线将旅客、货物运输到约定地点。

第二百九十二条 旅客、托运人或者收货人应当支付票款或者运输费用。承运人未按照约定路线或者通常路线运输增加票款或者运输费用的,旅客、托运人或者收货人可以拒绝支付增加部分的票款或者运输费用。

第二节 客运合同

第二百九十三条 客运合同自承运人向旅客交付客票时成立,但当事人另有约定或者另有交易习惯的除外。

第二百九十四条 旅客应当持有效客票乘运。旅客无票乘运、超程乘运、越级乘运或者持失效客票乘运的,应当补交票款,承运人可以按照规定加收票款。旅客不交付票款的,承运人可以拒绝运输。

第二百九十五条 旅客因自己的原因不能按照客票记载的时间乘坐的,应当在约定的时间内办理退票或者变更手续。逾期办理的,承运人可以不退票款,并不再承担运输义务。

第二百九十六条 旅客在运输中应当按照约定的限量携带行李。超过限量携带行李的,应当办理托运手续。

第二百九十七条 旅客不得随身携带或者在行李中夹带易燃、易爆、有毒、有腐蚀性、有放射性以及有可能危及运输工具上人身和财产安全的危险物品或者其他违禁物品。

旅客违反前款规定的,承运人可以将违禁物品卸下、销毁或者送交有关部门。旅客坚持携带或者夹带违禁物品的,承运人应当拒绝运输。

第二百九十八条 承运人应当向旅客及时告知有关不能正常运输的重要事由和安全运输应当注意的事项。

第二百九十九条 承运人应当按照客票载明的时间和班次运输旅客。承运人迟延运输的,应当根据旅客的要求安排改乘其他班次或者退票。

第三百条 承运人擅自变更运输工具而降低服务标准的,应当根据旅客的要求退票或者减收票款;提高服务标准的,不应当加收票款。

第三百零一条 承运人在运输过程中,应当尽力救助患有急病、分娩、遇险的旅客。

第三百零二条 承运人应当对运输过程中旅客的伤亡承担损害赔偿责任,但伤亡是旅客自身健康原因造成的或者承运人证明伤亡是旅客故意、重大过失造成的除外。

前款规定适用于按照规定免票、持优待票或者经承运人许可搭乘的无票旅客。

第三百零三条 在运输过程中旅客自带物品毁损、灭失,承运人有过错的,应当承担损害赔偿责任。

旅客托运的行李毁损、灭失的,适用货物运输的有关规定。

第三节 货运合同

第三百零四条 托运人办理货物运输,应当向承运人准确表明收货人的名称或者姓名或者凭指示的收货人,货物的名称、性质、重量、数量,收货地点等有关货物运输的必要情况。

因托运人申报不实或者遗漏重要情况,造成承运人损失的,托运人应当承担损害赔偿责任。

第三百零五条 货物运输需要办理审批、检验等手续的,托运人应当将办理完有关手续的文件提交承运人。

第三百零六条 托运人应当按照约定的方式包装货物。对包装方式没有约定或者约定不明确的，适用本法第一百五十六条的规定。

托运人违反前款规定的，承运人可以拒绝运输。

第三百零七条 托运人托运易燃、易爆、有毒、有腐蚀性、有放射性等危险物品的，应当按照国家有关危险物品运输的规定对危险物品妥善包装，作出危险物标志和标签，并将有关危险物品的名称、性质和防范措施的书面材料提交承运人。

托运人违反前款规定的，承运人可以拒绝运输，也可以采取相应措施以避免损失的发生，因此产生的费用由托运人承担。

第三百零八条 在承运人将货物交付收货人之前，托运人可以要求承运人中止运输、返还货物、变更到达地或者将货物交给其他收货人，但应当赔偿承运人因此受到的损失。

第三百零九条 货物运输到达后，承运人知道收货人的，应当及时通知收货人，收货人应当及时提货。收货人逾期提货的，应当向承运人支付保管费等费用。

第三百一十条 收货人提货时应当按照约定的期限检验货物。对检验货物的期限没有约定或者约定不明确，依照本法第六十一条的规定仍不能确定的，应当在合理期限内检验货物。收货人在约定的期限或者合理期限内对货物的数量、毁损等未提出异议的，视为承运人已经按照运输单证的记载交付的初步证据。

第三百一十一条 承运人对运输过程中货物的毁损、灭失承担损害赔偿责任，但承运人证明货物的毁损、灭失是因不可抗力、货物本身的自然性质或者合理损耗以及托运人、收货人的过错造成的，不承担损害赔偿责任。

第三百一十二条 货物的毁损、灭失的赔偿额，当事人有约定的，按照其约定；没有约定或者约定不明确，依照本法第六十一条的规定仍不能确定的，按照交付或者应当交付时货物到达地的市场价格计算。法律、行政法规对赔偿额的计算方法和赔偿限额另有规定的，依照其规定。

第三百一十三条 两个以上承运人以同一运输方式联运的，与托运人订立合同的承运人应当对全程运输承担责任。损失发生在某一运输区段的，与托运人订立合同的承运人和该区段的承运人承担连带责任。

第三百一十四条 货物在运输过程中因不可抗力灭失，未收取运费的，承运人不得要求支付运费；已收取运费的，托运人可以要求返还。

第三百一十五条 托运人或者收货人不支付运费、保管费以及其他运输费用的，承运人对相应的运输货物享有留置权，但当事人另有约定的除外。

第三百一十六条 收货人不明或者收货人无正当理由拒绝受领货物的，依照本法第一百零一条的规定，承运人可以提存货物。

第四节 多式联运合同

第三百一十七条 多式联运经营人负责履行或者组织履行多式联运合同，对全程运输享有承运人的权利，承担承运人的义务。

第三百一十八条 多式联运经营人可以与参加多式联运的各区段承运人就多式联运合同的各区段运输约定相互之间的责任，但该约定不影响多式联运经营人对全程运输承担的义务。

第三百一十九条 多式联运经营人收到托运人交付的货物时，应当签发多式联运单据。按照托运人的要求，多式联运单据可以是可转让单据，也可以是不可转让单据。

第三百二十条 因托运人托运货物时的过错造成多式联运经营人损失的，即使托运人已经转让多式联运单据，托运人仍然应当承担损害赔偿责任。

第三百二十一条 货物的毁损、灭失发生于多式联运的某一运输区段的，多式联运经营人的赔偿责任和责任限额，适用调整该区段运输方式的有关法律规定。货物毁损、灭失发生的运输区段不能确定的，依照本章规定承担损害赔偿责任。

第十八章　技术合同

第一节　一般规定

第三百二十二条　技术合同是当事人就技术开发、转让、咨询或者服务订立的确立相互之间权利和义务的合同。

第三百二十三条　订立技术合同，应当有利于科学技术的进步，加速科学技术成果的转化、应用和推广。

第三百二十四条　技术合同的内容由当事人约定，一般包括以下条款：

（一）项目名称；

（二）标的的内容、范围和要求；

（三）履行的计划、进度、期限、地点、地域和方式；

（四）技术情报和资料的保密；

（五）风险责任的承担；

（六）技术成果的归属和收益的分成办法；

（七）验收标准和方法；

（八）价款、报酬或者使用费及其支付方式；

（九）违约金或者损失赔偿的计算方法；

（十）解决争议的方法；

（十一）名词和术语的解释。

与履行合同有关的技术背景资料、可行性论证和技术评价报告、项目任务书和计划书、技术标准、技术规范、原始设计和工艺文件，以及其他技术文档，按照当事人的约定可以作为合同的组成部分。

技术合同涉及专利的，应当注明发明创造的名称、专利申请人和专利权人、申请日期、申请号、专利号以及专利权的有效期限。

第三百二十五条 技术合同价款、报酬或者使用费的支付方式由当事人约定，可以采取一次总算、一次总付或者一次总算、分期支付，也可以采取提成支付或者提成支付附加预付入门费的方式。

约定提成支付的，可以按照产品价格、实施专利和使用技术秘密后新增的产值、利润或者产品销售额的一定比例提成，也可以按照约定的其他方式计算。提成支付的比例可以采取固定比例、逐年递增比例或者逐年递减比例。

约定提成支付的，当事人应当在合同中约定查阅有关会计账目的办法。

第三百二十六条 职务技术成果的使用权、转让权属于法人或者其他组织的，法人或者其他组织可以就该项职务技术成果订立技术合同。法人或者其他组织应当从使用和转让该项职务技术成果所取得的收益中提取一定比例，对完成该项职务技术成果的个人给予奖励或者报酬。法人或者其他组织订立技术合同转让职务技术成果时，职务技术成果的完成人享有以同等条件优先受让的权利。

职务技术成果是执行法人或者其他组织的工作任务，或者主要是利用法人或者其他组织的物质技术条件所完成的技术成果。

第三百二十七条 非职务技术成果的使用权、转让权属于完成技术成果的个人，完成技术成果的个人可以就该项非职务技术成果订立技术合同。

第三百二十八条 完成技术成果的个人有在有关技术成果文件上写明自己是技术成果完成者的权利和取得荣誉证书、奖励的权利。

第三百二十九条 非法垄断技术、妨碍技术进步或者侵害他人技术成果的技术合同无效。

第二节 技术开发合同

第三百三十条 技术开发合同是指当事人之间就新技术、新产品、新工艺或者新材料及其系统的研究开发所订立的合同。

技术开发合同包括委托开发合同和合作开发合同。

技术开发合同应当采用书面形式。

当事人之间就具有产业应用价值的科技成果实施转化订立的合同,参照技术开发合同的规定。

第三百三十一条 委托开发合同的委托人应当按照约定支付研究开发经费和报酬;提供技术资料、原始数据;完成协作事项;接受研究开发成果。

第三百三十二条 委托开发合同的研究开发人应当按照约定制定和实施研究开发计划;合理使用研究开发经费;按期完成研究开发工作,交付研究开发成果,提供有关的技术资料和必要的技术指导,帮助委托人掌握研究开发成果。

第三百三十三条 委托人违反约定造成研究开发工作停滞、延误或者失败的,应当承担违约责任。

第三百三十四条 研究开发人违反约定造成研究开发工作停滞、延误或者失败的,应当承担违约责任。

第三百三十五条 合作开发合同的当事人应当按照约定进行投资,包括以技术进行投资;分工参与研究开发工作;协作配合研究开发工作。

第三百三十六条 合作开发合同的当事人违反约定造成研究开发工作停滞、延误或者失败的,应当承担违约责任。

第三百三十七条 因作为技术开发合同标的的技术已经由他人公开,致使技术开发合同的履行没有意义的,当事人可以解除合同。

第三百三十八条 在技术开发合同履行过程中，因出现无法克服的技术困难，致使研究开发失败或者部分失败的，该风险责任由当事人约定。没有约定或者约定不明确，依照本法第六十一条的规定仍不能确定的，风险责任由当事人合理分担。

当事人一方发现前款规定的可能致使研究开发失败或者部分失败的情形时，应当及时通知另一方并采取适当措施减少损失。没有及时通知并采取适当措施，致使损失扩大的，应当就扩大的损失承担责任。

第三百三十九条 委托开发完成的发明创造，除当事人另有约定的以外，申请专利的权利属于研究开发人。研究开发人取得专利权的，委托人可以免费实施该专利。

研究开发人转让专利申请权的，委托人享有以同等条件优先受让的权利。

第三百四十条 合作开发完成的发明创造，除当事人另有约定的以外，申请专利的权利属于合作开发的当事人共有。当事人一方转让其共有的专利申请权的，其他各方享有以同等条件优先受让的权利。

合作开发的当事人一方声明放弃其共有的专利申请权的，可以由另一方单独申请或者由其他各方共同申请。申请人取得专利权的，放弃专利申请权的一方可以免费实施该专利。

合作开发的当事人一方不同意申请专利的，另一方或者其他各方不得申请专利。

第三百四十一条 委托开发或者合作开发完成的技术秘密成果的使用权、转让权以及利益的分配办法，由当事人约定。没有约定或者约定不明确，依照本法第六十一条的规定仍不能确定的，当事人均有使用和转让的权利，但委托开发的研究开发人不得在向委托人交付研究开发成果之前，将研究开发成果转让给第三人。

第三节 技术转让合同

第三百四十二条 技术转让合同包括专利权转让、专利申请权转让、技术秘密转让、专利实施许可合同。技术转让合同应当采用书面形式。

第三百四十三条 技术转让合同可以约定让与人和受让人实施专利或者使用技术秘密的范围,但不得限制技术竞争和技术发展。

第三百四十四条 专利实施许可合同只在该专利权的存续期间内有效。专利权有效期限届满或者专利权被宣布无效的,专利权人不得就该专利与他人订立专利实施许可合同。

第三百四十五条 专利实施许可合同的让与人应当按照约定许可受让人实施专利,交付实施专利有关的技术资料,提供必要的技术指导。

第三百四十六条 专利实施许可合同的受让人应当按照约定实施专利,不得许可约定以外的第三人实施该专利;并按照约定支付使用费。

第三百四十七条 技术秘密转让合同的让与人应当按照约定提供技术资料,进行技术指导,保证技术的实用性、可靠性,承担保密义务。

第三百四十八条 技术秘密转让合同的受让人应当按照约定使用技术,支付使用费,承担保密义务。

第三百四十九条 技术转让合同的让与人应当保证自己是所提供的技术的合法拥有者,并保证所提供的技术完整、无误、有效,能够达到约定的目标。

第三百五十条 技术转让合同的受让人应当按照约定的范围和期限,对让与人提供的技术中尚未公开的秘密部分,承担保密义务。

第三百五十一条 让与人未按照约定转让技术的，应当返还部分或者全部使用费，并应当承担违约责任；实施专利或者使用技术秘密超越约定的范围的，违反约定擅自许可第三人实施该项专利或者使用该项技术秘密的，应当停止违约行为，承担违约责任；违反约定的保密义务的，应当承担违约责任。

第三百五十二条 受让人未按照约定支付使用费的，应当补交使用费并按照约定支付违约金；不补交使用费或者支付违约金的，应当停止实施专利或者使用技术秘密，交还技术资料，承担违约责任；实施专利或者使用技术秘密超越约定的范围的，未经让与人同意擅自许可第三人实施该专利或者使用该技术秘密的，应当停止违约行为，承担违约责任；违反约定的保密义务的，应当承担违约责任。

第三百五十三条 受让人按照约定实施专利、使用技术秘密侵害他人合法权益的，由让与人承担责任，但当事人另有约定的除外。

第三百五十四条 当事人可以按照互利的原则，在技术转让合同中约定实施专利、使用技术秘密后续改进的技术成果的分享办法。没有约定或者约定不明确，依照本法第六十一条的规定仍不能确定的，一方后续改进的技术成果，其他各方无权分享。

第三百五十五条 法律、行政法规对技术进出口合同或者专利、专利申请合同另有规定的，依照其规定。

第四节 技术咨询合同和技术服务合同

第三百五十六条 技术咨询合同包括就特定技术项目提供可行性论证、技术预测、专题技术调查、分析评价报告等合同。

技术服务合同是指当事人一方以技术知识为另一方解决特定技术问题所订立的合同，不包括建设工程合同和承揽合同。

第三百五十七条 技术咨询合同的委托人应当按照约定阐明

咨询的问题，提供技术背景材料及有关技术资料、数据；接受受托人的工作成果，支付报酬。

第三百五十八条 技术咨询合同的受托人应当按照约定的期限完成咨询报告或者解答问题；提出的咨询报告应当达到约定的要求。

第三百五十九条 技术咨询合同的委托人未按照约定提供必要的资料和数据，影响工作进度和质量，不接受或者逾期接受工作成果的，支付的报酬不得追回，未支付的报酬应当支付。

技术咨询合同的受托人未按期提出咨询报告或者提出的咨询报告不符合约定的，应当承担减收或者免收报酬等违约责任。

技术咨询合同的委托人按照受托人符合约定要求的咨询报告和意见作出决策所造成的损失，由委托人承担，但当事人另有约定的除外。

第三百六十条 技术服务合同的委托人应当按照约定提供工作条件，完成配合事项；接受工作成果并支付报酬。

第三百六十一条 技术服务合同的受托人应当按照约定完成服务项目，解决技术问题，保证工作质量，并传授解决技术问题的知识。

第三百六十二条 技术服务合同的委托人不履行合同义务或者履行合同义务不符合约定，影响工作进度和质量，不接受或者逾期接受工作成果的，支付的报酬不得追回，未支付的报酬应当支付。

技术服务合同的受托人未按照合同约定完成服务工作的，应当承担免收报酬等违约责任。

第三百六十三条 在技术咨询合同、技术服务合同履行过程中，受托人利用委托人提供的技术资料和工作条件完成的新的技术成果，属于受托人。委托人利用受托人的工作成果完成的新的技术成果，属于委托人。当事人另有约定的，按照其约定。

第三百六十四条 法律、行政法规对技术中介合同、技术培训合同另有规定的，依照其规定。

第十九章 保管合同

第三百六十五条 保管合同是保管人保管寄存人交付的保管物，并返还该物的合同。

第三百六十六条 寄存人应当按照约定向保管人支付保管费。

当事人对保管费没有约定或者约定不明确，依照本法第六十一条的规定仍不能确定的，保管是无偿的。

第三百六十七条 保管合同自保管物交付时成立，但当事人另有约定的除外。

第三百六十八条 寄存人向保管人交付保管物的，保管人应当给付保管凭证，但另有交易习惯的除外。

第三百六十九条 保管人应当妥善保管保管物。

当事人可以约定保管场所或者方法。除紧急情况或者为了维护寄存人利益的以外，不得擅自改变保管场所或者方法。

第三百七十条 寄存人交付的保管物有瑕疵或者按照保管物的性质需要采取特殊保管措施的，寄存人应当将有关情况告知保管人。寄存人未告知，致使保管物受损失的，保管人不承担损害赔偿责任；保管人因此受损失的，除保管人知道或者应当知道并且未采取补救措施的以外，寄存人应当承担损害赔偿责任。

第三百七十一条 保管人不得将保管物转交第三人保管，但当事人另有约定的除外。

保管人违反前款规定，将保管物转交第三人保管，对保管物造成损失的，应当承担损害赔偿责任。

第三百七十二条 保管人不得使用或者许可第三人使用保管

物，但当事人另有约定的除外。

第三百七十三条 第三人对保管物主张权利的，除依法对保管物采取保全或者执行的以外，保管人应当履行向寄存人返还保管物的义务。

第三人对保管人提起诉讼或者对保管物申请扣押的，保管人应当及时通知寄存人。

第三百七十四条 保管期间，因保管人保管不善造成保管物毁损、灭失的，保管人应当承担损害赔偿责任，但保管是无偿的，保管人证明自己没有重大过失的，不承担损害赔偿责任。

第三百七十五条 寄存人寄存货币、有价证券或者其他贵重物品的，应当向保管人声明，由保管人验收或者封存。寄存人未声明的，该物品毁损、灭失后，保管人可以按照一般物品予以赔偿。

第三百七十六条 寄存人可以随时领取保管物。

当事人对保管期间没有约定或者约定不明确的，保管人可以随时要求寄存人领取保管物；约定保管期间的，保管人无特别事由，不得要求寄存人提前领取保管物。

第三百七十七条 保管期间届满或者寄存人提前领取保管物的，保管人应当将原物及其孳息归还寄存人。

第三百七十八条 保管人保管货币的，可以返还相同种类、数量的货币。保管其他可替代物的，可以按照约定返还相同种类、品质、数量的物品。

第三百七十九条 有偿的保管合同，寄存人应当按照约定的期限向保管人支付保管费。

当事人对支付期限没有约定或者约定不明确，依照本法第六十一条的规定仍不能确定的，应当在领取保管物的同时支付。

第三百八十条 寄存人未按照约定支付保管费以及其他费用的，保管人对保管物享有留置权，但当事人另有约定的除外。

第二十章　仓储合同

第三百八十一条　仓储合同是保管人储存存货人交付的仓储物,存货人支付仓储费的合同。

第三百八十二条　仓储合同自成立时生效。

第三百八十三条　储存易燃、易爆、有毒、有腐蚀性、有放射性等危险物品或者易变质物品,存货人应当说明该物品的性质,提供有关资料。

存货人违反前款规定的,保管人可以拒收仓储物,也可以采取相应措施以避免损失的发生,因此产生的费用由存货人承担。

保管人储存易燃、易爆、有毒、有腐蚀性、有放射性等危险物品的,应当具备相应的保管条件。

第三百八十四条　保管人应当按照约定对入库仓储物进行验收。保管人验收时发现入库仓储物与约定不符合的,应当及时通知存货人。保管人验收后,发生仓储物的品种、数量、质量不符合约定的,保管人应当承担损害赔偿责任。

第三百八十五条　存货人交付仓储物的,保管人应当给付仓单。

第三百八十六条　保管人应当在仓单上签字或者盖章。仓单包括下列事项:

(一) 存货人的名称或者姓名和住所;

(二) 仓储物的品种、数量、质量、包装、件数和标记;

(三) 仓储物的损耗标准;

(四) 储存场所;

(五) 储存期间;

(六) 仓储费;

(七) 仓储物已经办理保险的,其保险金额、期间以及保险人的名称；

（八）填发人、填发地和填发日期。

第三百八十七条 仓单是提取仓储物的凭证。存货人或者仓单持有人在仓单上背书并经保管人签字或者盖章的，可以转让提取仓储物的权利。

第三百八十八条 保管人根据存货人或者仓单持有人的要求，应当同意其检查仓储物或者提取样品。

第三百八十九条 保管人对入库仓储物发现有变质或者其他损坏的，应当及时通知存货人或者仓单持有人。

第三百九十条 保管人对入库仓储物发现有变质或者其他损坏，危及其他仓储物的安全和正常保管的，应当催告存货人或者仓单持有人作出必要的处置。因情况紧急，保管人可以作出必要的处置，但事后应当将该情况及时通知存货人或者仓单持有人。

第三百九十一条 当事人对储存期间没有约定或者约定不明确的，存货人或者仓单持有人可以随时提取仓储物，保管人也可以随时要求存货人或者仓单持有人提取仓储物，但应当给予必要的准备时间。

第三百九十二条 储存期间届满，存货人或者仓单持有人应当凭仓单提取仓储物。存货人或者仓单持有人逾期提取的，应当加收仓储费；提前提取的，不减收仓储费。

第三百九十三条 储存期间届满，存货人或者仓单持有人不提取仓储物的，保管人可以催告其在合理期限内提取，逾期不提取的，保管人可以提存仓储物。

第三百九十四条 储存期间，因保管人保管不善造成仓储物毁损、灭失的，保管人应当承担损害赔偿责任。因仓储物的性质、包装不符合约定或者超过有效储存期造成仓储物变质、损坏的，保管人不承担损害赔偿责任。

第三百九十五条 本章没有规定的，适用保管合同的有关规定。

第二十一章　委托合同

第三百九十六条　委托合同是委托人和受托人约定，由受托人处理委托人事务的合同。

第三百九十七条　委托人可以特别委托受托人处理一项或者数项事务，也可以概括委托受托人处理一切事务。

第三百九十八条　委托人应当预付处理委托事务的费用。受托人为处理委托事务垫付的必要费用，委托人应当偿还该费用及其利息。

第三百九十九条　受托人应当按照委托人的指示处理委托事务。需要变更委托人指示的，应当经委托人同意；因情况紧急，难以和委托人取得联系的，受托人应当妥善处理委托事务，但事后应当将该情况及时报告委托人。

第四百条　受托人应当亲自处理委托事务。经委托人同意，受托人可以转委托。转委托经同意的，委托人可以就委托事务直接指示转委托的第三人，受托人仅就第三人的选任及其对第三人的指示承担责任。转委托未经同意的，受托人应当对转委托的第三人的行为承担责任，但在紧急情况下受托人为维护委托人的利益需要转委托的除外。

第四百零一条　受托人应当按照委托人的要求，报告委托事务的处理情况。委托合同终止时，受托人应当报告委托事务的结果。

第四百零二条　受托人以自己的名义，在委托人的授权范围内与第三人订立的合同，第三人在订立合同时知道受托人与委托人之间的代理关系的，该合同直接约束委托人和第三人，但有确切证据证明该合同只约束受托人和第三人的除外。

第四百零三条 受托人以自己的名义与第三人订立合同时,第三人不知道受托人与委托人之间的代理关系的,受托人因第三人的原因对委托人不履行义务,受托人应当向委托人披露第三人,委托人因此可以行使受托人对第三人的权利,但第三人与受托人订立合同时如果知道该委托人就不会订立合同的除外。

受托人因委托人的原因对第三人不履行义务,受托人应当向第三人披露委托人,第三人因此可以选择受托人或者委托人作为相对人主张其权利,但第三人不得变更选定的相对人。

委托人行使受托人对第三人的权利的,第三人可以向委托人主张其对受托人的抗辩。第三人选定委托人作为其相对人的,委托人可以向第三人主张其对受托人的抗辩以及受托人对第三人的抗辩。

第四百零四条 受托人处理委托事务取得的财产,应当转交给委托人。

第四百零五条 受托人完成委托事务的,委托人应当向其支付报酬。因不可归责于受托人的事由,委托合同解除或者委托事务不能完成的,委托人应当向受托人支付相应的报酬。当事人另有约定的,按照其约定。

第四百零六条 有偿的委托合同,因受托人的过错给委托人造成损失的,委托人可以要求赔偿损失。无偿的委托合同,因受托人的故意或者重大过失给委托人造成损失的,委托人可以要求赔偿损失。

受托人超越权限给委托人造成损失的,应当赔偿损失。

第四百零七条 受托人处理委托事务时,因不可归责于自己的事由受到损失的,可以向委托人要求赔偿损失。

第四百零八条 委托人经受托人同意,可以在受托人之外委托第三人处理委托事务。因此给受托人造成损失的,受托人可以向委托人要求赔偿损失。

第四百零九条 两个以上的受托人共同处理委托事务的，对委托人承担连带责任。

第四百一十条 委托人或者受托人可以随时解除委托合同。因解除合同给对方造成损失的，除不可归责于该当事人的事由以外，应当赔偿损失。

第四百一十一条 委托人或者受托人死亡、丧失民事行为能力或者破产的，委托合同终止，但当事人另有约定或者根据委托事务的性质不宜终止的除外。

第四百一十二条 因委托人死亡、丧失民事行为能力或者破产，致使委托合同终止将损害委托人利益的，在委托人的继承人、法定代理人或者清算组织承受委托事务之前，受托人应当继续处理委托事务。

第四百一十三条 因受托人死亡、丧失民事行为能力或者破产，致使委托合同终止的，受托人的继承人、法定代理人或者清算组织应当及时通知委托人。因委托合同终止将损害委托人利益的，在委托人作出善后处理之前，受托人的继承人、法定代理人或者清算组织应当采取必要措施。

第二十二章 行纪合同

第四百一十四条 行纪合同是行纪人以自己的名义为委托人从事贸易活动，委托人支付报酬的合同。

第四百一十五条 行纪人处理委托事务支出的费用，由行纪人负担，但当事人另有约定的除外。

第四百一十六条 行纪人占有委托物的，应当妥善保管委托物。

第四百一十七条 委托物交付给行纪人时有瑕疵或者容易腐烂、变质的，经委托人同意，行纪人可以处分该物；和委托人不能及时取得联系的，行纪人可以合理处分。

第四百一十八条 行纪人低于委托人指定的价格卖出或者高于委托人指定的价格买入的，应当经委托人同意。未经委托人同意，行纪人补偿其差额的，该买卖对委托人发生效力。

行纪人高于委托人指定的价格卖出或者低于委托人指定的价格买入的，可以按照约定增加报酬。没有约定或者约定不明确，依照本法第六十一条的规定仍不能确定的，该利益属于委托人。

委托人对价格有特别指示的，行纪人不得违背该指示卖出或者买入。

第四百一十九条 行纪人卖出或者买入具有市场定价的商品，除委托人有相反的意思表示的以外，行纪人自己可以作为买受人或者出卖人。

行纪人有前款规定情形的，仍然可以要求委托人支付报酬。

第四百二十条 行纪人按照约定买入委托物，委托人应当及时受领。经行纪人催告，委托人无正当理由拒绝受领的，行纪人依照本法第一百零一条的规定可以提存委托物。

委托物不能卖出或者委托人撤回出卖，经行纪人催告，委托人不取回或者不处分该物的，行纪人依照本法第一百零一条的规定可以提存委托物。

第四百二十一条 行纪人与第三人订立合同的，行纪人对该合同直接享有权利、承担义务。

第三人不履行义务致使委托人受到损害的，行纪人应当承担损害赔偿责任，但行纪人与委托人另有约定的除外。

第四百二十二条 行纪人完成或者部分完成委托事务的，委托人应当向其支付相应的报酬。委托人逾期不支付报酬的，行纪人对委托物享有留置权，但当事人另有约定的除外。

第四百二十三条 本章没有规定的，适用委托合同的有关规定。

第二十三章　居间合同

第四百二十四条　居间合同是居间人向委托人报告订立合同的机会或者提供订立合同的媒介服务，委托人支付报酬的合同。

第四百二十五条　居间人应当就有关订立合同的事项向委托人如实报告。

居间人故意隐瞒与订立合同有关的重要事实或者提供虚假情况，损害委托人利益的，不得要求支付报酬并应当承担损害赔偿责任。

第四百二十六条　居间人促成合同成立的，委托人应当按照约定支付报酬。对居间人的报酬没有约定或者约定不明确，依照本法第六十一条的规定仍不能确定的，根据居间人的劳务合理确定。因居间人提供订立合同的媒介服务而促成合同成立的，由该合同的当事人平均负担居间人的报酬。

居间人促成合同成立的，居间活动的费用，由居间人负担。

第四百二十七条　居间人未促成合同成立的，不得要求支付报酬，但可以要求委托人支付从事居间活动支出的必要费用。

附　则

第四百二十八条　本法自 1999 年 10 月 1 日起施行，《中华人民共和国经济合同法》、《中华人民共和国涉外经济合同法》、《中华人民共和国技术合同法》同时废止。

附录三

中华人民共和国反不正当竞争法

1993年9月2日第八届全国人民代表大会
常务委员会第三次会议通过

第一章 总 则

第一条 为保障社会主义市场经济健康发展,鼓励和保护公平竞争,制止不正当竞争行为,保护经营者和消费者的合法权益,制定本法。

第二条 经营者在市场交易中,应当遵循自愿、平等、公平、诚实信用的原则,遵守公认的商业道德。

本法所称的不正当竞争,是指经营者违反本法规定,损害其他经营物合法权益,扰乱社会经济秩序的行为。

本法所称的经营者,是指从事商品经营或者营利性服务(以下所称商品包括服务)的法人、其他经济组织和个人。

第三条 各级人民政府应当采取措施,制止不正当竞争行为,为公平竞争创造良好的环境和条件。

县级以上人民政府工商行政管理部门对不正当竞争行为进行监督检查;法律、行政法规规定由其他部门监督检查的,依照其规定。

第四条 国家鼓励、支持和保护一切组织和个人对不正当竞争行为进行社会监督。

国家机关工作人员不得支持、包庇不正当竞争行为。

第二章　不正当竞争行为

第五条　经营者不得采用下列不正当手段从事市场交易，损害竞争对手：

（一）假冒他人的注册商标；

（二）擅自使用知名商品特有的名称、包装、装潢，或者使用与知名商品近似的名称、包装、装潢，造成和他人的知名商品相混淆，使购买者误认为是该知名商品；

（三）擅自使用他人的企业名称或者姓名，引人误认为是他人的商品；

（四）在商品上伪造或者冒用认证标志、名优标志等质量标志，伪造产地，对商品质量作引人误解的虚假表示。

第六条　公用企业或者其他依法具有独占地位的经营者，不得限定他人购买其指定的经营者的商品，以排挤其他经营者的公平竞争。

第七条　政府及其所属部门不得滥用行政权力，限定他人购买其指定的经营者的商品，限制其他经营者正当的经营活动。

政府及其所属部门不得滥用行政权力，限制外地商品进入本地市场，或者本地商品流向外地市场。

第八条　经营者不得采用财物或者其他手段进行贿赂以销售或者购买商品。在账外暗中给予对方单位或者个人回扣的，以行贿论处；对方单位或者个人在账外暗中收受回扣的，以受贿论处。

经营者销售或者购买商品，可以以明示方式给对方折扣，可以给中间人佣金。经营者给对方折扣、给中间人佣金的，必须如实入账。接受折扣、佣金的经营者必须如实入账。

第九条　经营者不得利用广告或者其他方法，对商品的质量、制作成分、性能、用途、生产者、有效期限、产地等作引人误解的虚假宣传。

广告的经营者不得在明知或者应知的情况下,代理、设计、制作、发布虚假广告。

第十条 经营者不得采用下列手段侵犯商业秘密:

(一) 以盗窃、利诱、胁迫或者其他不正当手段获取权利人的商业秘密;

(二) 披露、使用或者允许他人使用以前项手段获取权利人的商业秘密;

(三) 违反约定或者违反权利人有关保守商业秘密的要求,披露、使用或者允许他人使用其所掌握的商业秘密。

第三人明知或者应知前款所列违法行为,获取、使用或者披露他人的商业秘密,视为商业秘密。

本条所称的秘密,是指不为公众所知悉、能为权利人带来经济利益、具有实用性并经权利人采取保密措施的技术信息和经营信息。

第十一条 经营者不得以排挤对手为目的,以低于成本的价格销售商品。

有下列情形之一的,不属于不正当竞争行为:

(一) 销售鲜活商品;

(二) 处理有效期限即将到期的商品或者其他积压的商品;

(三) 季节性降价;

(四) 因清偿债务、转产、歇业降价销售商品。

第十二条 经营者销售商品,不得违背购买者的意愿搭售商品或者附加其他不合理的条件。

第十三条 经营者不得从事下列有奖销售:

(一) 采用谎称有奖或者故意让内定人员中奖的欺骗方式进行有奖销售;

(二) 利用有奖销售的手段推销质次价高的商品;

（三）抽奖式的有奖销售，最高奖的金额超过五千元。

第十四条 经营者不得捏造、散布虚伪事实，损害竞争对手的商业信誉、商品声誉。

第十五条 投标者不得串通投标，抬高标价或者压低标价。

投标者和招标者不得相互勾结，以排挤竞争对手的公平竞争。

第三章 监督检查

第十六条 县级以上监督检查部门对不正当竞争行为，可以进行监督检查。

第十七条 监督检查部门在监督检查不正当竞争行为时，有权行使下列职权：

（一）按照规定程序询问被检查的经营者、利害关系人、证明人，并要求提供证明材料或者与不正当竞争行为有关的其他资料；

（二）查询、复制与不正当竞争行为有关的协议、账册、单据、文件、记录、业务函电和其他资料；

（三）检查与本法第五条规定的不正当竞争行为有关的财物，必要时可以责令被检查的经营者说明该商品的来源和数量，暂停销售，听候检查，不得转移、隐匿、销毁财物。

第十八条 监督检查部门工作人员监督检查不正当竞争行为时，应当出示检查证件。

第十九条 监督检查部门在监督检查不正当竞争行为时，被检查的经营者、利害关系人和证明人应当如实提供有关资料或者情况。

第四章 法律责任

第二十条 经营者违反本法规定，给被侵害的经营者造成损害的，应当承担损害赔偿责任，被侵害的经营者的损失难以计算的，赔偿额为侵权期间因侵权所获得的利润；并应当承担被侵害的经营者因调查该经营者侵害其合法权益的不正当竞争行为所支付的合理费用。

被侵害的经营者的合法权益受到不正当竞争行为损害的，可以向人民法院提起诉讼。

第二十一条 经营者假冒他人的注册商标，擅自使用他人的企业名称或者姓名，伪造或者冒用认证标志、名优标志等质量标志，伪造产地，对商品质量作引人误解的虚假表示的，依照《中华人民共和国商标法》、《中华人民共和国产品质量法》的规定处罚。

经营者擅自使用知名商品特有的名称、包装、装潢，或者使用与知名商品近似的名称、包装、装潢，造成和他人的知名商品相混淆，使购买者误认为是该知名商品的，监督检查部门应当责令停止违法行为，没收违法所得，可以根据情节处以违法所得一倍以上三倍以下罚款；情节严重的，可以吊销营业执照；销售伪劣商品，构成犯罪的，依法追究刑事责任。

第二十二条 经营者采用财物或者其他手段进行贿赂以销售或者购买商品，构成犯罪的，依法追究刑事责任；不构成犯罪的，监督检查部门可以根据情节处以一万元以上二十万元以下的罚款，有违法所得的，予以没收。

第二十三条 公用企业或者其他贪污具有独占地位的经营者，限定他人购买其指定的经营者的商品，以排挤其他经营者的公平竞争的，省级或者设区的市的监督检查部门应当责令停止违法行为，可以根据情节处以五万元以上二十万元以下的罚款。被指定的经营者借此销售质次价高商品或者滥收费用的，监督检查部应当没收违法所得，可以根据情节处以违法所得一倍以上三倍以下的罚款。

第二十四条 经营者利用广告或者其他方法，对商品作引入误解的虚假宣传的，监督检查部门应当责令停止违法行为，消除影响，可以根据情节处以一万元以上二十万元以下的罚款。

广告的经营者，在明知或者应知的情况下，代理、设计、制作、发布虚假广告的，监督检查部门应当责令停止违法行为，没收违法所得，并依法处以罚款。

第二十五条 违反本法第十条规定侵犯商业秘密的，监督检查部门应当责令停止违法行为，可以根据情节处以一万元以上二十万元以下的罚款。

第二十六条 经营者违反本法第十三条规定进行有奖销售的，监督检查部门应当责令停止违法行为，可以根据情节处以一万元以上十万元以下的罚款。

第二十七条 投标者串通投标，抬高标价或者压低标价；投标者和招标者相互勾结，以排挤竞争对手的公平竞争的，其中标无效。监督检查部门可以根据情节处以一万元以上二十万元以下的罚款。

第二十八条 经营者有违反被责令暂停销售，不得转移、隐匿、销毁与不正当竞争行为有关的财物的行为的，监督检查部门可以根据情节处以被销售、转移、隐匿、销毁财物的价款的一倍以上三倍以下的罚款。

第二十九条 当事人对监督检查部门作出的处罚决定不服的，可以自收到处罚决定之日起十五日内向上一级主管机关申请复议；对复议决定不服的，可以自收到复议决定书之日起十五日内向人民法院提起诉讼；也可以直接向人民法院提起诉讼。

第三十条 政府及其所属部门违反本法第七条规定，限定他人购买其指定的经营者的商品、限制其他经营者正当的经营活动，或者限制商品在地区之间正常流通的，由上级机关责令其改正；情节严重的，由同级或者上级机关对直接责任人员给予行政处分。被指定的经营者借此销售质次价高商品或者滥收费用的，监督检查部门应当没收违法所得,可以根据情节处以违法所得一倍以上三倍以下的罚款。

第三十一条 监督检查不正当竞争行为的国家机关工作人员滥用职权、玩忽职守,构成犯罪的,依法追究刑事责任;不构成犯罪的,给予行政处分。

第三十二条 监督检查不正当竞争行为的国家机关工作人员徇私舞弊,对明知有违反本法规定构成犯罪的经营者故意包庇不使他受追诉的,依法追究刑事责任。

第五章 附 则

第三十三条 本法自 1993 年 12 月 1 日起施行。

附录四

中华人民共和国消费者权益保护法

1993年10月31日第八届全国人民代表大会
常务委员会第四次会议通过

第一章　总　则

第一条　为保护消费者的合法权益，维护社会经济秩序，促进社会主义市场经济健康发展，制定本法。

第二条　消费者为生活消费需要购买、使用商品或者接受服务，其权益受本法保护；本法未作规定的，受其他有关法律、法规保护。

第三条　经营者为消费者提供其生产、销售的商品或者提供服务，应当遵守本法；本法未作规定的，应当遵守其他有关法律、法规。

第四条　经营者与消费者进行交易，应当遵循自愿、平等、公平、诚实信用的原则。

第五条　国家保护消费者的合法权益不受侵害。

国家采取措施，保障消费者依法行使权利，维护消费者的合法权益。

第六条　保护消费者的合法权益是全社会的共同责任。

国家鼓励、支持一切组织和个人对损害消费者合法权益的行为进行社会监督。

大众传播媒介应当做好维护消费者合法权益的宣传，对损害消费者合法权益的行为进行舆论监督。

第二章 消费者的权利

第七条 消费者在购买、使用商品和接受服务时享有人身、财产安全不受损害的权利。

消费者有权要求经营者提供的商品和服务,符合保障人身、财产安全的要求。

第八条 消费者享有知悉其购买、使用的商品或者接受的服务的真实情况的权利。

消费者有权根据商品或者服务的不同情况,要求经营者提供商品的价格、产地、生产者、用途、性能、规格、等级、主要成分、生产日期、有效期限、检验合格证明、使用方法说明书、售后服务,或者服务的内容、规格、费用等有关情况。

第九条 消费者享有自主选择商品或者服务的权利。

消费者有权自主选择提供商品或者服务的经营者,自主选择商品品种或者服务方式,自主决定购买或者不购买任何一种商品、接受或者不接受任何一项服务。

消费者在自主选择商品或者服务时,有权进行比较、鉴别和挑选。

第十条 消费者享有公平交易的权利。

消费者在购买商品或者接受服务时,有权获得质量保障、价格合理、计量正确等公平交易条件,有权拒绝经营者的强制交易行为。

第十一条 消费者因购买、使用商品或者接受服务受到人身、财产损害的,享有依法获得赔偿的权利。

第十二条 消费者享有依法成立维护自身合法权益的社会团体的权利。

第十三条 消费者享有获得有关消费和消费者权益保护方面

的知识的权利。

消费者应当努力掌握所需商品或者服务的知识和使用技能，正确使用商品，提高自我保护意识。

第十四条　消费者在购买、使用商品和接受服务时，享有其人格尊严、民族风俗习惯得到尊重的权利。

第十五条　消费者享有对商品和服务以及保护消费者权益工作进行监督的权利。

消费者有权检举、控告侵害消费者权益的行为和国家机关及其工作人员在保护消费者权益工作中的违法失职行为，有权对保护消费者权益工作提出批评、建议。

第三章　经营者的义务

第十六条　经营者向消费者提供商品或者服务，应当依照《中华人民共和国产品质量法》和其他有关法律、法规的规定履行义务。

经营者和消费者有约定的，应当按照约定履行义务，但双方的约定不得违背法律、法规的规定。

第十七条　经营者应当听取消费者对其提供的商品或者服务的意见，接受消费者的监督。

第十八条　经营者应当保证其提供的商品或者服务符合保障人身、财产安全的要求。对可能危及人身、财产安全的商品和服务，应当向消费者作出真实的说明和明确的警示，并说明和标明正确使用商品或者接受服务的方法以及防止危害发生的方法。

经营者发现其提供的商品或者服务存在严重缺陷，即使正确使用商品或者接受服务仍然可能对人身、财产安全造成危害的，应当立即向有关行政部门报告和告知消费者，并采取防止危害发生的措施。

第十九条 经营者应当向消费者提供有关商品或者服务的真实信息，不得作引人误解的虚假宣传。

经营者对消费者就其提供的商品或者服务的质量和使用方法等问题提出的询问，应当作出真实、明确的答复。

商店提供商品应当明码标价。

第二十条 经营者应当标明其真实名称和标记。

租赁他人柜台或者场地的经营者，应当标明其真实名称和标记。

第二十一条 经营者提供商品或者服务，应当按照国家有关规定或者商业惯例向消费者出具购货凭证或者服务单据；消费者索要购货凭证或者服务单据的，经营者必须出具。

第二十二条 经营者应当保证在正常使用商品或者接受服务的情况下其提供的商品或者服务应当具有的质量、性能、用途和有效期限；但消费者在购买该商品或者接受该服务前已经知道其存在瑕疵的除外。

经营者以广告、产品说明、实物样品或者其他方式表明商品或者服务的质量状况的，应当保证其提供的商品或者服务的实际质量与表明的质量状况相符。

第二十三条 经营者提供商品或者服务，按照国家规定或者与消费者的约定，承担包修、包换、包退或者其他责任的，应当按照国家规定或者约定履行，不得故意拖延或者无理拒绝。

第二十四条 经营者不得以格式合同、通知、声明、店堂告示等方式作出对消费者不公平、不合理的规定，或者减轻、免除其损害消费者合法权益应当承担的民事责任。

格式合同、通知、声明、店堂告示等含有前款所列内容的，其内容无效。

第二十五条 经营者不得对消费者进行侮辱、诽谤，不得搜查消费者的身体及其携带的物品，不得侵犯消费者的人身自由。

第四章　国家对消费者合法权益的保护

第二十六条　国家制定有关消费者权益的法律、法规和政策时，应当听取消费者的意见和要求。

第二十七条　各级人民政府应当加强领导，组织、协调、督促有关行政部门做好保护消费者合法权益的工作。

各级人民政府应当加强监督，预防危害消费者人身、财产安全行为的发生，及时制止危害消费者人身、财产安全的行为。

第二十八条　各级人民政府工商行政管理部门和其他有关行政部门应当依照法律、法规的规定，在各自的职责范围内，采取措施，保护消费者的合法权益。

有关行政部门应当听取消费者及其社会团体对经营者交易行为、商品和服务质量问题的意见，及时调查处理。

第二十九条　有关国家机关应当依照法律、法规的规定，惩处经营者在提供商品和服务中侵害消费者合法权益的违法犯罪行为。

第三十条　人民法院应当采取措施，方便消费者提起诉讼。对符合《中华人民共和国民事诉讼法》起诉条件的消费者权益争议，必须受理，及时审理。

第五章　消费者组织

第三十一条　消费者协会和其他消费者组织是依法成立的对商品和服务进行社会监督的保护消费者合法权益的社会团体。

第三十二条　消费者协会履行下列职能：

（一）向消费者提供消费信息和咨询服务；

（二）参与有关行政部门对商品和服务的监督、检查；

（三）就有关消费者合法权益的问题，向有关行政部门反映、查询，提出建议；

（四）受理消费者的投诉，并对投诉事项进行调查、调解；

（五）投诉事项涉及商品和服务质量问题的，可以提请鉴定部门鉴定，鉴定部门应当告知鉴定结论；

（六）就损害消费者合法权益的行为，支持受损害的消费者提起诉讼；

（七）对损害消费者合法权益的行为，通过大众传播媒介予以揭露、批评。

各级人民政府对消费者协会履行职能应当予以支持。

第三十三条 消费者组织不得从事商品经营和营利性服务，不得以牟利为目的向社会推荐商品和服务。

第六章 争议的解决

第三十四条 消费者和经营者发生消费者权益争议的，可以通过下列途径解决：

（一）与经营者协商和解；

（二）请求消费者协会调解；

（三）向有关行政部门申诉；

（四）根据与经营者达成的仲裁协议提请仲裁机构仲裁；

（五）向人民法院提起诉讼。

第三十五条 消费者在购买、使用商品时，其合法权益受到损害的，可以向销售者要求赔偿。销售者赔偿后，属于生产者的责任或者属于向销售者提供商品的其他销售者的责任的，销售者有权向生产者或者其他销售者追偿。

消费者或者其他受害人因商品缺陷造成人身、财产损害的，可以向销售者要求赔偿，也可以向生产者要求赔偿。属于生产者责任的，销售者赔偿后，有权向生产者追偿。属于销售者责任的，生产者赔偿后，有权向销售者追偿。

消费者在接受服务时，其合法权益受到损害的，可以向服务者要求赔偿。

第三十六条 消费者在购买、使用商品或者接受服务时，其合法权益受到损害，因原企业分立、合并的，可以向变更后承受其权利义务的企业要求赔偿。

第三十七条 使用他人营业执照的违法经营者提供商品或者服务，损害消费者合法权益的，消费者可以向其要求赔偿，也可以向营业执照的持有人要求赔偿。

第三十八条 消费者在展销会、租赁柜台购买商品或者接受服务，其合法权益受到损害的，可以向销售者或者服务者要求赔偿。展销会结束或者柜台租赁期满后，也可以向展销会的举办者、柜台的出租者要求赔偿。展销会的举办者、柜台的出租者赔偿后，有权向销售者或者服务者追偿。

第三十九条 消费者因经营者利用虚假广告提供商品或者服务，其合法权益受到损害的，可以向经营者要求赔偿。广告的经营者发布虚假广告的，消费者可以请求行政主管部门予以惩处。广告的经营者不能提供经营者的真实名称、地址的，应当承担赔偿责任。

第七章　法律责任

第四十条 经营者提供商品或者服务有下列情形之一的，除本法另有规定外，应当依照《中华人民共和国产品质量法》和其他有关法律、法规的规定，承担民事责任：

（一）商品存在缺陷的；

（二）不具备商品应当具备的使用性能而出售时未作说明的；

（三）不符合在商品或者其包装上注明采用的商品标准的；

（四）不符合商品说明、实物样品等方式表明的质量状况的；

（五）生产国家明令淘汰的商品或者销售失效、变质的商品的；

（六）销售的商品数量不足的；

（七）服务的内容和费用违反约定的；

（八）对消费者提出的修理、重作、更换、退货、补足商品数量、退还货款和服务费或者赔偿损失的要求，故意拖延或者无理拒绝的；

（九）法律、法规规定的其他损害消费者权益的情形。

第四十一条 经营者提供商品或者服务，造成消费者或者其他受害人人身伤害的，应当支付医疗费、治疗期间的护理费、因误工减少的收入等费用，造成残疾的，还应当支付残疾者生活自助具费、生活补助费、残疾赔偿金以及由其扶养的人所必需的生活费等费用；构成犯罪的，依法追究刑事责任。

第四十二条 经营者提供商品或者服务，造成消费者或者其他受害人死亡的，应当支付丧葬费、死亡赔偿金以及由死者生前扶养的人所必需的生活费等费用；构成犯罪的，依法追究刑事责任。

第四十三条 经营者违反本法第二十五条规定，侵害消费者的人格尊严或者侵犯消费者人身自由的，应当停止侵害、恢复名誉、消除影响、赔礼道歉，并赔偿损失。

第四十四条 经营者提供商品或者服务，造成消费者财产损害的，应当按照消费者的要求，以修理、重作、更换、退货、补足商品数量、退还货款和服务费用或者赔偿损失等方式承担民事责任。消费者与经营者另有约定的，按照约定履行。

第四十五条 对国家规定或者经营者与消费者约定包修、包换、包退的商品，经营者应当负责修理、更换或者退货。在保修期内两次修理仍不能正常使用的，经营者应当负责更换或者退货。

对包修、包换、包退的大件商品，消费者要求经营者修理、更换、退货的，经营者应当承担运输等合理费用。

第四十六条 经营者以邮购方式提供商品的，应当按照约定提供。未按照约定提供的，应当按照消费者的要求履行约定或者退回货款；并应当承担消费者必须支付的合理费用。

第四十七条 经营者以预收款方式提供商品或者服务的，应当按照约定提供。未按照约定提供的，应当按照消费者的要求履行约定或者退回预付款；并应当承担预付款的利息、消费者必须支付的合理费用。

第四十八条 依法经有关行政部门认定为不合格的商品，消费者要求退货的，经营者应当负责退货。

第四十九条 经营者提供商品或者服务有欺诈行为的，应当按照消费者的要求增加赔偿其受到的损失，增加赔偿的金额为消费者购买商品的价款或者接受服务的费用的一倍。

第五十条 经营者有下列情形之一，《中华人民共和国产品质量法》和其他有关法律法规对处罚机关和处罚方式有规定的，依照法律、法规的规定执行；法律、法规未作规定的，由工商行政管理部门责令改正，可以根据情节单处或者并处警告、没收违法所得、处以违法所得一倍以上五倍以下的罚款，没有违法所得的，处以一万元以下的罚款；情节严重的，责令停业整顿、吊销营业执照：

（一）生产、销售的商品不符合保障人身、财产安全要求的；

（二）在商品中掺杂、掺假，以假充真，以次充好，或者以不合格商品冒充合格商品的；

（三）生产国家明令淘汰的商品或者销售失效、变质的商品的；

（四）伪造商品的产地，伪造或者冒用他人的厂名、厂址，伪造或者冒用认证标志、名优标志等质量标志的；

（五）销售的商品应当检验、检疫而未检验、检疫或者伪造检验、检疫结果的；

（六）对商品或者服务作引人误解的虚假宣传的；

（七）对消费者提出的修理、重作、更换、退货、补足商品数量、退还货款和服务费用或者赔偿损失的要求，故意拖延或者无理拒绝的；

（八）侵害消费者人格尊严或者侵犯消费者人身自由的；

（九）法律、法规规定的对损害消费者权益应当予以处罚的其他情形。

第五十一条 经营者对行政处罚决定不服的，可以自收到处罚决定之日起十五日内向上一级机关申请复议，对复议决定不服的，可以自收到复议决定书之日起十五日内向人民法院提起诉讼；也可以直接向人民法院提起诉讼。

第五十二条 以暴力、威胁等方法阻碍有关行政部门工作人员依法执行职务的，依法追究刑事责任；拒绝、阻碍有关行政部门工作人员依法执行职务，未使用暴力、威胁方法的，由公安机关依照《中华人民共和国治安管理处罚条例》的规定处罚。

第五十三条 国家机关工作人员玩忽职守或者包庇经营者侵害消费者合法权益的行为的，由其所在单位或者上级机关给予行政处分；情节严重，构成犯罪的，依法追究刑事责任。

第八章 附 则

第五十四条 农民购买、使用直接用于农业生产的生产资料，参照本法执行。

第五十五条 本法自 1994 年 1 月 1 日起施行。

主要参考书目

1.《经纪人业务教程》,国家工商行政管理局市场管理司编,中国书籍出版社1993年版。

2.《经纪人概论》,国家工商行政管理局市场监督管理司编,经济管理出版社1997年版。

3.《经纪人手册》,冯精志编著,中国文联出版公司,1993年版。

4.《现代经纪人与经纪经》,顾永才、陈幼端著,中国城市出版社1997年版。

5.《经纪业务与经纪人指南》,杨玉川主编,经济管理出版社1997年版。

6.《现代经纪人实务》,王世明主编,经济科学出版社1998年版。

7.《各国证券市场概论》,徐桂华、郑振龙著,复旦大学出版社1992年版。

8.《技术市场》,宋绮秋著,书目文献出版社1997年版。

9.《经纪人原理与实务》,朱学新主编,苏州大学出版社1999年版。

10.《现代经纪人教程》,刘小川、张建坤主编,中国工商出版社2002年版。

11.《结构调整中的农村经纪人建设》,朱学新著,苏州大学出版社2003年版。

后　记

自1995年国家工商行政管理总局颁布《经纪人管理办法》到2004年对《经纪人管理办法》进行全面修改,正好十个年头。这正是我国经纪人得到快速发展的十年,也是其作用愈益得到彰显的十年。实践证明,经纪人不是社会主义市场经济的异己力量,而是市场经济发展不可缺少的生力军。

1999年初,根据当时经纪人教育和培训的需要,由我主持编写了《经纪人理论与实务》一书,并由苏州大学出版社正式出版。聊以自慰的是,该书的出版发行在读者中产生了较好的反响,得到了社会各界的广泛认同,至今发行量已近六万册。在国家工商行政管理总局对《经纪人管理办法》进行全面修订后,苏州大学出版社立即约请我们考虑对《经纪人理论与实务》一书进行修改,以便再版。我们经过再三考虑后认为,这次《经纪人管理办法》的变动非常大,如果我们的修改只是小修小补,很难符合其要求;再说,这些年来经纪人在快速发展的同时,也出现了一些新变化、新情况和新问题,客观上要求我们在修改时能得到充分体现。正是出于上述考虑,我们决定进行重新编写,并取名为《新编经纪人理论与实务》,旨在体现与原书的联系与区别。

《新编经纪人理论与实务》之新,主要体现在以下三方面:一是对经纪人基本概念、基本原理、基础知识的理解和表述更科学、准确;二是理论与实际的联系更加紧密,对经纪人有更直接的指导意义;三是内容的筛选更符合经纪人的实际需要,编排的体例更新。

全书由朱学新任主编,蒋珠燕、苏坤林任副主编,并由朱学新统一修改定稿。各章的执笔者依次为:朱学新:第一、第二、第六、第七章;苏坤林:第三章;蒋珠燕:第四、第五、第八章;倪杰:第九章;胡震珉:第十章。

在书稿即将交付出版之际,我们依然要感谢江苏省工商局、苏州市工商局和苏州大学出版社的有关领导对我们一如既往的关心和支持;我们还特别要感谢近几年来一直给予我们厚爱的广大读者!

我们衷心希望本书对广大读者能有所裨益!

朱学新

2005 年 9 月 18 日于思源小筑